Super ET Opera viva

Della stessa autrice nel catalogo Einaudi

*Penelope per gioco*
*Di corsa*
*I figli degli altri*

Caterina Bonvicini

# Mediterraneo

A bordo delle navi umanitarie

Einaudi

Edizione pubblicata in accordo con Piergiorgio Nicolazzini Literary Agency (PNLA)



www.einaudi.it

ISBN 978-88-06-24447-7

# Mediterraneo

Fermiamo questo naufragio di civiltà.
PAPA FRANCESCO

Alcune parti del libro sono state pubblicate, in forma diversa, su «L'Espresso».
L'ultimo capitolo è stato pubblicato, in forma diversa, nel volume uscito in occasione dei sessant'anni di Amnesty International, *Sessant'anni dalla parte dei diritti umani*, Infinito Edizioni, Formigine (Mo) 2021.

# Distress

*Dieci centimetri d'acqua.*

Ho scoperto il concetto di distress sei mesi prima di sentirlo nei piedi. E solo ventiquattrore dopo mi sono accorta di averlo davvero capito. Uno scarto temporale è inevitabile. Il Mediterraneo è profondo, troppo profondo, e gli schiaffi spesso arrivano fuori sincrono. Mi è successo una mattina di febbraio, a Barcellona, mentre passeggiavo in un museo.

Camminavo per le sale e non riuscivo a concentrarmi. Non c'era niente che mi interessasse. All'inizio ero spaesata. Ho sempre amato i musei, mi sono laureata in storia dell'arte, com'è possibile? Passavo da una stanza all'altra e non mi fermavo mai. Camminavo e pensavo: *Morsi*. Camminavo e pensavo: *Dieci centimetri d'acqua*. Nella mia testa non c'era spazio, era occupata dai dettagli di Anabel. Allora sono uscita. Mi sono seduta su un muretto, al sole, e mi sono fumata una sigaretta. D'accordo, mi sono detta, i dettagli di Anabel hanno polverizzato tutto il resto. Forse la Sar è cosí.

In quel momento, su quel muretto, mi sono resa conto che per raccontare il Mediterraneo – immenso, sterminato e vuoto, come ti appare durante una traversata – puoi solo aggrapparti ai dettagli.

Una visione del problema dall'alto rende tutti troppo ragionevoli, o troppo irragionevoli. E questo ci fa perdere umanità. I dettagli invece destabilizzano, diventiamo piú fragili e quindi piú capaci di cogliere la fragilità degli altri. È il dettaglio che agisce davvero su di noi, e ci cambia.

Era una cosa che sapevo già, dopotutto mi sono sempre occupata di letteratura, la scienza del dettaglio che va di traverso.

Eppure mi sembrava di capirlo davvero per la prima volta, forse perché succedeva in altri abissi.

La nostra immaginazione è banale perché non conosciamo i dettagli. La nostra immaginazione è pericolosa perché è banale. La nostra immaginazione, banale e pericolosa, è facilmente manipolabile e viene usata contro di noi. E forse i dettagli sono l'unica arma che abbiamo per difenderci. L'unica via per entrare in una tragedia senza accesso e senza testimoni, insondabile.

Era il febbraio del 2019, ero a Barcellona per passare una settimana insieme a quelli che allora erano i capi missione di Open Arms, Anabel Montes Mier e Riccardo Gatti (ora entrambi hanno lasciato la Ong spagnola, lavorano per Medici Senza Frontiere a bordo della *Geo Barents*). La mattina Riccardo mi ha fatto vedere la nave ormeggiata in porto e verso sera Anabel mi ha raggiunta in un bar. Aveva un tatuaggio nuovo sul polpaccio, ancora coperto dalla plastica. Si è sollevata i leggings e me lo ha fatto vedere. Un pugnale e una farfalla. Abbiamo ordinato una birra, come due amiche qualunque, durante un aperitivo qualunque.

«Portavamo a bordo le persone e vedevamo dei morsi sulle gambe, – diceva Anabel, – all'inizio non capivamo. Sai cos'erano? I segni lasciati dai denti di chi annegava sul fondo del gommone».

Quando si parla di Mediterraneo, tutti immaginiamo persone che affogano nella solitudine piú totale, in un mare sterminato. Invece si può morire anche in dieci centimetri d'acqua. E nemmeno da soli. Con i piedi degli altri sopra di te. L'ultimo gesto, il piú estremo, è mordere le gambe che hai intorno. Per dire che esisti o che non ce la fai piú a esistere.

Con le dita, Anabel mi faceva vedere quanto misurano dieci centimetri di acqua. Dentro quello spazio piccolissimo, l'area di un triangolo i cui lati erano il suo indice e il suo pollice, apriva e chiudeva la bocca come un pesce. O come chi annaspa per cercare respiro. E mordeva l'aria: «*Es la desesperación*».

Certi gommoni sono cosí stipati che i soccorritori devono usare molta forza per tirare fuori la gente. Anabel muoveva le braccia, mimava il gesto, la fatica: «Hai presente quel gioco che si chiama Tetris?» Certo, avevo passato l'adolescenza a giocare a Tetris. Cosa c'entrava con il Mediterraneo? «Ecco, a volte sono incastrati cosí, i primi spesso bisogna tirarli fuori in due. Immagina centottanta o centonovanta persone, in piedi, in dieci metri di gommone: diventano una cosa sola».

Quindi ci sono persone costrette a fare la traversata *in piedi*. In piedi sui cadaveri degli altri. Quelli che cadono e non riescono a rialzarsi. Gente destinata a affogare in dieci centimetri di acqua sul fondo di un gommone, acqua mescolata a benzina, urina, pelle e fluidi corporali.

Per un attimo, ho fatto fatica anche solo a immaginare. Poi mi sono resa conto che era uno sforzo da niente. Loro vivono o muoiono, noi immaginiamo.

«Quando il gommone è cosí pieno, non è possibile muoversi. Se tu cadi sul fondo, non hai lo spazio per voltarti e rialzarti. E quelli che sono ancora in piedi non possono aiutare quelli che sono caduti, perché rischiano di scivolare anche loro».

Ai sommersi resta solo la disperazione, che esprimono con un morso. E ai salvati, il segno dei denti sulle gambe. Sembra troppo anche da ascoltare. Ma bisogna restare lucidi e fare uno sforzo – muscolare: con il pensiero – se davvero si vuole capire il Mediterraneo, e cominciare da quei dieci centimetri d'acqua. Alle profondità si arriva per gradi. Il mare sembra tutto uguale, ma non lo è.

*L'odore della disperazione.*

Poi mi sono imbarcata e ho visto il distress con i miei occhi. Cosa vedi? Vedi una prua rialzata, perché quando i tubolari sono sgonfi la prua si piega e si solleva. Vedi un barchino di legno inclinato, che oscilla. Vedi gente a cavallo dei gommoni, con una gamba dentro e una fuori. Vedi i tagli provocati dalle viti e dai chiodi che tengono insieme le assi di legno sul fondo. Vedi la pelle squarciata nel piede di un bambino.

Tutto il resto invece non lo vedi, e non lo puoi neanche immaginare. Non vedi i giorni e le notti in mare. Non vedi il carburante finito, al massimo una tanica vuota e un'imbarcazione in balia della corrente. Non vedi il sole che cuoce le teste e il buio che congela. Vedi solo gente disidratata o in ipotermia, che trema. E se tremano di fianco a te, braccio contro braccio, tremi anche tu. Non vedi la fame e non vedi la sete, non vedi il loro pianto, quando sanno di morire.

Ma c'è una cosa che non si vede e si può capire solo da lí, perché si *sente*: il distress è un odore. Un odore terribile e inconfondibile. Lo senti da lontano, appena ti avvicini un po' con il rhib, anche se sei in mare aperto. È l'odore di quella melma che stagna sul fondo del gommone. È fortissimo e spaventoso, è l'odore della disperazione.

Io, la prima volta, l'ho scoperto dalle mie scarpe. Toglievo i vestiti bagnati ai bambini e l'acqua mi colava sui piedi, avevo le scarpe imbevute di distress. Il dissalatore della *Mare Jonio* era rotto, potevamo farci una doccia solo con una bottiglia di acqua minerale, e non avevo la mia valigia, rimasta sulla barca a vela d'appoggio. Lavare le scarpe con l'acqua di mare? Mi dicevano che era peggio. Non potevo certo girare scalza sul ponte di un rimorchiatore, pieno di ganci e trappole. Quindi con quell'odore di distress ho semplicemente convissuto. Mi ci sono abituata e l'ho fatto mio. Era un modo per conoscerlo, in fondo.

Un giorno sono entrata in cucina per bere un bicchiere d'acqua. I marinai di Licata di prima mattina preparavano dei sughi meravigliosi, al ragú o con il pesce, circolava per il corridoio della nave un profumo buono di casa, affettuoso. Uno dei due ha spalancato gli occhi: «Cos'è questo odore?» Io ho piegato la testa e mi sono guardata i piedi: «Le mie scarpe, credo». È uscito dalla cucina di corsa. Avevo appena fatto vomitare un marinaio.

Alle ventitre e trentasette del 28 agosto 2019, il giorno del rescue della *Mare Jonio*, il giorno del mio primo rescue, veniva notificato il decreto del ministro dell'Interno Matteo Salvini, che vietava alla nave di entrare in acque territoriali italiane. E noi ci siamo fermati a tredici miglia da Lampedusa. Il giorno dopo, alle sette del mattino del 29 agosto, si è avvicinata la CP 312 della Guardia Costiera italiana per fare salire a bordo gli ufficiali della Guardia di Finanza che dovevano consegnare a mano – *brevi manu* – la notifica del decreto «Sicurezza» bis. E un ufficiale ha vomitato sul ponte.

Io ero lontana, non poteva essere colpa delle mie scarpe. Tutti i naufraghi si erano fatti una doccia subito dopo l'imbarco, poco prima che il dissalatore si rompesse. I rifiuti speciali erano isolati a prua. Ma l'odore di distress rimaneva.

Dopo tre giorni, zoppicavo. Appena mi hanno restituito la valigia, ho cercato le infradito. Finalmente potevo liberarmi di quelle scarpe imbevute della disperazione degli altri. Me le sono tolte e mi sono accorta che avevo i piedi viola, tutti raggrinziti, sembravano ustionati. Stavo per tornare sul ponte ma Donatella Albini, il medico di bordo, mi ha fermata: «Cate, guarda che poi non cammini piú». Mi ha detto di disinfettarmi e di stare mezz'ora seduta, con i piedi nudi al sole. Mi sono sdraiata per terra, sul flybridge, come una che si abbronza in crociera. Intanto pensavo. Pensavo alle donne e ai bambini costretti a passare due giorni e due notti immersi in quell'acqua infernale. Per noi è impossibile capire cosa significa fare una traversata dentro un gommone, è fuori dalla portata della nostra immaginazione anche solo l'esperienza fisica. Mi guardavo i piedi e li interrogavo. Ma voi avete capito qualcosa? Neanche loro avevano capito, due gocce possono fare male ma non bastano. I nostri corpi non hanno idea di quello che succede ai loro, e questo è il primo grande limite all'empatia.

*Large wooden boat: viaggio in stiva.*

In dieci centimetri d'acqua succedono tante cose. Anabel ha preso il cellulare e mi ha fatto vedere la fotografia di un ustionato. Si vedeva la carne viva, non c'era piú pelle. «Sai, un'ustione chimica all'inizio dà una bella sensazione, magari stanno viaggiando di notte, al freddo. Allora pensano: un po' di caldo, finalmente. Nel giro di dieci ore diventa *horrible*».

Era una giornata invernale di sole. Il mare dalla spiaggia di Barcellona sembrava cosí benefico, cosí accogliente. E io immaginavo gente che urla per il dolore. Ma immaginavo sbagliato.

«Quando sei sul gommone, l'adrenalina è troppa, – Anabel ha scosso la testa, – hai paura, i nervi sono tesi, non sei cosciente di quello che succede al tuo corpo». L'adrenalina non ti fa sentire un dolore del genere? Ero stupita. «No, – mi ha risposto, – il dolore lo senti solo quando ti rilassi, quando tutto è finito e sei a bordo di una nave. Però dipende dalle ore. Se ne passano cinque o sei, non te ne accorgi. Se ne passano di piú, preferisci morire».

Il sole stava tramontando e io guardavo i capelli blu di Anabel, mossi dal vento, che cambiavano di tonalità con la luce. E i suoi occhi di un azzurro trasparente. Come poteva essere cosí limpido il suo sguardo?

«C'è chi cade sul fondo del gommone e chi cade fuori. Se cadi fuori, ciao, nessuno sa guidare un gommone, nessuno ti può aiutare, resti in mare, mentre gli altri si allontanano». Proprio quello che sarebbe successo al gommone che avremmo soccorso noi con la *Mare Jonio*. Nove persone, sedute a cavallo dei tubolari, sbalzate in acqua da un'onda.

I gommoni, comprati su Alibaba, la piattaforma cinese, costano un centinaio di dollari e sono fragilissimi. L'ho capito durante una riunione di Sos Méditerranée e Medici Senza Frontiere a bordo della *Ocean Viking*, quando mi hanno dato in mano un pezzo del tessuto di cui sono fatti. Lo tenevo fra le dita e la sua consistenza equivaleva a quella di un giocattolo da spiaggia, era spesso quanto un materassino.

Hanno un motore da quaranta cavalli e tubolari con una sola camera d'aria. Non possono affrontare nessuna traversata, non possono arrivare mai. Distress è già salirci sopra.

Quegli enormi barconi blu da mille persone che si incontravano nel 2015 e nel 2016, costruiti apposta per il trasporto di migranti, i piú pericolosi in assoluto, perché si rovesciavano con niente e colavano a picco in un attimo, sembravano scomparsi. I trafficanti per alcuni anni hanno smesso di usarli – e non per ragioni di sicurezza, ovviamente. Hanno smesso perché ci vogliono ore per imbarcare mille persone. Non è un'operazione che si può fare di nascosto, eludendo i controlli, quando bisogna partire in fretta, di notte, da una spiaggia buia.

«Non si potevano neanche chiamare barche. Erano scafi di legno, rudimentali, pieni di corde, con un tubo per buttare fuori l'acqua e il motore di un camion dentro. C'erano tre livelli, a seconda del prezzo. Potevi viaggiare sul ponte, nella stiva o in un piano intermedio che poi era fatto con un'asse di legno. In quel livello intermedio, la gente non aveva nemmeno lo spazio per stare seduta, stava rannicchiata». Anabel si è piegata sulla sedia, per farmi vedere la posizione. «Un giorno ho trovato un bambino incastrato fra il padre e la madre. Aveva fatto la traversata in mezzo ai cadaveri dei suoi genitori». Vivi e morti mescolati, un'umanità che viaggia inclinata.

Stava calando il sole, cominciavo a sentire freddo. Forse erano i suoi racconti. «*Recuerdo* la prima volta che ci sono entrata. Ho avuto incubi per mesi, per quel mezzo minuto là sotto. Sono salita con tutta la gente ancora a bordo. Sono entrata nella stiva da sola –. E qui, ha cambiato espressione. – Non te lo so spiegare, era *dantesco* –. Ha usato proprio questo aggettivo, in italiano. – C'erano dieci o quindici persone, nella totale oscurità. E ce n'erano centinaia sul ponte, sopra di loro, un solo buco per entrare e uscire. C'era un odore spaventoso».

Poi il rhib dei soccorritori ha urtato il barcone, che ha oscillato. E Anabel era là sotto, al buio. «Ho sentito una paura totale e assoluta, bloccante. È durata solo dieci secondi, ma sembravano un'eternità». Anche se è bagnina, soccorritrice di professione, da quella stiva, con cento persone sopra la sua testa, in caso di rovesciamento, lei non poteva uscirne viva. L'angoscia di restare intrappolati deve essere terribile, cercavo di immaginarla. Ma, ancora una volta, immaginavo sbagliato.

«Non ho avuto gli incubi per questo, – ha protestato Anabel. – Li ho avuti perché ho pensato al viaggio di quella gente al buio, che non sa dove va, non sa cosa succede fuori». I peggiori incubi di Anabel non nascevano dalla *sua paura*, ma dall'identificazione con la *loro paura*. La sua capacità di mettere da parte sé stessa mi lasciava senza fiato.

«Erano in silenzio, seduti lí, e mi guardavano, – diceva, – non erano spaventati, sembravano chiedersi: ma chi è questa ragazza con i capelli blu? Dopo il movimento della barca, sono risalita in fretta. Mi hanno aiutata loro a tornare su, mi spingevano per le scale. Avevo cosí bisogno di prendere aria. Ma per un minuto, nella mia testa, ho vissuto come loro». Questa è la realtà ultima, basilare e insopportabile, di chi parte per il Mediterraneo: sapere, purtroppo.

Appena è tornata sulla nave, Anabel ha detto agli altri soccorritori che nessuno doveva entrare in un barcone con la gente ancora a bordo. Mai piú. «Bisogna scendere a controllare se ci sono dei cadaveri nella stiva, d'accordo. Ma a salvataggio finito. Cosí, non solo è pericoloso, è *frustrante*».

Perché Anabel usava la parola *frustrante*? All'inizio pensavo che fosse un errore. Dopotutto, come diceva sempre lei, parlavamo in *itagnol*, un misto di italiano e spagnolo. Invece non era un errore. Era la parola esatta. Stava cercando di spiegarmi il vero problema, che riguardava loro, sempre e solo loro. «È frustrante perché se nella stiva c'è qualcuno che sta male, tu non puoi farci niente».

La guardavo. Mi sarebbe piaciuto sapere cosa sognava, quali incubi faceva per colpa di quel mezzo minuto passato nella stiva. Ma non avevo il coraggio di chiederglielo.

Le barche di legno, che per anni sembravano scomparse, all'improvviso sono tornate. All'inizio, fra il 2019 e il 2020, in mare se ne vedevano solo di piccole. Poi, con grande sorpresa di tutti – e con grande terrore di tutti, perché è il rescue piú difficile in assoluto – nell'estate del 2021 sono riapparse quelle da quattrocento o cinquecento persone. Chiunque, a bordo di una nave Ong, al solo sentirle nominare ha un brivido. Ma nessuno si può permettere il panico, viene ricacciato in fondo alla pancia, come tutte le altre paure. La parola *large wooden boat* è diversa dalla parola target. Ha un'altra risonanza, piú tremenda. È distress in ogni caso, ma, con una grande barca di legno, la probabilità di trovarsi davanti a molta gente in acqua non è piú una delle tante possibilità, è quasi una certezza. Le navi lanciano in mare tutti i rhib che hanno, tutte le zattere, tutti i centifloat, tutto quello che galleggia: entrano in assetto da guerra, in quel loro pacifico modo disperato.

Cosa si prova me lo ha raccontato Fulvia Conte. Quando parlavo con Anabel, sembrava archeologia della Sar. Quando parlavo con Fulvia, due anni e mezzo dopo, era il presente. Ma il tempo nel Mediterraneo non è lineare, ha delle curve che a volte fanno pensare a una spirale, o a una tromba d'aria fuori controllo.

E cosí, in una notte senza luna di luglio, a bordo della *Ocean Viking* di Sos Méditerranée è stata pronunciata di nuovo una parola che nessuno si aspettava: *large wooden boat*. Era stata avvistata da un aereo di Sea Watch. In passato, in questi casi, si facevano dei rescue congiunti, mi spiegava Fulvia, le Ong cercavano di fare fronte al problema insieme. Ma nel frattempo c'era stato un grande impegno dei governi nel bloccare tutte le navi, quindi loro erano *soli*. In dodici per trecentosessanta persone.

Fulvia, una ragazza romana di ventotto anni, che oggi è coordinatrice dei soccorsi per Medici Senza Frontiere ma ha cominciato insieme a me con Mediterranea, cioè nel 2018, non aveva mai visto un grande barcone. Navigava al buio alla ricerca del target, di una lucina, e non sapeva cosa aspettarsi. «Di colpo quella lucina è diventata enorme, la poppa era altissima. Nessuno aveva il salvagente e soprattutto nessuno vicino a noi parlava inglese o francese». E cosí il rescue è stato fatto in arabo. Si sono avvicinati a quell'altissima poppa, per evitare che le persone si spostassero sui lati e facessero rovesciare la barca. E il salvataggio è durato *sei ore*.

«Sai cosa mi faceva paura? Vedere la gente che usciva dalla stiva e spingeva. Schiacciavano quelli sul ponte, che vomitavano. Stanno là sotto, al buio, sentono dei rumori e capiscono che sta succedendo qualcosa, ma non sanno *cosa*. È un naufragio? È arrivata la Guardia Costiera libica? Qualcuno li sta salvando? Hanno urtato qualcosa? Nella stiva non respirano, sono intossicati dal fumo del motore, non ci sono luci. Sentono dei passi, delle voci, della concitazione, quindi si precipitano fuori. Solo che in coperta non c'è spazio, quindi spingono, spingono».

Ma il peggio doveva ancora arrivare. A un certo punto si è spento il motore. Un grande problema, perché insieme al motore si spegne anche la pompa di sentina, lo scafo si riempie d'acqua e la barca affonda, o si ribalta. «Il motore inceppato era nella stiva e non potevamo mandare qualcuno dei nostri là sotto, al buio, dove ti manca l'aria, con duecento persone sulla testa. Quindi dovevano riuscire a farlo ripartire da soli. Dopo un po', abbiamo sentito un rumore da locomotiva. Ce l'avevano fatta. Ma si erano sbagliati. Invece di tenerlo in folle, erano ripartiti. Li abbiamo visti andare via».

Fulvia, con l'equipaggio di Sos Méditerranée, si sarebbe trovata a soccorrere ben due grandi barche di legno da quattrocento persone nel giro di un mese. Alla seconda, in agosto, si sono portati dietro una pompa di sentina. E hanno fatto bene, perché in stiva la gente aveva già l'acqua alla vita. Dal ponte si buttavano in mare o ci cadevano dentro. Per fortuna, con loro stavolta c'erano la *Sea Watch 4* e la *Nadir*. E non erano piú soli.

«Nei soccorsi normali, – mi diceva, – tu piano piano vedi che un gommone si svuota. Con le grandi barche di legno, no. Consegni le persone alla nave madre, ritorni e tutto ti sembra uguale, il ponte è pieno come prima perché è salita altra gente dalla stiva. Vai avanti e indietro per ore e hai la sensazione di non avere fatto niente».

Anche Fulvia, come Anabel, è scesa nella stiva. Ma a barca svuotata, solo per controllare che non ci fosse piú nessuno. È una velista, una donna di mare, e si guardava intorno sconcertata. «Sai cosa mi ha colpito? Era pieno di roba: vestiti, scarpe, pneumatici da usare come salvagenti, bottigliette d'acqua, rifiuti. E c'era una puzza terribile, soprattutto di carburante. Ma non c'era niente di quello che ti aspetti di trovare su una qualsiasi barca. Non un passante, una bitta, nemmeno una cimetta. Niente di niente. Uno scafo di legno enorme con un motore, fine. Poi ho sollevato gli occhi e ho visto che i piloni erano rotti, il ponte che avevo sulla testa stava per crollare».

La sera, a Barcellona, Riccardo Gatti spesso portava a cena me e Anabel in un ristorante vegano. Riccardo è un uomo calmo, capace di un grande controllo. Ti appoggia una mano sul braccio e tu istintivamente obbedisci. Ha un carisma enorme, ma un carisma buono, che non c'entra nulla con il potere (lui detesta il potere, in ogni sua forma). Tu obbedisci come un cavallo perché ti fidi, per questo. La sua calma finisce subito davanti a una cosa sola: l'ingiustizia.

«Il problema, che tanti non capiscono, è proprio legato a questo concetto, – diceva arrabbiato, camminando a passi veloci nelle strade strette del centro di Barcellona, mentre io gli correvo dietro. – C'è per forza, distress. Bisogna davvero aspettare che un gommone prodotto a basso costo in Oriente si stia sgonfiando? Non è contro ogni norma di sicurezza che in otto metri ci siano cento o duecento persone senza salvagente? Siamo in mezzo al Mediterraneo: anche solo il fatto che siano lí è già un mayday».

La risposta, credo, sono loro: i morti in dieci centimetri d'acqua. E quei morsi sulle gambe dei sopravvissuti – terribile, involontaria, testimonianza.

# Patrol

*Watching.*

Il mare non è tutto uguale. Lo capisci quando navighi in Sar libica, intorno alle piattaforme petrolifere. È uno dei rari luoghi al mondo che si possono ancora definire accessibili a pochi. Sicuramente è piú frequentato l'Everest. È il paesaggio piú sinistro che abbia mai visto, e provoca allucinazioni.

L'ho scoperto di notte, in barca a vela. Il mare nero, che annulla ogni confine fra l'acqua e un cielo senza luna, è persino rassicurante al confronto. Quell'inferno invece ti brucia la vista. E tu hai le visioni dei dannati.

Le piattaforme sparano fuoco e al buio sembrano fari. Le onde all'orizzonte disegnano un profilo simile a una costa montuosa e frastagliata. E di colpo capisci cosa possono provare loro, seduti in un gommone, vedendo quello che vedi tu – o credi di vedere. È la terra. Eccola lí. È l'Italia, per forza. Che altro possono essere quelle montagne a picco sul mare e quelle luci? Invece non sono montagne, sono masse d'acqua che gonfiano l'orizzonte. E quelli che sembrano fari in realtà sono torce, fiaccole che bruciano gas in cima a camini piantati in mezzo al nulla. Sei in mare aperto.

Quando arriva l'alba, le visioni finiscono. E non sai se è meglio o peggio. Passi il giorno a guardare fuori, difficile stabilire dove è meno inquietante farlo. Se guardi in basso, scopri che quel mare non è velenoso solo metaforicamente. È pieno di meduse enormi, marroni, che non lasciano un metro d'acqua libero. È un mare sterminato e tu pensi che non possono coprirlo tutto. Invece ci riescono, anche le meduse sono sterminate.

Se guardi in alto o dritto davanti a te, ti accorgi che quelle meduse sono le uniche ad avere scelto quel tratto di Mediterraneo. Piú coraggiose delle navi, che lo evitano. Piú tenaci degli aerei, che lo sorvolano per controllarlo e ignorarlo. Sono le sole testimoni di ogni tragedia affidata alla corrente. Peccato che non possano parlare.

Un po' sopra di loro, sempre a pelo d'acqua, galleggiano i resti di qualcosa che forse è successo. E tu accumuli una macabra collezione: un salvagente, due corde arancioni di lifejacket, una tanica di benzina, qualche bottiglietta d'acqua. Oggetti leggeri. Oggetti da niente che ti trasformano nel parente di una persona scomparsa, che alla fine desidera solo sapere se chi è sparito nel nulla è ancora vivo o no. Quel salvagente sarà caduto da una nave? Quella bottiglia è soltanto la plastica che intossica i nostri mari? Quella tanica era attaccata a una rete da pesca? O no?

Sei lucidissimo, sempre all'erta, con binocolo e senza – in un mare che non consente contemplazione né davanti a un tramonto né davanti a un'alba – sei lucido di spavento. Per quelle visioni. Che sono inevitabili anche di giorno. Quella cosa bianca che va su e giú sarà un'onda o un gommone?

È uno spavento calmo, perché in mare la calma ti esce naturale, qualunque cosa succeda o non succeda. Ma è uno spavento continuo che diventa una parte fonda di te, un abisso scuro e tranquillo che sta sotto, a chissà quanti metri dalla tua espressione del viso e dalle tue parole, mentre sorridi e trasmetti agli altri una luccicanza di superficie. È un sentimento che non si può condividere.

Un nome in realtà ce l'avrebbe, quel sentimento che abita in un qualche fondale dell'anima: senso di responsabilità. Suona un po' pomposo, ma non in quel contesto. In quel contesto non te ne frega niente delle parole, se dai tuoi occhi dipende la vita o la morte di qualcuno. Onda o gommone? Solo di questo ti importa. Tutto il resto è un lusso per gente che sta a terra. Perché sei su una barca a vela o su una nave, che loro possono vedere anche da lontano. E sai che potresti non vederli, ammassati in dieci metri. Non vuoi essere la vita che passa davanti e se ne va.

Cerchi di fissare un punto all'orizzonte – meglio con la parte alta dell'occhio, per tenere la concentrazione – mentre la nave balla come lo tieni fermo un binocolo – e ballano loro. Se non fissi bene, ti perdi il momento in cui l'onda che li copriva per un attimo li scopre – e cerchi di non farti confondere da quel righello instabile che segna la distanza, in fondo impossibile da misurare, fra te e loro – e di prendere confidenza con la bussola integrata – a 260 gradi c'è qualcosa o è uno scherzo del sole? – dopo un quarto d'ora, ti gira la testa. È difficilissimo fare watching.

All'inizio, un pochino ti consola scoprire che anche un radar confonde onde e gommoni come te, ma questa consolazione si trasforma presto in un'arma a doppio taglio. Perché un radar non conosce quello spavento. E tu lo invidi per questo.

*Flybridge.*

Quindi scattano altre strategie, umane e naturali. Durante il tuo turno di guardia, nessuna distrazione è concessa. Ma, dato che alla fine guardi il mare tutto il giorno comunque, e che un mare cosí non consente contemplazione perché lo guardi all'erta anche involontariamente, mentre fumi e chiacchieri, qualcosa bisogna inventarsi. Noi cantavamo.

La controplancia, o flybridge, è il ponte piú alto della nave, si raggiunge arrampicandosi su una scaletta. È il posto migliore per avvistare qualcosa. E noi passavamo ore e ore là sopra, a guardare.

Avevamo trasformato il flybridge della *Mare Jonio* in un bivacco, portando lassú panche di legno, bottiglie d'acqua, lattine di coca cola, un barattolo vuoto di sugo al pomodoro come posacenere. A volte qualcuno arrivava con pacchetti di cracker, biscotti e patatine.

Un pomeriggio, mentre fissavo l'orizzonte con il binocolo, si è seduto di fianco a me un marinaio. E ha cominciato a cantare, per farmi compagnia. *Tu scendi dalle stelle*. Era estate, eravamo lontanissimi dal Natale, ma sua moglie stava per partorire. Mi metteva allegria sentirlo cantare *Tu scendi dalle stelle* in agosto, in mezzo al Mediterraneo. Poi ha attaccato con *Gente di mare*. «Gente di mare che se ne va, dove gli pare dove non sa». Piú o meno come noi, prima tutto a est e poi tutto a ovest, prima su e giú davanti a Tripoli e poi su e giú davanti a Misurata.

Un giorno è salito a bordo Michele Angioni, soccorritore molto esperto, che in quel momento era il comandante della *Matteo S.*, la barca a vela della Ong tedesca Lifeline che accompagnava la *Mare Jonio* nella missione. Stavamo chiacchierando intensamente davanti alla porta del gabinetto. Quando finalmente ci siamo ricordati che eravamo in fila per il bagno, gli ho fatto vedere come funzionava la chiave, che girava solo se non la infilavi del tutto. Il giorno prima ci ero rimasta chiusa dentro.

Michele non era per niente imbarazzato dal mio rapporto complicato con il bagno della *Mare Jonio*. Aveva appena passato la notte ad aggiustare il water della sua vela. In quei giorni di navigazione, sulla *Matteo S.* si era spaccato tutto. Erano rimasti senza gabinetto, poi senza luce, poi senza acqua, alla fine si era rotto anche un motore. Questa è la Sar: bisogna lottare contro mille cose che non funzionano, fra cui il mondo. Mi diceva che le barche hanno un'anima e che lui le accarezzava per incoraggiarle.

E cosí ho incominciato ad accarezzare la *Mare Jonio* come si accarezza un cavallo. Carezze a prua e carezze in plancia, me l'abbracciavo ovunque si potesse abbracciare. Erano carezze ruvide, perché gli amori veri sono sempre un po' ruvidi, almeno all'inizio. Sanno di vernice, ti grattugiano. Poi diventano reciproci. Persino una nave capisce che grattugi anche tu, se vuoi. E sai di vernice come lei, se la desideri davvero. Intanto le parlavo. Forza, *Mare Jonio*, vai dove devi andare. Una pacca a prua. Fai quello che devi fare, *Mare Jonio*. Una grattata sulle paratie.

«Medevac subito per Cate», dicevano le mie amiche. «Evacuazione immediata perché parla con le navi». E ridevamo, ridevamo tantissimo, ridevamo esauste, dopo tanti giorni in mare, dopo tanti giorni di ricerca a vuoto. Era la nostra splendida, insolente, autoironica forza.

Perché, per restare umani, bisogna ricordarsi di essere umani. In qualunque situazione. E ridere te lo ricorda. Rido, dunque sono (quello che sono). E pure quello che ero fino a sei giorni fa, prima di imbarcarmi.

*Respingimento, relitto.*

Era la missione 4/19, la quarta di Mediterranea del 2019. La *Mare Jonio* era salpata da Licata il 22 agosto, al tramonto. Eravamo in Sar libica da quasi una settimana e non avevamo ricevuto nessun messaggio di distress. Niente avvisi ai naviganti, Navtex o Inmarsat, che segnalassero imbarcazioni in difficoltà nel Mediterraneo Centrale. Come se non stesse partendo nessuno. In compenso, eravamo colpiti da stranissimi blackout: saltava la connessione wi-fi, il radar e gli strumenti di navigazione andavano in tilt, spesso diventava impossibile ricevere anche una mail. L'interferenza sui segnali Gnss e Gps era continua. *Jamming*? Chissà. Eravamo sempre isolati.

E mentre noi eravamo costretti a navigare a vista in un mare un po' troppo vuoto – una petroliera qua e una petroliera là, ogni tanto, spesso sorvolati da un aereo di Frontex come lo zucchero da un calabrone – succedevano molte cose da quelle parti. Purtroppo.

Continuavano gli scontri a sud di Tripoli, Haftar era alle porte della capitale. Il 25 agosto un'imbarcazione in pericolo, di cui poi si sarebbero perse le tracce, aveva contattato Alarm Phone. Il 26 agosto, la seconda barca a vela della Ong tedesca Lifeline, la *Eleonore*, aveva soccorso centouno persone a bordo di un gommone che stava affondando a quarantatre miglia da Al-Khums (e noi eravamo dalla parte opposta: cambio di rotta subito). E il 27 agosto Alarm Phone aveva denunciato un possibile naufragio, sempre al largo di Al-Khums. La chiamata era arrivata alle tre e trenta di notte. Ma stava succedendo in acque territoriali, dove noi non potevamo entrare. Si poteva soltanto sollecitare l'intervento della Guardia Costiera libica.

Ricordo uno scambio di sguardi in corridoio con Nello Scavo, il giornalista di «Avvenire». Erano sguardi cosí tristi. «Se i libici li hanno trovati, – dicevo, – torneranno in prigione, ricominceranno le torture». «Se non li hanno trovati, adesso sono morti tutti», diceva lui. Mi sono seduta sulle scale che portavano al bridge. «Nellone, secondo te, *cosa è peggio*?» «Che siano morti tutti», mi ha risposto.

Ma perché bisogna arrivare a queste domande? Quel mare sposta la soglia della ragionevolezza come sposta la soglia del dolore. La domanda «*cosa è peggio?*» risuona in te come un basso continuo, come un colore nella pittura tonale, un colore che sta sotto, nascosto, e determina tutto il quadro.

Intanto hai capito un respingimento. E hai capito che quello che i governi europei si ostinano a definire *salvataggio*, anche se si tratta di *respingimento*, a volte può esserlo davvero. Se il salvataggio arriva.

«Abbiamo tentato di ottenere la posizione Gps, – scriveva Alarm Phone, – ma i naufraghi erano nel panico e non sono riusciti a comunicarla. La barca era molto vicina alla Libia, e non abbiamo potuto fare altro che informare le autorità di Tripoli. Temiamo che nessuno sia andato a soccorrerli, non siamo piú riusciti a comunicare con la barca». Temevano giusto, perché il naufragio al largo di Al-Khums ci sarebbe stato. Venti morti. Morti contati dai sopravvissuti. Chi altro li conta, i morti. Solo cinque corpi recuperati, fra cui quello di una donna e di un bambino.

Sempre il 27 agosto, mentre due gommoni venivano salvati dalla Marina maltese e piovevano razzi sull'aeroporto di Mitiga a Tripoli, l'allora ministro dell'Interno, Matteo Salvini, firmava il divieto di ingresso alla *Eleonore* di Lifeline. E centouno persone sarebbero rimaste per giorni sopra una barca di venti metri. Era successa la stessa cosa un mese prima alla *Alex* di Mediterranea: cinquantaquattro persone imprigionate su una vela di diciotto metri. Una roba da morire tutti, presunti salvati e presunti salvatori. Tutti e basta.

Nel frattempo, Enac non concedeva il decollo agli aerei da pattugliamento di Sea Watch e Pilotes Volontaires, *Moonbird* e *Colibrí*. «Questi aeromobili prevedono l'uso solo per attività ricreative» scrivevano nella motivazione. Effettivamente il Mediterraneo Centrale non è molto *ricreativo*. Non è sicuramente divertente avvistare dall'alto gente che sta affogando. Come negarlo. Quello stesso giorno, la *Matteo S.*, in missione con noi, aveva trovato due relitti.

Ricevere notizie in mare non è come riceverle a terra, a casa tua. Sono pochissime e insieme troppe. Pochissime per agire e troppe per sopportare l'impotenza.

Quando la *Eleonore* ha soccorso il gommone, le persone salvate hanno detto che quella notte ne era partito anche un altro. Allora ti chiedi: il secondo gommone *adesso dov'è*? Nella tua testa, in mezzo a quel nulla, si spalancano tre possibilità, una peggiore dell'altra: 1) È stato intercettato dai libici e li hanno riportati nei lager 2) Sono affogati tutti 3) Stanno per morire da qualche parte e noi non sappiamo dove.

Peggio ancora quando una barca a vela trova un relitto, come era successo alla *Matteo S.*, che aveva raccolto i resti di un gommone bianco e di uno blu, mezzi affondati, senza motore. Non so cosa si provi a trovare un relitto. E non sono tanto sicura di volerlo sapere. So solo che nella tua testa, in mezzo a quel nulla, si spalancano di nuovo tre possibilità: 1) Sono stati intercettati dai libici e li hanno riportati nei lager 2) Sono affogati tutti 3) Magari uno dei due era il gommone soccorso dalla *Eleonore*. Una botta di speranza, probabile o improbabile, diventa essenziale. Per tirare avanti.

Dopo aver ricevuto la notizia, sono salita sul ponte di comando. Luca Casarini, il capo missione, accasciato su una panca di legno, fumava e guardava il mare in silenzio. Mi sono accesa una sigaretta anch'io e mi sono seduta di fianco a lui, senza dire niente. Non sono momenti in cui si ha tanta voglia di chiacchierare. Cosa puoi dire dopo che sono stati trovati due relitti.

Quando mi sono alzata, Luca ha sollevato la testa: «Come stai, Cate?» «Le *rogne* me le voglio *srognare* a terra, – ho risposto. – Piangerò fin che mi pare quando sbarcherò. Non qui». Appena mi sono resa conto di quello che avevo detto, sono rimasta sconvolta da me stessa. Ma davvero avevo usato una parola come *rogna*? Per un naufragio? Quel selvaggio neologismo mi turbava ancora di piú: *srognare*. Davvero lo avevo inventato io? Una erre di meno e diventa *sognare*. La gente viva, per esempio. E noi eravamo lí per quello: per trovarla. In fondo, perché si sta in quel mare tremendo? Per i vivi. Davanti ai morti non puoi farci niente. Ti devi difendere, se vuoi continuare. I sogni ci fanno diventare cattivi. Per inseguirli si diventa duri, molto piú di quello che immaginiamo. Hanno dei costi, soprattutto dentro di noi.

Luca mi ha sorriso: «Brava, Cate». Brava? Mi era appena uscita di bocca la frase piú oscena della mia vita. Del resto, è meglio dire frasi orribili che scoraggiarsi. Anche perché non fanno male a nessuno, non sono le frasi crudeli che sfuggono a una coppia o fra genitori e figli. Le dici al vento e basta, e chi ti ascolta lo sa. In situazioni estreme, diventano estremi anche i pensieri. Bisogna incassare e procedere, le parole non hanno il peso che si crede. Almeno non lí.

Nel Mediterraneo la vita la cerchi, la perdi o la trovi, e questa riduzione all'essenziale è potentissima. Senza orpelli, senza scappatoie, ti lascia a nudo confronto con una nuda alternativa, ti spoglia come l'acqua. Ma la chiave per capirlo non è il sentimento della morte. È il sentimento della vita.

Per mesi, mi sono chiesta: cosa mi porterò da leggere? Poi, quando mi hanno chiamata, ho deciso: Niente. Preferivo vivere, ho vissuto.

## Rescue

### *Numeri.*

Non credo che quell'alba sia dimenticabile. Quante cose credute importanti sono state dimenticate. A quarant'anni lo sai: che l'amore passa, che il dolore passa, che passano le paure e passano i desideri, e che stai solo passando anche tu. E tutto quello che passa, per un'istintiva economia interiore, si dimentica. Forse per non intasare un futuro che si accorcia.

Bene, quell'alba non la dimenticherò. Non fa parte della vita salvare novantotto persone. È innaturale salvare vite in mare, è destabilizzante sia per i salvatori sia per i salvati. Ma questo succede, che la gente vive o muore.

Mi immagino Riccardo, che ha piú o meno la mia età, davanti a un amico che non vede da vent'anni. L'amico che riassume: mi sono sposato, ho avuto due figli, ho divorziato e mi sono sposato di nuovo, l'azienda è fallita, ho aperto un ristorante. Tu? E Riccardo: niente, ho salvato seimilaottocento vite.

Anche mia madre tiene un conto delle vite che ho contribuito a salvare, ma non riesco mai a ricordarmelo, quel numero. Di solito mi manda la somma aggiornata mentre sono in mare («E oggi abbiamo superato i cinquecento!» «Assí?»). Io con i numeri mi perdo. Oppure penso ai numeri persi e mi aggroviglio ancora di piú. Perché quei cinquecento sí e altri cinquecento no? I numeri mi fanno male.

Quell'alba: come vorrei ricordare tutto, minuto per minuto. Vorrei salvarla come si salvano novantotto vite. Come si salva un documento sul computer – clic. Invece mi sfugge, come sfugge un evento sovrannaturale.

Perché era questa la sensazione mentre prendevo in braccio

quei bambini. Mi sembravano fantasmi. Ma puzzavano di carburante quindi erano veri e andavano spogliati subito.

La notte del 28 agosto 2019, come tante altre notti, ho dormito per terra, nel container destinato ai naufraghi, su un letto di salvagenti, insieme a Fulvia Conte e Daniela Galiè. Mario Pozzan dormiva nella barella arancione appesa al soffitto, che usava come un'amaca.

Mi hanno svegliata intorno alle cinque e mi hanno detto che il radar aveva individuato qualcosa, forse un target. Bisognava rimettere tutto a posto e svuotare in fretta il ponte di poppa. Non so cosa ho provato in quel momento, non avevo il tempo per chiedermelo.

Eravamo a settantuno miglia al largo di Misurata. Pattugliavamo da quarantotto ore quel tratto di mare perché lí la *Eleonore* aveva soccorso le centouno persone e i superstiti del naufragio di Al-Khums, appena sbarcati in Libia, avevano raccontato allo staff di Medici Senza Frontiere che insieme a loro era partito anche un altro gommone. Secondo Msf, nessuno era andato a soccorrere quel secondo gommone, nemmeno la Guardia Costiera libica. Era il nostro. Qualcuno, chissà perché, aveva deciso che quelle novantotto persone si potevano tranquillamente lasciare morire.

Sono corsa in plancia, sul ponte di comando, tutti avevano il binocolo in mano. Il gommone si vedeva a occhio nudo. Ma sembrava vuoto. Un altro relitto da recuperare? I libici avevano cambiato idea, erano già passati a prenderli? Poi qualcuno ha detto: «Si vedono delle teste!» Ci passavamo i binocoli di mano in mano. «Sono tantissimi», ha gridato un altro. E la nave si è fermata per lanciare i rhib.

Mi ero sempre chiesta cosa provassero loro davanti a una nave umanitaria. Adesso lo so. Me lo ha raccontato Mohamed durante una notte insonne, alcuni giorni dopo. Non era nemmeno il mio turno, semplicemente nessuno dei due riusciva piú a dormire. E quando su una nave non si riesce a dormire, si guarda il mare e si parla. «Voi pensavate che il gommone fosse vuoto perché io avevo detto a tutti di abbassare la testa e di fare silenzio. Eravamo convinti che fosse la Guardia Costiera libica, venuta a riprenderci. Nemmeno i bambini fiatavano. Anche se avevano pianto fino a un minuto prima».

Noi: in fibrillazione. Le ragazze e i ragazzi si infilavano veloci i salvagenti e il casco. Io li guardavo. Pensavo a tutte le loro esercitazioni, a tutta la fatica che avevano fatto, con il rigore necessario, per imparare le tecniche di soccorso, per essere all'altezza di quel momento. Rivedevo Fulvia e Mario che ripassavano a voce alta le manovre, gli appunti sparsi sul tavolo del quadrato, come prima di un esame.

Intanto loro, sul gommone: in apnea, chinati. La prima volta che avevano pensato che fosse finita era stata a poche miglia dalla costa, quando erano cadute in acqua delle persone. Ho scoperto questa tragedia mentre accompagnavo le donne in bagno, subito dopo l'imbarco. Mentre facevano la fila davanti al gabinetto. Mi afferravano per un braccio: «Sono morte sei persone, – mi dicevano, – sono cadute in acqua, non le abbiamo piú trovate». E piangevano. Appena si sono calmate, sono corsa in plancia per avvertire Luca. Guardate che sono morti in sei durante la traversata. E subito sono tornata giú, perché il mio posto era là.

Una mattina li ho trovati piú angosciati del solito e mi hanno spiegato che durante la notte si erano confrontati e avevano contato insieme i morti. Nove, non sei. Anche loro avevano dei problemi con i numeri. Questo incidente non dava pace a nessuno dei superstiti. Tanti erano caduti in mare per colpa di quell'onda, ma erano riusciti a restare aggrappati, a una corda o a una mano. Durante le visite mediche, a cui assistevo per tradurre, ho scoperto che molti avevano ancora acqua nei polmoni. Un ragazzo aveva male al petto: lo aveva colpito il piede di un uomo che stava affogando, se lo sentiva ancora addosso, come un piede fantasma.

Uscivano da un traversata terribile durata due giorni e due notti. Finito il carburante, finito il cibo, finita l'acqua. «Piangevano tutti sul gommone, soprattutto i bambini, – diceva Mohamed alle quattro di notte, davanti a una canna da pesca che avevamo lasciato sul ponte per loro, come oggetto amico. – Io continuavo a ripetere a mia moglie che ce l'avremmo fatta, ma non lo pensavo. Mi preparavo a morire cosí. Poi abbiamo visto comparire dal nulla una nave. Ecco, sono venuti a riprenderci, pensavamo, ci porteranno di nuovo in Libia –. Sarebbe stato meglio morire, come i primi che se ne erano andati. Invece quella nave eravamo noi. – L'ho capito quando ho visto i gommoni arancioni, i libici non hanno gommoni arancioni, sono neri. E l'ho detto subito agli altri». Di colpo le teste si sono sollevate.

Ho chiesto a Mohamed cosa si prova in un momento del genere. «Una gioia che richiede tempo per essere digerita», mi ha risposto. Anche la nostra era una gioia cosí, una gioia incredula. Li vedi apparire in mezzo al niente e poi salire sulla nave in carne e ossa e sei pieno di stupore. Ti sembrano dei miracoli ambulanti. Hai bisogno di toccarli per essere certo di non vaneggiare, pazienza per il gasolio di cui sono imbevuti. È talmente reciproco lo stupore, e primordiale, che lo sentono anche i bambini. Ti saltano in braccio e si aggrappano, come per accertarsi che tu sia vero. La sera avevamo un gran mal di schiena perché per tutto il giorno avevamo corso per il ponte con uno o due bambini al collo. Io li guardavo come si guardano dei fantasmi. E loro facevano uguale. Mi toccavano i capelli biondi. Ma davvero?

L'imbarco sulla *Mare Jonio* è stato un casino. Teoricamente ciascuno dovrebbe avere un ruolo, per fare funzionare la catena. I soccorsi, in termini di precisione, sembrano operazioni militari. Peccato che la vita – la vita che sale a bordo – non sia cosí precisa.

Io avrei dovuto occuparmi delle donne e dei bambini, per esempio. In teoria. Farli accomodare dietro una tenda montata nel container, distribuire coperte termiche, aiutarli a spogliarsi. Nessuno poteva immaginare che donne e bambini avrebbero riempito un container intero.

Per fortuna sono venuti ad aiutarmi Nello Scavo e Marco Mensurati, il giornalista di «la Repubblica», addetti a separare quelli imbevuti di benzina dagli altri, sempre teoricamente: erano tutti imbevuti di benzina.

Buttavamo dentro mamme e bambini a caso, pazienza se non corrispondevano. Bastava che ci fosse una madre qualunque a tenere un bambino qualunque, cosa ci importava se era il suo o no. Cercavamo di spogliare i bambini in fretta, per liberarli da quei vestiti bagnati e pesantissimi, difficili da togliere, vestiti pericolosi, pieni di carburante e acqua di mare.

Ho ricordi confusi perché tutto era confuso. E correvo. A distribuire coperte termiche, a buttare magliette e pantaloni fradici, a spogliare qualcun altro. Continuavano ad arrivare bambini, non finivano piú. Non avevo neanche il tempo di asciugarmi il sudore che mi colava sugli occhi e mi appannava la vista.

Intanto facevo discorsi in francese. «Piú tardi vi distribuiremo le bottiglie d'acqua, ora la nostra priorità è imbarcare tutti il piú in fretta possibile». «State tranquilli, con la Libia è finita per sempre». E sorridevo, sorridevo tantissimo, fino a spaccarmi le mascelle. Ma non era un sorriso innaturale, come tanti che facciamo nella vita, era un sorriso sovrannaturale. Sorridevo ai miei fantasmi. Sorridevo a dei morti che per puro caso non erano morti: li avevo davanti. E quei morti che non erano morti sorridevano a me. Ricordo ogni viso, anche se tutto era troppo dorato, in mezzo a tante coperte termiche, cosí luccicanti di salvezza indistinta.

Gli adulti hanno bisogno di tempo per interiorizzare una gioia del genere, i bambini vanno oltre in fretta. Era impossibile tenerli calmi sul deck, correvano a sondare lo spazio nuovo, pericolosamente, le madri troppo esauste per trattenerli. La *Mare Jonio* era diventata un asilo ingovernabile. Li acchiappavamo al volo mentre il rimorchiatore beccheggiava, si arrampicavano ovunque.

Cecilia Strada (che oggi si dedica alla nave di ResQ People, la nuova Onlus italiana, il cui presidente onorario è Gherardo Colombo) ha cominciato a distribuire dei giochi. Ma non erano abbastanza. Una bambina era rimasta senza. Allora per Shakira ho recuperato una scatola di pennarelli dal bridge e ho avuto un'illuminazione. Forse l'unico modo per tenerli fermi era farli disegnare. Ma c'era un problema: i pennarelli non bastavano per tutti. Allora mi sono inventata un gioco. Si usa un colore solo, poi si restituisce e se ne sceglie un altro. Gestivo il traffico: un azzurro in cambio del viola, un verde per un giallo, il rosso al posto del nero. Nessuno voleva il marrone, che mi rimaneva sempre in mano. Per un po', ha funzionato. Disegnavano navi, loro che non avevano mai visto il mare, e lo avevano scoperto cosí.

Uno solo non partecipava. L'ho preso in braccio e mi sono accorta che aveva una ferita aperta sulla spalla. Poi ho guardato meglio: gli mancavano due dita della mano. Ho chiesto alla madre cosa gli era successo. Mi ha raccontato che in Costa d'Avorio gli avevano sparato addosso quando aveva due anni. Adesso ne aveva sei e non riusciva a usare i pennarelli. Sono corsa ad avvertire in plancia, di nuovo. Che altro potevo fare.

Poi sono cominciate le visite mediche. Io stavo chiusa nell'ambulatorio con Donatella Albini. Tenevo la mano a donne spaventate che divaricavano le gambe e chiudevano gli occhi. Donatella era gentile, delicata, abituata ai contesti di emergenza, ma loro avevano paura perché non erano mai state visitate. Quasi tutte avevano mutilazioni vaginali, anche se l'infibulazione è illegale in Costa d'Avorio. Per tranquillizzarle, le accarezzavo. Soprattutto quando rispondevano alle domande della dottoressa. Non è facile dire di essere state violentate. Parlavano sottovoce, con l'occhio spento o vivo di rabbia all'improvviso. Mentre io, impassibile, traducevo. Che altro potevo fare.

Dopo le donne toccava agli uomini, visitati da Stefano Caselli (infermiere, soccorritore, medico di bordo e tante altre cose, perché su una nave a gestione familiare alla fine si fa tutto, per necessità, quello che sai e pure quello che non sai, ma lo impari). Non ce n'era uno che non fosse stato torturato in prigione. Ci mostravano la loro storia sulla pelle: ferite da coltello, ustioni per acqua bollente, lividi da calcio di fucile, segni di frusta sulla schiena, bruciature con la corrente elettrica. Le vittime di tortura sono delicate, avevamo paura di scoperchiare un vaso di Pandora, sono traumi che andrebbero tirati fuori a terra, non in mare. Ma loro avevano un'urgenza disperata di parlare, non aspettavano neanche di entrare nell'ambulatorio.

Siamo abituati a pensare ai naufragi in termini numerici. Sessanta morti. Tredici donne. Otto bambini. Venti dispersi. Numeri, sempre numeri. Ma i miei fantasmi avevano dei nomi. Guardavo quei bambini e pensavo: Ecco, sarebbe morta Mimí. Sarebbe morta Shakira. Sarebbe morta Myriam. Bambine bellissime, di quattro, cinque, sei anni: me le tenevo strette, mi appoggiavano la testa sulla pancia. Sarebbe morta Fatima, che voleva sempre stare in braccio. Sarebbe morto quel piccolo indemoniato di Alí, una furia incontrollabile, che strillava e correva dappertutto in pannolino, accidenti a lui che da solo teneva occupato un equipaggio intero. Sarebbero morte Bintou e sua cugina Mariam, due ragazzine di dodici anni che viaggiavano sole, con una zia. Le avevo portate con me a prua, a vedere il mare mosso. Un po' una follia, perché si faceva fatica a stare in piedi, e allora le tenevo strette per le braccia e loro strillavano e ridevano come al luna park – volevo che ricordassero qualcosa di bello di quel Mediterraneo feroce.

Cercavo di impararli tutti, i loro nomi: un'impresa impossibile. Ma ci provavo lo stesso. Non volevo che fossero un numero su un braccialetto. Ciao Gilbert, come stai oggi? Gilbert era un attivista, un uomo colto, perseguitato per le sue idee politiche. Era importante salvare l'individuo. Sapere che quella donna, con la sua risata travolgente, si chiamava Matt. Ti è passato il mal di testa, Sarah? Sarah ogni tanto si avvicinava solo per darmi un bacio. Cosí. Era affettuosa. Aveva la scabbia, me ne fregavo. Era bello ricevere un bacio senza motivo. Esther era l'unica nigeriana, portava un bellissima fascia di pizzo rosa nei capelli. A tutti parlavo in francese, lei non capiva, quindi la prendevo da parte e le ripetevo in inglese quello che avevo appena detto agli altri. C'erano varie Myriam a bordo. Avevo passato un'ora sul ponte con Myriam-la-mamma-di-Shakira, carezzavo madre e figlia, una di qua e l'altra di là, stese dal mal di mare. Bastava poco per fare stare meglio qualcuno. Anche solo dedicare del tempo, e un po' di contatto fisico. Parlavo e accarezzavo, tutto qui. Quando mi sono alzata, Myriam mi ha detto: «Shakira non sa il francese». Quella bambina di sei anni era rimasta immobile per un'ora ad ascoltare un lingua che non capiva? E cosí mi sono accorta che bastava ancora meno: il tono della voce.

Non riuscivamo a capire quanti fossero, perché si spostavano in continuazione. I conti non tornavano mai. Non potevamo mica dare alle autorità dei numeri a caso. «Donne incinte?» «Sei». «Io ne ho contate otto». «Come otto?» «Bambini?» «Diciannove». «Per me no, ventidue». «Oh, merda». E si ricominciava.

Non riuscivamo a capire esattamente quanti fossero, ma erano vivi, vivissimi, in movimento e vocianti. E ogni tanto pensavo che dopotutto andava bene cosí. Altre volte che, con quei conti che non tornavano mai, il ponte della nostra nave assomigliava al mondo. *Era il mondo*: quello terreno, quello sbagliato sempre, quello che sfugge e non puoi mettere in ordine mai.

*Rescue con farfalla.*

Era comparsa una farfalla sul rhib, durante il rescue. L'avevano ripresa anche le Go-pro montate sui caschi azzurri dei soccorritori. Una farfalla in mezzo al Mediterraneo?

Me lo ha raccontato Fulvia, alcune ore dopo, mentre si rollava una sigaretta a prua. Stava sorgendo l'alba, un'alba bellissima, viola, che dava molto sollievo perché fare un soccorso di notte è piú difficile. Loro, a bordo del secondo rhib, stavano aspettando a distanza che Iasonas Apostolopoulos, il team leader greco, finisse il suo discorso, indispensabile per il crowd control.

Di colpo, dentro al rhib ha cominciato a volare una farfalla. Fulvia gridava: «Dani! Mario! Guardate!» E cosí tre ragazzi, un attimo prima di fare la cosa piú importante della loro vita, cioè salvare altre vite, hanno iniziato a interrogarsi. Cosa ci fa qui? Erano a settanta miglia dalla costa, in mezzo al nulla, dopo sei giorni di navigazione della *Mare Jonio* e due del gommone. Una farfalla può essere cosí longeva? Oppure è appena uscita dall'involucro? Si guardavano e guardavano lei, che agitava le ali ignara del grande evento intorno, che non era la sua schiusa.

Ogni tanto, a bordo della *Mare Jonio*, sentivamo le cicale. Ma questo era spiegabile. Erano salite a bordo a Licata, erano partite con noi. Ce le eravamo portate dietro dalla Sicilia. Avevano persino visto un rescue. E cantavano per tutti, quando il rumore del motore non copriva la loro musica. Ma quella farfalla? Da dove veniva? Avevamo imbarcato una crisalide?

Poi il secondo rhib, sempre accompagnato dal lepidottero come da un pesce pilota, si è avvicinato al gommone. Fulvia, Daniela e Mario cercavano di contare le persone, a occhio. Una sessantina? Venti di qua, venti di là, e altri venti in mezzo?

«A un certo punto, dal centro, è spuntato il primo bambino – *meee* – lo hanno tirato su, con le braccia in alto, – raccontava Fulvia. – Un secondo dopo – *meee* – un altro bambino. Spuntavano bambini uno dopo l'altro – *meee, meee*. Non ce l'aspettavamo. Ma quanti erano?»

E qui, come scrittrice, mi arrendo: non so restituire il suono di Fulvia, cosí umano e viscerale, tutto di pancia – *meee, meee* – bambino dopo bambino – vissuto come un pianto. Bambini che non piangevano affatto, in realtà. «Erano silenziosissimi», diceva Fulvia. Allora ho capito che lei sentiva quello che tutti nel Mediterraneo devono trattenere, che siano naufraghi o soccorritori, cioè il pianto.

Nessuno ci pensa, non in questi termini almeno, ma un rescue alla fine è questo: ci sono due mondi che si guardano, da una barca all'altra. E, guardandosi, si fanno tante domande. Sia di qua che di là. È qualcosa di molto vicino alla fantascienza, nelle prime ore. Intorno non c'è niente. Due gruppi di sconosciuti capitano uno di fronte all'altro, di colpo. E qual è la prima cosa che fanno? Si guardano. Con stupore, con paura, con speranza. Un rescue è uno scambio di sguardi da cui sorge una nuova prospettiva.

## Standoff

*Sventurato il mare che ha bisogno di eroi.*

Mi hanno colpita i risvegli. L'unico momento di panico in una missione di quindici giorni. Un panico di pochi secondi, certo, che però ti rivela. Quando dormi sei indifeso. Non importa se chi ti sveglia prima dell'alba ti carezza per non spaventarti, come faceva Fulvia con me. Tu sobbalzi e basta. Oddio, oddio. Per mezzo secondo, il tempo di passare da un sogno che non ricordi a una possibile emergenza, sei fuori controllo. Poi ti alzi, ti guardi intorno, ti ricordi dove sei, e ti riprendi in mano. Ti aggiusti i capelli spettinati in una coda, vestito sei vestito, e vai.

Ma adesso che sono a terra, la memoria dei nostri risvegli me la voglio riprendere. È sperduta e umana. A bordo diventi un po' troppo invincibile, e anche questo in qualche modo fa paura.

Che strano incantesimo. Dormi poche ore e sei miracolosamente fresco, contro qualunque legge di natura e di età. E se dormi per terra, non hai mal di schiena. Se ti dicono che non c'è piú acqua per lavarti, alzi le spalle e ne fai a meno. Pazienza. Del resto, nel tuo cervello sta succedendo molto di piú.

Poi quando torni a terra, fine dell'incantesimo. Tutto quello che un cervello scosso dalla necessità ha concesso al tuo corpo viene a mancare. Ti viene la febbre a trentanove. Le bolle sul corpo. Un eritema solare in ritardo di una settimana? Hai sempre sonno, e ti chiedi come facevi a non averlo mai. Ma balli, balli come in nave per il mal di terra, perché la tua mente ti è amica e sa che ti manca il mare sotto. E tu la ringrazi per questo. Perché ti fa sentire ancora sbilenca, come quando eri cosí concentrata sulla vita degli altri da dimenticarti di esistere.

Quel nulla che è il Mediterraneo, dove tutto è possibile, anche vivere quando si era destinati a morire, ti manca. Lo scopri quando – finalmente nel tuo letto, comodissimo – ti addormenti e sogni navi.

Io e Fulvia, che al ritorno sognava navi tutte le notti come me, al mattino ci scambiavamo le posizioni. «Dove sei? Mandami le coordinate». Risposta di Fulvia: «33° 35 N – 14° 38 E».

È difficile tornare da lí. Il corpo un giorno sbarca, la testa no. I governi non possono niente al confronto. Ti lasciano in mezzo al mare in modo insensato per giorni e giorni? Per settimane? Beh, il tuo cervello può fare *molto di piú*. Da quelle navi può non farti scendere *mai*.

Sventurato il mare che ha bisogno di eroi. Ti volti e ne hai un paio di fianco. Vai a poppa e ne trovi un centinaio. È talmente pieno di eroi, il Mediterraneo, che a terra nessuno ne sente il bisogno.

Ogni tanto li guardavo e mi chiedevo: ma dove hanno trovato il coraggio? Poi ti raccontano le loro vite, e lo capisci. Piú o meno. Ogni tanto. Non sempre. Perché comunque ce ne vuole veramente un po' troppo. Ma a un certo punto ti accorgi che il coraggio non è il punto. Possono avercelo o non avercelo. Possono anche morire di paura, come tutti. Solo che non hanno alternative. Indietro non possono tornare, nemmeno volendo. Non avevo mai pensato che la possibilità di cambiare idea fosse un bene di lusso.

Non me ne rendevo conto, ma mi stavo interrogando sull'epica. È un problema che si pone da una trentina di secoli. Ma avercelo davanti, in carne e ossa, è diverso. Soprattutto quando ti ricordi che hanno tutti meno di trent'anni e che non hanno mai visto il mare prima di salire su quel gommone. I piú scafati lo conoscono solo perché sono al terzo o al quarto tentativo di traversata. L'ho capito mentre vomitavano.

Il confronto carnale con l'epica: «Si chiama mal di mare, ragazzi. È normale». Avevo in testa le parole di Irene Paola Martino, infermiera di Medici Senza Frontiere, altrimenti non mi sarebbe mai venuto in mente («Non sanno cos'è il mal di mare, perché il mare non lo hanno mai visto prima, credono di avere qualche strana malattia, devi spiegarglielo»).

L'epica classica è piena di marinai, eroi e naviganti. L'epica moderna è l'opposto: è piena di eroi e naviganti loro malgrado, nessuno dei quali è marinaio. Gente che attraversa il Mediterraneo senza essere capace di accendere o spegnere un motore.

Quel giorno vomitavano tutti perché il mare si era alzato. Il comandante, Giovanni Buscema, era furioso. Diceva alla radio che il movimento della nave stava creando grandi problemi a poppa, dove c'erano circa cento persone. Chiedeva solo un punto di fonda, nemmeno un attracco. Ma niente. La risposta era sempre la stessa: «Per il momento non siete autorizzati». La nave era ritenuta *non inoffensiva*. Un pericolo per la sicurezza nazionale.

Quei bambini effettivamente erano pericolosissimi, come scrivevano Nello Scavo e Marco Mensurati. Tutto l'equipaggio era impegnato sul deck: a correre dietro, a tirare su chi cadeva, ad afferrare qualcuno prima che si schiantasse contro le paratie, a tenere d'occhio che nessuno finisse in mare. Stavano fermi solo i neonati, in braccio alle madri, o quelli che avevano vomitato troppo. Vedevi dei gruppi di bambini che dormivano per terra, esausti, appoggiati l'uno sull'altro. Erano fuori dal container perché avevano bisogno di aria, stavano buttati sulle doghe di legno come cani. Dovevi stare attento a non pestarli. Ecco il nostro carico *non inoffensivo*.

Oltre a spiegare cos'era *le mal de mer*, spiegavo a tutti che il segreto per non vomitare era bere poca acqua. Cosa che non sapevo prima di quel momento, perché non soffro il mare. Quindi ripetevo a pappagallo quello che mi aveva detto Donatella. Ma non c'era verso, continuavano a bere e a vomitare. A un certo punto – con un po' di ritardo – ho messo insieme i pezzi, almeno nella testa. Nelle prigioni libiche davano una bottiglietta d'acqua al giorno – in quell'afa, in una cella senz'aria. Erano stati in mare per due giorni e l'acqua era finita. Scappavano da posti dove era un bene raro. Non capivano quel concetto elementare perché avevano sofferto la sete.

Io non ho idea di cosa sia soffrire la sete, e forse non l'avrò mai. Ma ho avuto un'intuizione. Ho spostato un paio di casse davanti ai loro occhi. Tanto per essere chiara. «Ecco qui. Potete prenderne quanta volete», ho detto, «non c'è un limite. Se finisce, ce la riporterà domani la Guardia Costiera». Avevano appena scaricato casse e casse: che spreco di soldi mantenere uno standoff, Charlie Papa avanti e indietro, con spese di benzina esorbitanti per qualche bottiglia d'acqua, per tenerci vivi e utili alla politica. «Potete bere quanto vi pare, – dicevo. – Ma vomiterete anche l'anima, quando il mare è cosí. Scegliete voi». Hanno tutti smesso di bere. Quasi tutti.

Quando, nella missione successiva, i dottori di Medici Senza Frontiere hanno consigliato alla gente di bere molta acqua per non soffrire il mal di mare, ho avuto un conato io. Li avevo assetati per niente?

A volte li accudivo troppo, ho avuto bisogno di tempo per capire che era sbagliato. In fondo erano delle persone che a vent'anni avevano affrontato il deserto, la Libia, la prigione, la tortura e i lavori forzati. E che avevano appena attraversato il Mediterraneo su un gommone. Avevano la metà dei miei anni e avevano superato prove che io non sarei mai stata capace di superare. E mi preoccupavo per loro? Ma erano su quella nave con me e, finché stavano lí, mi sentivo responsabile di quella loro precaria salvezza, non potevo farci niente.

Non riuscivo a convincerli che stare a poppa era pericoloso, per esempio. A poppa non c'era una ringhiera – nelle altre navi c'è, le ho viste tutte – ma sulla *Mare Jonio* no. In quel punto, non esisteva nessuna protezione. Non ci andavamo nemmeno noi. Avevamo messo delle corde, ma era stato inutile: ci passavano sotto o le scavalcavano. Era bellissimo stare laggiú, per carità, come non capirli. Guardi la scia della nave alle tue spalle. Ma a poppa si scivola con niente e se in quel Mediterraneo sterminato ci ritorni anche solo per un passo falso, sei finito. Se ci cadi dentro per errore – senza neanche avere il tempo di accorgerti di quell'errore – addio. Soprattutto di notte. L'unica cosa che puoi sperare è che qualcuno si accorga che sei caduto in acqua. Non a caso si fanno sempre i turni di guardia in due. E in barca a vela, al buio, ci si lega con le cinture al tavolo del pozzetto. Perché non basta avere un salvagente tecnico addosso. Con un salvagente cosa ci fai? Niente. Galleggi fino alla perdita completa, graduale, di te stesso. In mare solo questo conta: sapere che è pericoloso. Vale per l'equipaggio come per i naufraghi, siamo tutti uguali davanti al mare.

Ecco perché ero tanto angosciata per loro. Non andate a poppa, come ve lo devo dire? Si scivola, porca puttana. Omettevo le parolacce, ma avevo lo sguardo sboccato. Un giorno ho perso la pazienza. Ho raggiunto il ponte a grandi falcate e ho detto: «Vi abbiamo salvato una volta? Beh, *due no*». Ho superato ogni paternalismo cosí: di brutto. Sono scoppiati a ridere. E io con loro. Ridere su cose tanto enormi polverizza la distanza fra chi salva e chi è salvato, cancella dei ruoli scomodi da portare: si ride e basta, insieme.

In mare non hai bisogno di niente. È meraviglioso non avere bisogno di niente. Vivevo in una maglietta e in un paio di pantaloncini, nelle mie scarpe puzzolenti. E il resto non mi mancava. La mia valigia minuscola e intelligente era rimasta sulla barca a vela. Quando, dopo giorni, me l'hanno restituita, era quasi vuota. Si erano dimenticati di prendere quello che avevo messo nell'armadio. E lí ho capito. Che tutte le cose che crediamo indispensabili non lo sono. Tranne il mio balsamo a spray, senza risciacquo.

L'oggetto insospettabile, che sfugge all'esaltazione del non-mi-serve-niente. Senza il mio balsamo non posso pettinarmi. Un giorno ho creduto di avere perso anche quello. E ho capito che è importante avere bisogno delle cose, o credere di averlo. È importante tenere un legame, anche esile, con la normalità. Altrimenti l'epica della Sar, per quanto sia un'epica scalcinata, ti divora.

Mi ha illuminata Francesca Zanoni. Aveva molto partecipato al mio sgomento per la perdita del balsamo. E quando l'ho ritrovato, dietro al frigo, ho condiviso quel sollievo con lei. Il ponte di poppa era pieno di gente senza niente, senza una sola cosa, ma noi ci siamo scambiate i beni preziosi che avevamo: pinzette e silk-épil. Riprendiamoci la normalità per un attimo. Ero incantata dalla maturità di quella ragazza di venticinque anni, cosí poca vita alle spalle, e già sapeva tutto quello che serve sapere. Riprendiamocela.

Loro arrivano senza nulla e quel poco che hanno è imbevuto di carburante, farà parte dei nostri rifiuti speciali. Tu all'imbarco li spogli e sai che li stai spogliando di tutto. Ma lo devi fare. A qualcuno, per errore, abbiamo buttato pure il cellulare insieme ai vestiti. Il suo unico contatto con il mondo. Roba per cui io sarei impazzita, nonostante la calma surreale, indispensabile, che ti impone il mare. Vai a spiegare che non è possibile recuperare quel telefono in mezzo a cose piene di benzina, isolate a prua per non prendere fuoco tutti. Ti sprofondi in scuse, e finisce lí. Questa è la Sar, lo capiscono anche loro. Tutti perdiamo qualcosa.

Ho perso un sacco a pelo, un paio di calzini, una crema cinquanta, una maglietta rimasta in lavatrice, un modo di stare tranquillamente al mondo. Molto meno evidente è quello che guadagni. Ti serve un tempo infinito per fare la lista. Ho guadagnato una maglietta di Mediterranea xl di Luca macchiata di carburante, i sogni di Fulvia con le coordinate, la saggezza di Francesca con una pinzetta in mano. E tante altre cose.

*Report.*

Mi ero portata dietro un quaderno comprato a Sarajevo e una penna raccolta per terra a Palermo da Riccardo, durante la mia prima missione. Ma non avevo tempo per prendere appunti. I primi giorni scrivevo tre righe ogni sera: per ricordarmi le date, almeno. Poi quando l'evento è arrivato sul serio, ho smesso. Ho usato la penna di Riccardo solo per firmare un report necessario a un Medevac. Se mi avessero detto che un giorno avrei firmato dei documenti per un'evacuazione medica da una nave, non ci avrei mai creduto. Invece l'ho fatto. E pure senza leggere quello che stavo firmando perché, come non avevo tempo per scrivere, non avevo tempo per leggere.

Senza la mia penna e il mio quaderno, le date sono andate a farsi fottere. Il tempo della missione è diventato un'entità unica, non misurabile, il giorno che si confonde con la notte, quale giorno e quale notte non si sa. Poi un pomeriggio è arrivato in ambulatorio un ragazzo. Mezz'ora a testa per raccogliere in fretta una vita di torture, abbandoni e dolore. Ma questo potevamo. Si è seduto sul lettino e ha cominciato a rispondere alle domande di Stefano. Ero sconvolta. Ci diceva in quale giorno e a che ora era successa quella e quell'altra cosa. Eventi terribili, che se già te li ricordi è tanto. Lui no. Data esatta, ora esatta. Mi faceva paura quella sua memoria precisa e disperata, l'unica cosa che forse gli rimaneva, anche di sé stesso. Alle quindici e quarantacinque del 10 ottobre sono entrato nella prima prigione libica. Il 2 luglio, alle ventitre e trenta, hanno bombardato la mia prigione, Tajura. Alle quattro e quarantadue torturato. Alle ventiquattro e quattordici salito su un gommone. Cosí. Non riesco a ricordarmi la sua faccia. Ci provo e non ci riesco. Ricordo solo tutti quei numeri. Forse lo volevo già dimenticare.

Per consolarlo, l'ho salutato dicendogli che la sua precisione sarebbe stata molto utile a terra, davanti alle autorità. Quando dici cose del genere a qualcuno cadi in un buco nero ancora piú indistinto della tua memoria. Subito te lo immagini davanti a un poliziotto stanco, che sbadiglia e che, per incuranza o per fatica, non prende appunti, esattamente come noi, per urgenza. E tutta questa sua tragica esattezza, cosí faticosamente custodita nella testa, andrà perduta.

Del resto, su una nave non puoi dire a dei naufraghi che la terra che vedono a circa dodici miglia, bellissima, ferma e un po' sfumata dalla distanza, è uno schifo. Non te lo insegna nessuno, lo capisci da solo. Quando sei lí hai pochissime priorità, e molto elementari: tirarli fuori dall'acqua, possibilmente vivi, e consegnarli a un paese europeo, possibilmente vivi. Fine.

La Sar è epica per questo, anche se ogni tanto te ne vergogni. Non ti vergogni perché, come dicono i detrattori, sei un trafficante. Non lo sei. Hai solo rispettato la legge del mare. Ti vergogni perché *li salvi e basta*. Tutto quello che succede prima e dopo è fuori dalla tua portata: sei completamente impotente davanti al loro passato come davanti al loro futuro.

Se non raccogli cadaveri, è il momento piú bello della loro vita e della tua. Una bolla disperata, certo. Ma in quella bolla si concentra – confuso, pasticciato, umano fino a toccare il cuore nudo dell'umanità, tua e altrui – il mondo intero. E questo è abbastanza incredibile. Il mondo intero e rotondo su una nave piccola cosí? A che ora è successo? Non lo so.

Mi sono commossa una volta sola, quando la Guardia Costiera ha portato via in barella una donna che tutti chiamavano *La vecchia*. Aveva trent'anni.

Non ero l'unica, anche Fulvia, Cecilia e Francesca facevano fatica a trattenersi. Ci siamo nascoste a prua. Pensavo che *La vecchia* sarebbe arrivata in Italia, sí, ma distrutta per sempre. E non per colpa di quel ginocchio, faceva solo finta di non riuscire a camminare, se ne erano accorti tutti i medici di bordo. Bastava guardarla mentre si sedeva e lo piegava senza urlare. Distrutta per sempre nella testa, che è peggio. E quello si vedeva eccome. Dai capelli bianchi, a trent'anni. Dalla bocca che tremava. Dal pianto irrefrenabile, ininterrotto. Passava tutto il tempo nascosta sotto la sua coperta rosa. Nessuno riusciva a parlarle. Faceva persino finta di non capire il francese. Invece era la sua lingua. L'ho scoperto una notte.

Ho visto spuntare la testa, poi una mano che mi chiamava. Voleva essere accompagnata in bagno, sempre con la scusa che non poteva camminare da sola. Sentivo tutto il suo peso sulle spalle. Era buio, la nave rollava, e io le dicevo dove mettere i piedi nudi (avevamo dato a tutti delle infradito, ma lei girava scalza lo stesso). Mi aggrappavo a catene arrugginite, per tenere dritta lei. Attenta a quel gancio. Aveva paura a chiudersi dentro, ho sorvegliato la porta anche se in giro non c'era nessuno. È bastato cosí poco. Si è fidata, si è buttata. E ha parlato per due ore di seguito. Le posso contare perché ho sforato il turno. Ma che fai? Vai a dormire? Scusate, il mio turno è finito. Sei lí, ti piangono addosso, parlano finalmente, anche le piú zitte delle zitte. Mica le puoi lasciare. Non le ho lasciate.

*La vecchia*, in privato, era un'altra donna. Forse aveva persino trent'anni. Rabbiosa come solo a trent'anni sai essere. Non a venti e non a quaranta. Quella rabbia lí appartiene ai trenta, o non ti appartiene mai. Mi diceva che era scappata perché il marito la picchiava. Mi prendeva la mano e mi faceva toccare le ossa rotte sulla spalla. Per non essere uccisa da lui, era pronta a farsi uccidere da qualcun altro. Tre traversate. Tre centri di detenzione in Libia. Tre figli lasciati al suo paese. Ma se le chiedevi il nome e l'età dei suoi bambini, non se li ricordava. E scoppiava a piangere di nuovo perché non se li ricordava. Non ci riusciva.

Torture, violenze sessuali, botte. Anch'io faccio un po' fatica a ricordare quelle due ore, per quanto siano solo una sintesi minima della sua vita. Ricordo che stavamo abbracciate, sedute su un pezzo di pallet tinto di giallo. E che lei parlava a fiume, mentre prima era muta e muta sarebbe tornata il giorno dopo. E ricordo la sua risata, che nessuno ha mai sentito. Per questo ho pianto, quando l'hanno portata via in barella: pensavo a quella risata, nella notte. Mi sembrava incredibile vederla ridere. Invece possono ridere tutti.

Quando *La vecchia* è andata a dormire, mi sono accorta che qualcun altro mi stava aspettando. Anche Bintou aveva bisogno di piangere un po', o forse di ridere. Mi serviva qualche minuto per svuotarmi del dramma precedente – pare brutto, ma uno lo pensa dopo avere ascoltato troppo – ho fatto un grande respiro e l'ho raggiunta.

Bintou aveva diciannove anni, era analfabeta. Me ne sono accorta quando le ho promesso che un giorno ci saremmo riviste. Dato che non eravamo autorizzati a lasciare i nostri numeri alle persone soccorse, le ho spiegato che poteva cercarmi attraverso il sito di Mediterranea. Lei mi ha sorriso, felice. E mi ha chiesto se potevo scriverle il nome della nave su un foglietto. Non sapeva leggere la scritta enorme, a poppa: *Mare Jonio*. Le ho sorriso anch'io. Come avrebbe potuto scrivermi se era analfabeta?

Era timida e silenziosa, ma con me parlava tanto. «Sono partita perché ero sola al mondo». Usava proprio questa espressione: *sola al mondo*. In realtà, tutte le donne su quella nave erano sole. C'era chi aveva perso il marito nella traversata del deserto e chi lo sapeva disperso in una qualche guerra civile fra milizie. C'erano probabili vittime di tratta, che partivano giovanissime con improbabili parentele. Parecchie scappavano da uomini violenti, potenziali assassini, e preferivano farsi uccidere altrove piuttosto che da loro. Era il regno delle sole. Le piú fortunate avevano dei figli, almeno. Ricordo una donna incinta, vicinissima al parto. Quando le abbiamo chiesto dov'era il padre, ha risposto: «Violenza di gruppo».

Ma Bintou usava quell'espressione per definirsi, che mi straziava: *sono sola al mondo*. E io pensavo che il mondo lo aveva attraversato davvero, per non sentirsi cosí sola. E che – forse, molto probabilmente – sola al mondo lo sarebbe rimasta, nonostante quella spaventosa fatica.

I suoi genitori erano morti quando era piccola, il padre in un incidente quando lei aveva tre anni e la madre per un infarto quando ne aveva otto, circa. Era cresciuta con una vicina di casa. Come tanti, non sapeva la sua data di nascita. A diciotto anni – piú o meno, diciotto calcolati alla buona – aveva deciso di andarsene.

In Libia era stata in una prigione privata. Una schiava. La facevano dormire per terra, non le davano da mangiare, la picchiavano. Non era un uomo a picchiarla, ma una donna, la padrona di casa. Poi un giorno è fuggita. La signora le aveva dato dei soldi per comprare un elettrodomestico e lei era scappata con i contanti, che poi aveva usato per pagare la traversata. Si vergognava moltissimo per avere rubato, tanto che alla visita medica aveva mentito. Guardava le dottoresse e poi guardava me, e con gli occhi mi implorava. Fai finta di non sapere niente, ti prego. Ho fatto finta di non sapere niente.

Ma quante sono queste prigioni private? Tanti raccontavano di esserci stati. Un numero incalcolabile, che faceva davvero paura. Come se ognuno di noi avesse uno schiavo in casa, che dorme per terra, a cui non devi dare da mangiare. E se protesta, lo picchi. Come conti questi piccoli e singolari inferni? Non li conti, non puoi.

Alcuni di loro non volevano nemmeno arrivare in Europa, erano andati a lavorare in Algeria, dove erano stati rapiti dagli *Asma Boys*, bande di criminali libici che sequestrano i neri e li vendono. I migranti li chiamano cosí perché in Libia ci si saluta con un «Esma!» Arrivano su un pick-up, li minacciano con le armi, li costringono a salire e li portano via.

Anche nelle prigioni ufficiali, i numeri sfuggono al controllo. Perché sostituiscono le persone. I *negri* per i libici sono tutti uguali: se ne mandi di nascosto dieci in mare, basta portarne altri dieci in cella. Chissenefrega se non sono gli stessi. L'importante è che i conti tornino. Se cento erano dentro, cento devono rimanere.

Quel traffico si chiama *baksheesh*. Vuol dire mancia. Tu paghi gli aguzzini ed esci dalla prigione. Solo attraverso la corruzione sei fuori. È molto semplice. Diventa piú complicato dopo. Perché i conti non tornano, appunto. Se in un'ala di una prigione ufficiale ci sono cento persone, non possono essercene di colpo ottanta. Quei venti dove sono finiti? Qui entra in scena la Guardia Costiera libica, profumatamente pagata da noi. A cui però questo guadagno non basta. Acchiappano i venti mancanti in mare e li consegnano alla prigione in questione per coprire il buco.

Ho letto il report che ho contribuito a scrivere due settimane dopo averlo firmato alla cieca. È un catalogo degli orrori. Questa sua forma schematica, concisa, un po' burocratica, lo rende ancora piú inquietante. Anche se hai poco tempo da dedicare a ciascuno, in un ambulatorio ci sono delle pause, dei silenzi, degli sguardi. C'è un dialogo umano, a volte anche muto, che rende tutto piú sopportabile. Quei fogli invece, che riducono per necessità una vita a un'informativa, parlano in modo spudorato e indecente.

«Ha svolto lavori forzati per quattordici ore al giorno». «Riporta segni di tortura e cicatrici al capo procurate con il calcio di un fucile. Si riscontra disturbo del sonno». «Vittima di tortura tramite elettrocuzione». «Cicatrici al piede destro dovute a percosse con bastoni metallici». E di colpo mi sono ricordata un dettaglio in piú: bastoni metallici *incandescenti*. Avevamo dimenticato una parola.

«Obbligato a seppellire cadaveri e a coltivare campi». «Ha provato la traversata del Mediterraneo cinque volte». «È caduto in mare durante la traversata, ha bevuto acqua e ha male al petto. Rantoli alla auscultazione». «Ricevuto colpo ai reni. Presenta marcata ematuria e disuria. Infetto da scabbia. Disturbo del sonno». «Detenuto a Tajura, ha visto morire il fratello sotto al bombardamento. Inappetente e depresso». «Torturato con metodo elettrocuzione alle gambe. Cicatrici sulla gamba destra». «In carcere, ha visto sparare al suo migliore amico alla testa». «Riferisce di essere stato picchiato nella pianta dei piedi. Lavori forzati nel settore edile». «Ha assistito alla morte dei compagni di cella per stenti. Lavori forzati nell'allevamento di polli». Polli. Uno di loro, che aveva assistito a molte esecuzioni: «Ci uccidono *come polli*», diceva. Anche la sua similitudine sta nel verbale: «Come polli».

Quello che dicevano tutti invece era che venivano torturati sempre alla stessa ora. Intorno all'alba. Perché proprio all'alba? «Perché i carcerieri passano la notte a bere e a drogarsi», mi rispondevano. Si presentano ubriachi e strafatti e, a quel punto, cominciano a torturare. Con il cellulare in mano per fare un video da mandare ai parenti. «Picchiato tutti i giorni alle sei del mattino per chiedere soldi ai familiari».

Non ho mai visto un'alba con loro, perché la mia presenza sul ponte era piú utile quando erano svegli. Per via del francese, che a bordo parlavamo in pochi. Tutti venivano da me per spiegarmi il loro problema, che poi riferivo. Ho mal di testa. Avrei bisogno di una maglietta pulita. Ho vomitato. Quando ci fanno scendere? Non vado in bagno da tre giorni. A che ora si mangia? Quindi gli altri mi risparmiavano i turni di notte. E adesso mi chiedo se qualcuno, abituato a svegliarsi alle sei con una tortura, si alzava ancora alla stessa ora. Chissà.

*On a gagné.*

Una sola notte non ho quasi dormito, l'ultima. Un po' perché avevo aspettato sul bridge, fino a tardi, una risposta che non arrivava e un po' perché ormai non avevo piú sonno. Avevo ancora in testa la domanda di Luca alle autorità: «Se fossero naufraghi della Costa Crociere, li tratterreste cosí?»

Il mare si era calmato, ma dopo cena ce l'eravamo vista brutta. Raffiche di vento forti ci avevano mandato nel panico. Cercavamo di chiudere il container con teli di plastica che sbattevano furiosamente, si gonfiavano e diventavano troppo pesanti da governare. Ricordo i loro occhi: il terrore. E anche la paura nostra, in quel momento avevamo perso ogni contegno e urlavamo come pazzi. «Tira di là. Prendi quella cima, cazzo». «Afferra quel coso che sbatte, porca puttana». Forse loro non capivano le parole, ma il tono sí.

Quando finalmente siamo riusciti a chiuderli dentro, ho infilato la testa per vedere come stavano. Sembravano bestie dentro un camion, e questo mi metteva addosso tanta rabbia. *Se fossero naufraghi della Costa Crociere, li trattereste cosí?* Per il giorno dopo erano previste condizioni meteo ancora peggiori. Mentre li guardavo, pensavo E adesso che gli dico? Che è solo questione di una notte? No. Perché domani sarà peggio. E dopodomani peggio ancora. E io non volevo mentire, mi ero imposta questa regola: essere sempre sincera, piú o meno.

Allora li ho salutati con la mano. «Come va?» Hanno ricambiato il saluto e mi hanno sorriso. «Tutto bene», hanno risposto. Mentivano loro a me, per non farmi troppo preoccupare. Come si rovescia in fretta l'amore.

Era una domanda che mi facevo spesso: e adesso che gli dico? Per esempio, dopo un'evacuazione. Quando vedevano una Charlie Papa della Guardia Costiera italiana che veniva a prendere delle persone e ne lasciava a bordo delle altre. Per questo i Medevac mi facevano sempre un po' soffrire, al di là della loro drammaticità. E adesso che gli dico? A quelli che sono rimasti.

Allora mi sono inventata una frase, un po' ottimista. Io non sono ottimista, ma nel Mediterraneo diventi qualsiasi cosa. Mi rendevo conto che una nave non si governa solo dalla plancia, si governa anche dal basso, dalla coperta di poppa. Se perdono ottimismo loro, là sotto, è finita anche sopra. Quindi ottimismo sia. Odio la parola *speranza*, proprio non appartiene al mio vocabolario, la considero troppo paternalistica. Infatti non l'ho mai usata, ho fatto di peggio. Tanto vale usare la parola *vittoria*, mi dicevo, e spenderla alla grande per tenere alto l'umore sul ponte. E adesso che gli dico? Gli dico che vinceremo.

Ogni santo giorno, durante quello standoff, ripetevo la mia formula magica, come il pifferaio delle favole: «*On va gagner*». E spiegavo a un gruppetto alla volta che era successa la stessa cosa alle altre navi. Alla *Open Arms* come alla *Sea Watch 3*. Sorvolavo solo sui dettagli, perché non erano dettagli. Tipo che Carola Rackete, la capitana di *Sea Watch*, era appena stata arrestata. O che l'ultimo standoff della *Open Arms* era durato diciannove giorni (e per questo standoff ci sarebbe stato anche un processo a Matteo Salvini). Di-cian-no-ve giorni: roba da fare impazzire chi sta a poppa e chi sta a prua, chi sta in alto e chi sta in basso, equipaggio e naufraghi. La gente si buttava in mare dalla nave e i soccorritori si tuffavano per riprenderli. Non era il caso di essere sinceri fino a questo punto. Quando è arrivata la *Alan Kurdi* di fianco a noi, l'ho indicata esultante: «Vedete quella nave? Ha il nostro stesso problema. Guardateli bene, non è una cosa personale. Ma scenderanno anche loro. Prima o poi». *On va gagner*, per forza. Tutti quanti. E spiegavo che i governi potevano esercitare solo questa crudeltà, non altre. E che la crudeltà consisteva nel costringerci ad aspettare, nel tenerci sequestrati in mezzo al mare. Ma noi, anche senza acqua per lavarci, avremmo resistito. *On va gagner*.

È stato il mio primo e ultimo comizio. Non sono portata per i comizi. Ma su una nave fai anche quello che non sai o non ti piace, lo fai per necessità. E tutte quelle persone devastate, distrutte dalla vita, chiudevano un po' gli occhi, sorridevano nonostante tutto e alzavano il pollice – barcollanti, sfiniti e trionfanti – si fidavano e si abbandonavano – *on va gagner*, ripetevano. La fiducia che mi ero guadagnata con loro, molto delicata, era legata al francese. La loro lingua la sapevo io, quindi una risposta a loro dovevo inventarmela io.

Il momento peggiore è stato durante la prima evacuazione di donne e bambini. Avevamo ottenuto l'autorizzazione – richiesta dal comandante alle undici di mattina – solo alle otto di sera. Quando ormai era buio e il mare era molto mosso. Non ci avevano dato modo di preparare le persone. C'era troppo rumore, per il vento e per i motori, ero costretta a urlare in un megafono – è bruttissimo parlare in un megafono, è spersonalizzante – ma non c'era tempo per spiegare a un gruppetto alla volta, tutto era convulso. Si tornava ai numeri, per forza. «Donne incinte? Alzate la mano». Subito in fila, di nuovo senza nomi, barcollanti già di loro e barcollanti ancora di piú per le onde, venivano imbarcate sulla motovedetta della Guardia Costiera, senza un minuto per salutarsi, per abbracciarsi. E senza salvagenti. La Charlie Papa che sbatteva contro la *Mare Jonio*, la prua che si sollevava e ricadeva con violenza nell'acqua. Avremmo avuto paura noi a saltarci sopra. Tutti abbiamo ancora negli occhi l'immagine di Fabrizio Gatti, lo skipper, che solleva un bambino, di pochi mesi, fuori bordo.

Fra le grida nostre e le grida degli ufficiali – loro muti e spaventati, un piede malcerto fuori dalla nave e uno dentro, due braccia a sostenerli per le ascelle – donne e bambini venivano avviati in modo brutale verso la loro nuova vita. Neonati passati di braccia in braccia – sempre senza salvagenti, sospesi nel vuoto –, trasbordati come casse d'acqua.

Mi ero improvvisata interprete e mediatore perché a bordo non c'erano alternative. E a volte, mentre traducevo i discorsi di Luca, mi prendevo delle licenze. Non letterarie o poetiche, il contrario. Spesso mi inventavo delle frasi elementari che non aveva mai pronunciato. Sembravo Benigni in *La vita è bella*. Luca usava parole come frontiere, criminalizzazione, libertà, diritti. Io: «Ha detto di stare tranquilli perché tanto non ritornerete mai in Libia». Lui: Europa, denuncia, controinformazione, crimine, battaglia. Io: «Dice che la Guardia Costiera libica qui non può venirvi a prendere».

E cosí siamo arrivati a quel finale, surreale. Era nato da un dialogo fra me e Luca mentre scendevamo veloci le scale dalla plancia per correre a dire alle ragazze e ai ragazzi che era finita. «Senti, Luca, niente discorsi filosofici, per favore. Io non te li traduco, mi rifiuto. Non li capisco neanche in italiano». E lui: «Allora che gli dico?» «Che *abbiamo vinto*, capiranno al volo». «D'accordo, Cate. Come si dice in francese?» «*On a gagné*». E cosí Luca si è presentato sul deck, ha guardato la piccola folla che aspettava notizie e ha detto: «*Brothers and sisters, on a gagné !*» Si sono messi a gridare: «*Liberté, liberté*». L'essenza di tutti i discorsi possibili. E anche del nostro stare su quella nave, credo.

Quando la Guardia Costiera è venuta a prendere le ultime trentuno persone rimaste a bordo – dandoci il tempo di salutarci, di abbracciarci forte, basta trasbordi concitati in condizioni impossibili – stanchi anche loro di assistere a scene disumane – l'ufficiale ha sciolto la cima e ha gridato: «Liberi!» Liberi dalla cima, certo, ma sembrava un gioco di parole. E forse lo era. Noi abbiamo risposto con un grande applauso.

Non applaudivamo solo a uno sbarco in regola, a una grande vittoria della legge del mare, ma anche a loro, a quegli ufficiali che provavano esattamente quello che provavamo noi. E non avevano piú intenzione di nasconderlo.

Proprio in quei giorni, la Guardia Costiera di Lampedusa aveva dato segni di insofferenza nei confronti degli ordini ricevuti dal ministero. In una mail del 31 agosto aveva specificato che quella di non assegnare un porto e di non dare un posto di fonda, nonostante il meteo in peggioramento, non era una scelta della capitaneria, ma una decisione del Viminale. E per sottolineare la presa di distanza, aveva messo in copia – non in copia nascosta, non in copia riservata – i trentanove nomi dei funzionari responsabili che non consentivano lo sbarco, inviando quella stessa mail anche alla Procura di Roma e di Agrigento. Gesto che, come notava Nello Scavo, poteva portare quei trentanove a essere indagati per «omissione di soccorso» e «trattamento inumano». Un chiaro e forte: adesso basta.

In aggiunta, quello sbarco in Charlie Papa per motivi sanitari riconosceva un concetto fondamentale: che i naufraghi devono essere trattati da naufraghi e non possono essere costretti a stare ancora in mare dopo i traumi subiti. Luca aveva contattato le autorità sanitarie e marittime, consegnando i rapporti dell'Usmaf, salita a bordo venerdí 30, e quelli dei nostri medici, fra cui la perizia psichiatrica della dottoressa Carla Ferrari Aggradi, che parlava di depressione acuta nei sopravvissuti, con alto rischio di autolesionismo.

Da qui, la frase, che in modo molto umano e diretto riassumeva tutto: «*Se fossero naufraghi della Costa Crociere, li trattereste cosí?*» Una domanda pesante che aveva lasciato senza fiato la persona che stava dall'altra parte. «Resti in stand by», era stata la risposta.

E io non volevo piú andare a dormire. Non poteva mica durare tutta la notte, lo stand by. Invece è durato tutta la notte e a un certo punto sono crollata.

Al risveglio, intorno alle sette, ancora nessuna risposta. Mi sono presentata sul deck per vedere come andavano le cose. Ogni mattina Luca distribuiva la colazione insieme alle ragazze e ai ragazzi di guardia. Tè, caffè, biscotti, due chiacchiere. Era una specie di rito, un momento di intimità fra il capo missione e i suoi ospiti.

Mi ha chiamata Kolubali, stava in disparte, in piedi, di fianco a Omar, un ragazzo molto alto che non sorrideva mai e non apriva bocca. Non avevano il caffè in mano e nemmeno i biscotti, pensavo che non avessero ancora ricevuto la colazione e mi sono girata per andare a prenderla. Ma loro mi hanno fermata. «Abbiamo deciso di fare lo sciopero della fame e della sete». Sono sbiancata, non sentivo piú le gambe. Per stare dritta, mi sono appoggiata alla paratia. Mi rendevo conto che il controllo della nave era perduto. Eravamo arrivati al limite.

Sono tornata da loro con la psichiatra e la dottoressa, Carla e Donatella li hanno convocati in ambulatorio. Parlavano dolcemente, dicevano che noi stavamo facendo di tutto per farli scendere il prima possibile e che, se ci volevano bene, non dovevano metterci in difficoltà. Loro scuotevano la testa. Ha risposto solo Kolubali, anche a nome dell'altro. Calmo, determinato. «È un nostro diritto, è una nostra scelta. A terra non ci vogliono? Allora noi smettiamo di bere e di mangiare». Sí, era un loro diritto. E forse con quel gesto desideravano anche ricordare che non volevano essere trattati come vittime – del traffico di esseri umani, di tortura, di scelte politiche – ma come gente a cui è stato tolto tutto, eccetto la volontà.

Si era creato un rapporto bellissimo con loro. Era bastato poco. Avevamo davanti persone che non erano abituate a sentire parole come: «Per favore», «Grazie», «Come stai?» Sono parole che in Libia non pronuncia nessuno. Il resto, è venuto da solo.

Mario che si trasformava in barbiere e tagliava i capelli a tutti, Daniela che dava lezioni di italiano, Fulvia che preparava una pasta con il tonno («Basta barrette energetiche, basta riso e fagioli!»), Cecilia che giocava e disegnava con i bambini.

E le nostre risate, cosí scorrette, cosí inopportune. Quando Mario raccontava che una volta si era mangiato una saponetta allo zolfo contro la scabbia scambiandola per formaggio. O quando ci mettevamo a cantare a squarciagola con Daniela, Fulvia e Cecilia la sigla della *Mare Jonio* («Mo' che devo scendere, non voglio scendere, Mare Jonio, Mare Jonioooo») alla faccia di qualunque standoff.

Ho una foto, tutta sfocata, a cui tengo molto: è impubblicabile. Fulvia, Cecilia, Daniela, Francesca e io, piegate in quattro dal ridere sul bridge. Sembravamo un gruppo di studentesse che preparano un esame di notte e vengono prese da un attacco di ridarella.

Chi ha vissuto *quel* Mediterraneo non ha un atteggiamento reverenziale nei suoi confronti. Su una nave non c'è posto per la retorica, gli spazi sono limitati. Non ci sta.

*La maglietta.*

Dopo che la Guardia Costiera era venuta a prenderli, mi sono ritirata in controplancia con la cuffia, i Queen nelle orecchie. Il ponte di poppa, vuoto, mi metteva un po' di malinconia. Loro erano a terra e io avevo bisogno di stare un po' da sola. Finalmente potevo guardare come tutti un tramonto sul mare.

Sono arrivati i delfini. Ci avevano accompagnati per tutta la missione, in quel mare orribile pieno di meduse, in quel mare che produce allucinazioni. Si mettevano a giocare con la prua, come un presagio buono, passavano sotto la chiglia come sommergibili, per alternare un paio di salti a tribordo e un paio a babordo. Novantotto (novantanove?) persone vive invece che morte.

Intanto la *Mare Jonio*, in attesa di ricevere l'autorizzazione a entrare in porto, con la sua rotta disegnava una freccia verso Lampedusa. Un'idea di Fulvia. Quando mi sono accorta che stavamo facendo un disegno con la nave, non ho avuto dubbi: colpa sua, per forza. Infatti. Sorridevo da sola, dal punto piú alto della nave, ai delfini, al tramonto e alle frecce di Fulvia. Finalmente potevo godermi quella gioia cosí incredula e sovrannaturale. Potevo cominciare a farla sedimentare.

Novantotto, ventidue, ripetevo – ancora preoccupata che i numeri non fossero giusti – o Novantanove? Intanto dall'alto vedevo i miei amici indaffarati a pulire il ponte. Io ero troppo stanca per dare una mano. Seguire ininterrottamente i naufraghi sul deck mi aveva prosciugata, tanto che i ragazzi gli ultimi giorni mi coprivano i turni di notte come io avevo coperto i loro prima del soccorso. Ma guardali. Che belli, pensavo.

Perché le navi non si conducono solo dalla plancia. Si governano soprattutto dal basso e laggiú, su quel ponte di dannati, ci stavano loro, i ragazzi dei centri sociali: Fulvia e Daniela di Esc, Francesca, Stefano e Mario di Ya Basta. La storia di Mediterranea la stavano facendo loro. Dal rescue con i rhib fino allo sbarco: loro e sempre loro, che a vent'anni non avevano paura di prendersi la responsabilità della vita e della morte degli altri. Bruciando come candele, consapevoli, serissimi, impegnati in qualcosa di molto piú grande di tutti noi. E solo perché andava fatto e basta.

Non vedevo l'ora di bermi una birretta con loro in porto, l'unica cosa che non si poteva fare su una nave, perché l'alcol è proibito. Charlie Papa? Adesso una cassa di birra, grazie. Ce la siamo meritata. Invece è arrivata una multa.

L'ultimo colpo di coda del ministro Salvini. Erano già scesi tutti i naufraghi, in modo regolare, con la Guardia Costiera. Eravamo scesi anche noi, cantando «Mo' che devo scendere, non voglio scendere, Mare Jonio, Mare Jonioooo». E al molo di Lampedusa avevo già abbracciato Ric, mio marito, che mi aspettava sulla banchina, un salto dalla passerella e un bacio. Trecentomila euro di multa.

Conseguenze del decreto «Sicurezza» bis. Anche se la capitaneria di porto aveva autorizzato la *Mare Jonio* a entrare nelle acque territoriali. Tutto corretto, a parte le nostre personali vite un po' stravolte, come sempre succede nella Sar, ma stravolte di uno stravolgimento bello. Novantotto? Novantanove? Quanti erano? Brindavamo troppo stanchi per calcolare ancora, e anche per goderci quel momento cosí importante.

Trecentomila euro da pagare, ma i naufraghi ci avevano appena regalato una maglietta, che valeva molto di piú. Una maglietta che sarebbe stata incorniciata e appesa nella sala da pranzo della *Mare Jonio*. Era bianca, l'hanno tutti firmata con un pennarello, hanno scritto i loro nomi e i nostri di fianco, e hanno disegnato un cuore al centro. In memoria dei morti anonimi che non erano. E anche di come eravamo stati vivi tutti insieme.

L'ultima immagine che ho della missione è quella di un quadro a olio che galleggia nel Mediterraneo. Stefano lo aveva staccato e lanciato in mare, per fare posto alla maglietta, per usare la cornice. Guardavo quel brutto ritratto affondare e pensavo: Il mio posto nel mondo è qui.

# Application

*La tempesta.*

Stavo compilando un'application piuttosto rigorosa per partire con la *Ocean Viking* di Sos Méditerranée e Medici Senza Frontiere e mi sono ricordata di una domanda che mi fanno tutti: Come ci si imbarca su una nave umanitaria? Se l'interlocutore è uno sconosciuto, di solito rispondo compita: «Beh, è complicato». Se me lo chiede un amico, scoppio a ridere.

Teoricamente ci si imbarca compilando un modulo molto formale, quello che stavo facendo in quel momento. Non con Mediterranea. «Cate, ci vediamo dopodomani a Licata». «Come dopodomani?» Questa è la Sar. Del resto, loro stessi non sanno né quando riusciranno a lasciare un porto né quando riusciranno a tornarci. Vale per tutte le navi. Le Ong piú strutturate, come Sos Méditerranée, te lo scrivono nero su bianco, molto bene, magari al punto dieci. Con Mediterranea è il contrario, la gestione è parecchio familiare, nel bene e nel male.

Insomma, la verità – non solo la mia, quella di tutti – è molto lontana da qualsiasi application: tutto inizia per caso, come sempre iniziano le cose importanti.

Non conosco una sola persona che sia finita in mezzo al Mediterraneo compilando un modulo. Tutti ci sono arrivati per strani giri di boa, coincidenze surreali, improbabili eventualità, scherzi del destino. E, procedura ancora piú misteriosa, tutti hanno ricevuto un battesimo del fuoco con una prima missione da incubo, qualcosa che fa pensare a un'iniziazione. Proprio mentre l'iniziato pensa: sto facendo la piú grande cazzata della mia vita, in quell'istante esatto, anche se ancora non lo sa, qualcuno di superiore – il Mediterraneo? – decide che il suo posto è lí e la persona in questione resterà legata a quel mare per sempre.

È diventata una delle mie attività preferite chiedere alla gente come si è imbarcata, potrei scriverlo io, un questionario vero. Punto numero tre: credi di essere abbastanza matto? Due caselle quadrate: sí, no. Il contrario di un servizio militare: se sbarri il sí, ti arruolano, se metti la croce sul no, ti riformano. Ma la Sar non è un gioco, è una tragedia, quindi la follia va bene solo fino a un certo punto. In mare i matti sono pericolosi, secoli di letteratura lo raccontano, e anche qualsiasi pescatore. Quindi la domanda numero tre è un tranello, conta davvero la risposta al punto quattro: Pensi di essere un matto risolto? Sí, no. Se non hai risolto la tua follia, fino a lasciare in te quel tanto che basta per mollare tutto e imbarcarti, stai a casa. Se hai un problema personale che ti rende troppo fragile, stai a casa. Se sei stanco, sfinito dalla vita, stai a casa, non è una vacanza. Se vuoi imbarcarti per ottenere qualcosa, stai a casa, il Mediterraneo è il piú imprevedibile dei mari, non ama i calcolatori e dei tuoi piani si befferà. Se parti per scoprire chi sei, stai a casa, devi saperlo già.

Ecco l'application che mi piacerebbe. Ma non serve. Tanto ci pensa il caso a selezionare. E anche un po' il Mediterraneo stesso, che ti mette subito alla prova con il contrario di un benvenuto.

E cosí, mentre cercavo di rispondere a tutte le domande del modulo, mi è venuta voglia di raccontare come si capita in questa vita.

Comincerò con la storia di una tempesta. Una storia che non sa nemmeno mia madre, altrimenti non mi avrebbe lasciata partire piú («Comprati un salvagente», la sua raccomandazione un po' ansiosa prima che mi imbarcassi. Eravamo pieni di salvagenti, centinaia, erano ovunque, ci dormivo anche sopra. «Certo, mamma»).

Era l'ottobre del 2018, sostenevo Mediterranea attraverso le vie di terra insieme alle mie amiche scrittrici e ai miei amici scrittori, organizzavamo eventi in tutte le città per raccogliere fondi e comunicare una grande novità: *abbiamo una nave!* Una nave italiana. Che in epoca salviniana non era una novità da poco.

Un giorno Michela Murgia mi ha chiesto di partecipare a una conferenza stampa a Montecitorio insieme a lei e a Sandro Veronesi. Io non sono tanto brava nelle conferenze stampa, non fanno per me, ma il Mediterraneo mi stava a cuore, anche se ancora non lo conoscevo davvero, quindi non mi sono tirata indietro. Quel giorno ho incontrato Alessandro Metz, uno degli armatori della *Mare Jonio*. Dopo due conferenze, per la stampa italiana e per la stampa estera, ho osato la fatale domanda: «Posso mettermi in lista per partire?» Immaginavo una lista lunghissima. «Ci sarebbe posto, sí, – mi ha risposto, – dopodomani». «Come dopodomani?»

Alessandro mi ha dato conferma con un messaggio spedito il 23 ottobre 2018 all'una e quarantotto: «Mi sa che a pazzia non sono mica l'unico». E io ho preso il primo volo per Palermo, dove era ormeggiata la nave.

Di quella missione – la seconda in assoluto di Mediterranea – posso permettermi di scrivere solo adesso perché tutto è cambiato. Mediterranea ha fatto una lunga strada da allora, e anche molto in fretta. È difficile fare soccorso in mare, bisogna imparare, è un mondo molto tecnico e complesso. Ma loro hanno studiato, hanno fatto training su training, si sono impegnati. E sono riusciti a fare quello che volevano fare, cioè salvare vite. Un anno è tanta roba, sia per una nave che comincia che per le persone che decidono di salirci sopra. Un anno di Sar, anche solo nella testa, ti sposta tutte le proporzioni.

Quando sono scesa a terra dopo quella prima missione, ho scelto il silenzio.

Ma ho rischiato di non attraversarlo mai, il Mediterraneo, mannaggia a loro. E ci avevo messo appena un piede. Era la notte del 3 novembre 2018, chi se la dimentica. La notte in cui è cominciata la mia prima missione. Il giorno dopo era già finita. È durata quarantotto ore.

Ero sulla gloriosa *Alex*, che ancora gloriosa non era, non aveva ancora salvato nessuno, era solo una barca a vela in affitto, alla sua prima missione come me, che imbarcava acqua, anche in porto, dagli oblò. I ragazzi andavano a dormire e si svegliavano la mattina bagnati. Io no. Dormivo in un sacco a pelo, con Nello Scavo, nella casa di Sea Watch, che sembrava un covo di latitanti. E la notte Nello mi parlava di Libia fino alle due nei peggiori bar di Malta, dove riuscivamo a ottenere solo birre e noccioline, perché non davano niente da mangiare. Chi poteva immaginare che questo suo lavoro l'avrebbe costretto sotto scorta.

Quindici giorni bloccati in porto, prima a Palermo e poi a Malta, perché non riuscivamo a ottenere l'autorizzazione a partire. Ogni giorno dicevamo: «Probabilmente partiamo domani», e poi niente, restavamo lí. Ma in quei giorni, anche se non lo sapevo, stavo incontrando quello che sarebbe stato il mio futuro, e tutte le persone che lo avrebbero determinato.

Valerio Nicolosi, innanzitutto. Valerio è uno di quei videoreporter che stanno sul rhib, di fianco allo skipper. Con una mano tira su la gente e con l'altra scatta. «Vado e li piglio», dice, in romanesco. È uno che dà la precedenza al soccorso rispetto alla camera. Fra una vita e una fotografia, lui sceglie una vita. E la vita lo ricambia, nelle sue immagini. È un uomo d'azione, il coraggio puro, uno che salta dalla Bosnia alla Palestina, che va a scavare per tirare fuori i terremotati. Non sta mai fermo neanche in città, inchiodarlo a una scrivania è difficilissimo. È stato il primo che ho scelto. Lui non era entusiasta. Gli correvo dietro dappertutto e gli facevo mille domande. Cosa vuol dire Navtex? Cosa significa distress? Non capivo il loro linguaggio, tutti parlavano in gergo. Valerio aveva due possibilità: buttarmi in mare o volermi bene. Ha scelto la seconda. Ma non era tanto scontato. «Una volta ho ributtato un migrante in mare, – mi ha detto una sera. – Si era tuffato per nuotare verso di noi e salire per primo sul rhib. In mezzo secondo mi sono reso conto che stavano per tuffarsi tutti. Allora l'ho preso e l'ho ributtato in acqua. Gli ho lanciato un salvagente e l'ho lasciato lí per un quarto d'ora, tanto era estate e non rischiava l'ipotermia. L'ho fatto salire a bordo per ultimo». «Scusa, e lui come l'ha presa?» Valerio ha alzato le spalle: «Poi siamo diventati amici, ci sentiamo ancora. Del resto, in quel momento non avevo alternative. Non potevo permettermi che gli altri lo imitassero e facessero rovesciare il gommone».

Ho capito cosí, per la prima volta, la Sar. Forse, solo in momenti del genere, ci si avvicina davvero al nucleo dell'esistenza umana. A quell'opzione di una semplicità devastante: vita/morte. Due possibilità che non sono separate nemmeno da una congiunzione, ma da un trattino, velocissimo. Rapido come il gesto di chi sta sul rhib.

Sempre in quei giorni, ho incontrato Riccardo Gatti e Giorgia Linardi, che erano venuti a insegnare la Sar alle ragazze e ai ragazzi della *Mare Jonio*, che non avevano la piú pallida idea di cosa fosse, piú o meno come me. E ho fatto amicizia con tutto l'equipaggio di Mediterranea.

Insomma, quell'attesa è stata una specie di anticamera al mondo nuovo in cui stavo per entrare. A volte molto divertente, bisogna dirlo. La *Mare Jonio* era bloccata in porto e nessuno voleva prendersi la responsabilità di firmare il via libera. Per non correre questo rischio, nella capitaneria di porto si erano messi tutti in ferie. Tocca a me? Ferie. Quindi, se tu sei in ferie, adesso tocca a me? Allora vado in ferie anch'io. Una roba da commedia all'italiana.

Eravamo tutti riuniti sul ponte di comando – fermi nel porto di Palermo – e abbiamo visto apparire una nave dell'Ausonia piena di gente che indossava un salvagente arancione. «Cazzo, il rescue lo hanno fatto loro», ha detto Luca Casarini. Un altro ha preso il binocolo: «Sono tutti bianchi, qualcosa non torna». Erano turisti. L'Ausonia aveva preso fuoco e tutti quelli che si erano messi in ferie per evitare la rogna della *Mare Jonio* – *rogna*, stavolta è la parola giusta – sono stati costretti a tornare immediatamente e a firmare l'autorizzazione. E noi siamo salpati, purtroppo.

Siamo partiti da Malta al tramonto. Tutti da casa, da una qualunque città, mi scrivevano: «Ma siete sicuri? E il meteo?» Era prevista burrasca. Io facevo la supponente: «Ovviamente lo hanno consultato». Del resto, era vero. Telefonate su telefonate, dalla *Alex*, anche a esperti di meteorologia. Una procedura che dava molta sicurezza. La tempesta arriva da lí e poi si sposta di là. All'ora tale, esploderà. Ma la nostra rotta è studiata bene, e la eviteremo. Sembrava perfino matematica.

Intanto, per precauzione, rassicuravo gli affetti a terra. «Tranquilli, sto in buone mani. Sono con me Riccardo, comandante di *Astral*, Kim, nostromo della *Sea Watch*, Fulvia, che insegna vela, Valerio, che mi proteggerà. Vi scrivo adesso, fra poco non avrò piú campo. Tranquilli, tranquilli». Appena il telefono ha smesso di prendere, loro quattro, i quattro in cui confidavo, sono scesi dalla *Alex* per salire con un rhib sulla *Mare Jonio*. Ci hanno salutati dicendo: «Torniamo fra poco». Non sono mai tornati. Il mare non lo permetteva.

All'inizio si ballava solo un po', abbiamo cenato. Il turno che mi avevano assegnato era alle cinque del mattino, quindi ho deciso di andare a dormire presto. Nel sonno, a un certo punto, ho sentito gridare. Sentivo anche il mare che mi sbatteva di qua e di là, ma a me il mare che ti volta e ti rivolta piace, non so cosa farci. Fino a quando non ho visto Nello che spalancava la porta della mia cabina con gli occhi sbarrati. E ho capito che qualcosa non andava.

Mi sono alzata e l'ho seguito fino alle scale che portavano al pozzetto. Ho messo il naso fuori, da lí non riuscivo neanche a vedere tanto bene il mare, quell'inferno, lo sentivo e basta, mentre stavo aggrappata ai corrimani. Lo sentivo sotto di me e sopra di me. «Il fiocco, cazzo». Dei piedi mi correvano sopra la testa. E tutti urlavano. Chiaramente era un'emergenza. Il comandante della *Mare Jonio* aveva deciso di cambiare rotta all'improvviso, portandoci dritti dentro la tempesta. Sono tornata a letto.

Di solito le tempeste mi piacciono, mi piace guardarle, non me le perderei per niente al mondo. Ma ero troppo stanca e il mare cattivo mi fa dormire meglio di qualunque sonnifero, anche se mi fa saltare sul letto e mi sbatte contro le pareti, o forse proprio per quello. Non volevo essere impreparata al mio primo turno di guardia.

Quando mi sono svegliata da sola, per una specie di misterioso orologio interiore – Oddio, oddio, sono le cinque e mezzo – e sono corsa sul pozzetto dicendo «Perché non mi avete svegliata?» e i rimasti, mezzi morti, mi hanno risposto «Perché non ce n'era bisogno, eravamo *tutti* svegli», ho capito. Mi ero dormita la tempesta. Accidenti al mio rapporto amoroso, intimo, con il mare. Che tradimento da parte sua.

Invece il meglio doveva ancora venire. Mi aspettava. Ho visto quello che non immaginavo di vedere, quello che non immaginavo neanche che esistesse, cioè il Mediterraneo imbestialito. Dura pochi minuti, il suo passaggio di umore: la temperatura scende di colpo di dodici gradi e cambiano all'improvviso i colori intorno a te. Il cielo diventa plumbeo e l'acqua verde, di un verde smeraldo e sinistro, le onde si fanno aguzze e taglienti. Vuol dire che si sta arrabbiando sul serio. E la sua arrabbiatura si sente.

Non ho avuto paura, mi piace troppo il mare e il suo brutto carattere, ero piú che altro affascinata. Da qualcosa che mi scavalcava completamente. Ma non quando pensavo a loro. Ho visto passare un salvagente rosso. Non lo dimenticherò mai. Volevo dirlo alla radio. Mi hanno accontentata: «Abbiamo visto un salvagente rosso. Cambio». Volevo tornare indietro, per controllare. «Non possiamo virare, – mi hanno risposto. – Non per un salvagente vuoto, *magari* caduto da una nave». Effettivamente non potevamo – per un salvagente vuoto, *sicuramente* caduto da una nave – era già tanto andare avanti noi, me ne sarei accorta poco dopo.

Dentro tutti dormivano, annientati dalla xamamina e dalla notte spaventosa – l'acqua che riempiva lentamente la barca, dagli oblò non a chiusura stagna e dalle pompe di sentina rotte – dormivano in un lago di acqua e vomito, sempre piú alto. Era saltato l'impianto elettrico. Io stavo fuori, preferivo respirare, pazienza per le secchiate in testa. Ero bagnata e tranquilla. Ogni tanto Nello Scavo e Fabio Tonacci, il giornalista di «la Repubblica», sdraiati sul divano della dinette, aprivano un occhio e mi vedevano volare da una parte all'altra del pozzetto. Ma io ero solo bagnata, con qualche livido. Scherzavo e fumavo con Maso Notarianni, anche se le onde ci spegnevano tutte le sigarette.

Eravamo rimasti in quattro là fuori, mentre il Mediterraneo voleva esprimersi. Ci stava dicendo: sono il peggiore di tutti i mari, quando mi va, ricordatevelo. Nessuno nega il suo primato: da mare dolce si fa mare feroce in un attimo, decide lui i tempi e i modi, ma non gli basta che tu sappia. Vuole che te lo ricordi, è diverso. È piú sottile.

A un certo punto ho sentito un toc, un oggetto di legno è precipitato sulla mia coscia e l'ha colpita. L'ho preso e l'ho sollevato, per me era un oggetto incomprensibile e innocente: «Cos'è?» Lo skipper l'ha guardato e ha detto: «Siamo morti».

Maso ha scosso la testa, per lui non si muore mai. Era il comandante della *Alex* e ha ordinato a me e a Marta Pacor di stare al timone. Poi lui e lo skipper si sono allacciati le lifeline, le hanno agganciate alla ringhiera e sono andati a prua, con un cacciavite in mano. Si sono voltati solo per dire: «Controllate che non ci prenda il mare». Li vedevamo sommersi da onde enormi, scomparire e ricomparire, il tempo di un respiro, a bocca spalancata. Due miseri esseri umani contro il mare. Il rescue lo stavano facendo *a noi*.

È lo spettacolo piú spaventoso a cui si possa assistere: vedere qualcuno che ti salva la vita, rischiando la sua. Era questo che andavo a fare? Ma era orribile, o forse bellissimo, non sapevo neanche decidere, ero troppo preoccupata che arrivasse l'onda cattiva, quella che strappa tutto. Ma perché bisogna essere costretti a salvare delle vite? Chi lo ha deciso?

Quel pezzo di legno che mi aveva urtato la gamba non era un pezzo di legno qualunque, non era innocente. Era un pezzo del salpa ancora, un oggetto abbastanza fondamentale. Si aprivano due possibilità.

Possibilità numero uno. L'ancora va giú, sbatte contro lo scafo e lo distrugge, e la barca affonda in pochi minuti, i piú fortunati, tipo noi quattro, cadono in mare, con il salvagente a gas che si gonfia, perché non esci mai sul pozzetto senza, ma è autunno, e in acqua si sopravvive venti minuti poi si entra in ipotermia, e in un mare disabitato come il Mediterraneo di oggi, le probabilità che qualcuno ti ritrovi, nonostante le correnti, e ti ripeschi in tempo sono pochissime, i meno fortunati invece, addormentati dalla xamamina e senza salvagente, chiusi nelle cabine, sono destinati a colare a picco veloce, come cola a picco veloce uno scafo, senza neanche potersi preoccupare dell'ipotermia, metri e metri, in un attimo, metri impossibili da recuperare, l'abisso e *adieu*.

Possibilità numero due. L'oggetto incriminato cade sulla coscia di qualcuno che lo riporta all'attenzione generale, invece di cadere in mare o a prua o a poppa, dove magari non lo nota nessuno, e su quella barca c'è qualcuno disposto ad aggiustarlo con un cacciavite, a mani nude, a suo rischio e pericolo, qualcuno pronto a farlo restare lí dove deve stare, ad avvitarlo senza vedere e senza respirare, trasformandosi in un idraulico, un meccanico e un surfista contemporaneamente, per la salvezza di tutti, e ci riesce pure.

In fondo in quella tempesta c'era già l'essenza della Sar. Ribaltata su di noi, in modo paradossale. Salvi cento persone, altre cento invece ti sfuggono e le perdi – perché qualcuno o qualcosa ti blocca – cento vivono e cento muoiono. Ma chi ha voluto questo spaventoso gioco d'azzardo? Perché questa roulette russa? Il Mediterraneo non sceglie niente e nessuno, esiste e basta. Siamo noi a sceglierlo, non è lui a scegliere noi. E possiamo farlo perché abbiamo libertà di scelta. Loro non lo scelgono, lo attraversano e basta. Perché indietro non possono piú tornare.

Nonostante tutto, in mezzo alla tempesta, ero tranquilla. Perché in mare si deve stare tranquilli sempre, qualunque cosa succeda? Perché nelle emergenze bisogna stare tranquilli? Una legge o un'intuizione? Non lo so. So solo che ero tranquilla e basta. Ma pensavo a loro. Quanta paura può fare un mare cosí a chi viaggia su un gommone o su un barchino di legno?

Intanto la *Mare Jonio* ci aveva persi. «*Alex*, *Alex*, dove siete? Cambio». Eravamo impegnati. E anche parecchio arrabbiati con la nave madre, che era sparita. Se già era una follia cambiare rotta all'improvviso, portandoci dritti nella tempesta, lo era ancora di piú dimenticarsi di avere una barca a vela dietro. Quando se ne sono resi conto, hanno fatto un'inversione a U. Una manovra che tutti sulla *Mare Jonio* ricordano ancora, per poco non si ribaltavano. Noi abbiamo rischiato di affondare e loro di rovesciarsi. Fantastico. Non eravamo lí per salvare la gente?

Quando sono arrivata in porto, ero furibonda. Fine della calma. Volevo prenderla io, la radio, e lanciare un messaggio: *Mare Jonio*, *Mare Jonio*, vaffanculo, cambio. Appena ho messo piede a terra, ho fatto una scenata spaventosa a Erasmo Palazzotto, il capo missione, forse perché il comandante era rimasto a bordo e non potevo farla a lui. Non una cosa discreta, no. Mi sono messa a strillare al ristorante, davanti a una tavolata di venti persone, davanti a tutto l'equipaggio. Adesso con Erasmo ci ridiamo su, quella sera però non rideva nessuno. Ero incazzata nera. Sono pazzi, sono pazzi, io con *quelli* in mare non ci vado *mai piú*. Nove mesi dopo ero sulla *Mare Jonio* di nuovo.

*Il peschereccio di gamberi.*

In realtà, il mio battesimo non ha niente di speciale. Giorgia Linardi, oggi portavoce di Sea Watch, alla sua prima missione sperava di essere *evacuata* dalla Guardia Costiera.

Era l'estate del 2015 e Giorgia, una ragazza di Como, laureata in scienze politiche a Milano, lasciava Ginevra, dove aveva appena preso un master in diritto internazionale, per trasferirsi a Lampedusa e salire a bordo della *Sea Watch 1*, un peschereccio di gamberi del 1917, lungo diciotto metri, che cadeva a pezzi e imbarcava acqua da tutte le parti. Come era finita lí?

Per colpa di un tram che non avrebbe dovuto prendere. Si era seduta di fianco a una ragazza tedesca che parlava di una nuova organizzazione che voleva fare soccorso in mare e stava cercando un consulente legale che parlasse italiano.

«Avevo appena consegnato una tesi esattamente su quei temi. Quindi mi sono messa in contatto con Sea Watch, che ai tempi era super sgangherata, – diceva Giorgia. – Parlavo con un hippie che viveva a Lampedusa in una roulotte. Io ero andata a Ginevra per lavorare all'Unhcr, figurati. Due settimane dopo ero lí».

Giorgia è partita con tutta la sua roba dentro a dei sacchetti della spazzatura («Perché quel cretino di mio fratello si era dimenticato di portarmi le valigie») e a Lampedusa è stata accolta da un avvocato che aiutava Sea Watch, e che lei doveva sostituire. Subito dopo cena, l'avvocato l'ha portata allo scoglio Paradiso. «Era una notte con il chiaro di luna e mi ha chiesto se me la sentivo di tuffarmi al buio anche se non avevo mai visto quello che c'era sotto, – mi raccontava. – La scogliera non era altissima, però insomma. Sono saltata. Ecco il mio battesimo: quel tuffo di notte nel Mediterraneo». Del resto, in quel mare si entra solo cosí. Con un salto nel buio, ovvero in un mondo che non si conosce.

«La nuova Ong era un'iniziativa di fricchettoni e anarchici berlinesi. Questo è un mondo popolato di persone particolari, per definizione. Figurati i primi anni. Un equipaggio improbabile. Io venivo da Ginevra, dalla bolla dei salottini della diplomazia. Puoi immaginare cos'era fare un briefing legale con questi qui».

Quel peschereccio di gamberi, fra l'altro, non era neanche adatto ad accogliere migranti. La *Sea Watch 1* si limitava a segnalare le imbarcazioni in difficoltà alle autorità competenti. Non prendevano le persone a bordo, li trasferivano su zattere gonfiabili e aspettavano l'arrivo della Guardia Costiera. «Solo che una volta abbiamo trovato cinque gommoni e non avevamo abbastanza zattere e siamo rimasti tredici ore con tutte quelle persone intorno, senza potere fare niente. Qualcosa di allucinante, da un momento all'altro poteva succedere un casino. Ma noi non eravamo in grado di fare di piú».

Il capitano dormiva sul divano, la cabina di Giorgia e Federica Mameli, fotoreporter, che poi per tanti anni sarebbe stata l'ufficio stampa di Sea Watch, si allagava continuamente, le missioni in teoria dovevano durare due settimane, ma al quindicesimo giorno non si arrivava mai perché si rompeva sempre qualcosa prima.

Alla fine di una missione, l'equipaggio si sedeva dentro la caverna del Santuario della Madonna di Porto Salvo, al fresco, in cerchio. E inventava delle procedure.

La sera, Giorgia dava una mano in un bar di Lampedusa («Avevo una doppia vita: di giorno facevo la consulente legale e di notte servivo birre»). Correva a vedere gli sbarchi e arrivava al bar in ritardo. «Cazzo, sei sempre con *sti turchi*», le dicevano. Perché i migranti in Sicilia li chiamano cosí, *i turchi*. Servendo un'Ichnusa dietro l'altra, aveva fatto amicizia con un gruppo di ragazzi della Guardia Costiera («Ricordo uno di loro che diceva: sai, mi lavo, mi lavo e mi sfrego, ma non riesco a togliermi dalle narici quell'odore di benzina che si portano sulla pelle»), e prima di partire per la sua prima missione si è consultata con loro. Era in ansia, non era tanto sicura di volere imbarcarsi davvero.

«Mio padre era incazzato nero. Se vai, non ti parlo piú. Non sapevo cosa fare. Da un lato ero curiosa. Dall'altro, ero spaventata anch'io. La nave era talmente lenta che per andare da Lampedusa alla zona Sar ci metteva trenta ore. Andavamo alla stessa velocità dei gommoni dei migranti».

Partire o no? «È una follia salire su quella nave, è troppo vecchia, non è fatta per stare in mare», le dicevano i ragazzi della Guardia Costiera. «Appena c'è tempo brutto, quel peschereccio per gamberi diventa un problema per noi. È molto piú semplice soccorrere i barconi». Li aveva incontrati per strada, il sacchetto con il pescato del giorno appeso al manubrio del motorino, che sventolava.

«Intanto il meteo peggiorava e io ero nel panico, – diceva. – I tedeschi volevano partire lo stesso. La mattina un amico della Guardia Costiera si è messo la divisa, anche se era il suo giorno libero, e si è presentato alla banchina. Ha fatto una scenata, dicendo che non li autorizzava a uscire dal porto perché c'era mare grosso». Suona incredibile, soprattutto quando penso che Giorgia avrebbe passato gli anni successivi a fare ricorsi e a lottare contro i vari fermi amministrativi che bloccavano in porto tutte le navi di Sea Watch.

«C'erano onde di quattro metri. Potevamo uscire sul ponte solo legati con le lifeline. La nave andava giú e vedevi solo acqua. Poi risaliva e vedevi solo cielo. Intorno non c'era nessuno. Se affondavamo, addio. Ormai lasciavamo le cose per terra perché cadevano di continuo. Una notte mi sono svegliata con un'onda che mi aveva scaraventata contro una parete e mi aveva ributtata a letto. Un male che non ti dico. Sono salita sul ponte e mi sono arrabbiata con il comandante. Torniamo, dicevo, è inutile stare qui, non si può trovare nessuno cosí. E poi è troppo pericoloso. Ma loro volevano restare in mare. Io non ce la facevo piú, allora ho scritto ai miei amici della Guardia Costiera. *Evacuatemi*, per favore. Lo chiedevo ridendo ma non troppo. Oviamente non potevano, c'è tutta una procedura da seguire, che deve essere giustificata da un'emergenza. Questa è stata la mia prima missione in mare».

*I ragazzi che si sono inventati la Storia.*

Anche per Anabel Montes l'inizio è stato un salto. Non da una scogliera di Lampedusa, ma su un gommone in corsa, per fermare il motore. Sembra incredibile ma, nel 2015, a Lesbo, il soccorso in mare si faceva cosí.

Arrivavano barche cariche di profughi che andavano a zig zag, perché la gente non sapeva come guidarle e come fermarle, e finivano per schiantarsi contro le rocce. La maggior parte dei naufragi era a pochi metri dalla riva. Gli impatti piú fatali capitavano intorno a un faro: era l'unica luce sull'isola e tutti erano attirati come falene. Invece quel faro era lí per la ragione opposta, per segnalare un pericolo. Ma come potevano saperlo dei siriani o degli afghani imbarcati in fretta, di notte, dalla costa turca? E cosí toccavano terra, la toccavano per un attimo, e solo per morirci sopra.

Anabel, una ventenne nata e cresciuta nelle Asturie, faceva la bagnina e sulla spiaggia di Barcellona sentiva parlare di quello che succedeva in Grecia. Lavorava per Oscar Camps, che aveva appena deciso di fondare una Ong, la Open Arms, per dedicarsi al salvataggio in mare dei migranti. È partita come volontaria nel dicembre del 2015. Appena arrivata a Lesbo, ancora con la valigia in mano, ha visto entrare in spiaggia una barca con cento persone a bordo («Arrivava in silenzio, senza dramma. Tanto che sembrava una cosa normale. Ma non era normale»). L'hanno accompagnata in un ostello che si chiama To Kyma, in greco vuol dire onda. Le hanno consegnato la muta, le pinne, e le hanno detto che alle sei di mattina doveva essere in piedi. Il giorno dopo le avrebbero spiegato cosa fare. Ma alle tre di notte è arrivata la prima chiamata.

«Non ero capace neanche di infilarmi la muta, – diceva Anabel. – Era una muta completa, che copriva anche il collo, molto difficile da indossare. Non avevano avuto il tempo di spiegarmi niente. E cosí mi sono ritrovata sul bagnasciuga a fare segnali a una barca senza conoscere il posto. Era notte, pioveva, non sapevo che indicazioni dare. Dove stavano le rocce? Ricordo le urla dei bambini, delle donne, dei volontari. Gridavano tutti. E io pensavo: Ma cosa ci faccio qui?»

C'erano due squadre: un team di terra che pattugliava la costa con una quattro per quattro e un team di mare che stava a riva, dove si toccava. E lí, appollaiata su una roccia, si trovava Anabel. In attesa che arrivasse una barca. Il suo compito era saltarci sopra in corsa, possibilmente senza finire fra le eliche e senza rovesciarla, e spegnere velocemente il motore. Prima che fosse troppo tardi. («Ne arrivavano cento al giorno, una follia. A tutte le ore, anche di notte. Tanto che noi dormivamo con la radio nel letto. E non era possibile riposare piú di due ore di seguito»).

Era una fase di sperimentazione. Nessuno sapeva ancora come risolvere la situazione. Si procedeva per tentativi. All'inizio, i soccorritori hanno provato a usare gli stessi gommoni dei migranti, con tutti i problemi che si possono immaginare. Motori malridotti, che si fermavano in continuazione. Poi hanno tentato con le moto d'acqua. Pessima idea. La gente si aggrappava e le ribaltava. Solo nel dicembre del 2015 è arrivato il primo rhib.

«Lo abbiamo chiamato *To Kyma I*, in onore dell'ostello che ci ospitava, – diceva Anabel. – Certo, con il rhib si andava veloce. Ma uno solo non bastava. Arrivavano anche dieci imbarcazioni contemporaneamente. Era impossibile aiutare tutti. Dovevi scegliere chi salvare e chi lasciare morire».

In quell'ostello ci sono ancora le foto di Anabel. È giovanissima e sorride, come una qualsiasi ragazza in vacanza in Grecia. Ma non è in vacanza. Se guardi meglio, noti che ha le gambe piene di lividi. A forza di saltare sulle barche in corsa.

Una volta è stata persino soccorsa da un migrante. Una cima le ha urtato una gamba, è caduta in avanti e stava per finire in acqua e restare travolta dalla barca della Guardia Costiera greca, ma un ragazzino l'ha afferrata al volo. Un ragazzino che aveva appena salvato lei.

«*Recuerdo* la prima volta che ho visto un barcone di legno con trecento persone sopra, – ha detto, di colpo (anche i racconti Sar vanno a zig zag e bisogna saltarci sopra in corsa). – Quel giorno eravamo stati in mare per trentasei ore di seguito, eravamo stanchissimi. Era notte e avevamo messo la musica per cercare di restare svegli. A un certo punto ho visto un puntino sul radar, che si avvicinava. Abbiamo spento subito la musica. Lo vedevamo avvicinarsi: tre miglia, due miglia, un miglio. Abbiamo acceso la luce e abbiamo visto un enorme barcone di legno *vuoto*. Sembrava una nave fantasma. Stava andando nella direzione sbagliata, verso la Turchia. Allora abbiamo capito che stavano scappando, erano convinti di avere davanti la polizia. Erano tutti sdraiati, a luci spente. E cosí abbiamo gridato: *Welcome to Europe!* E trecento persone si sono alzate in piedi di colpo. Avevo le lacrime agli occhi, era pieno di bambini».

Anabel ha scoperto il Mediterraneo Centrale alcuni mesi dopo, a bordo dell'*Aquarius* di Medici Senza Frontiere e Sos Méditerranée. La gloriosa *Aquarius*, su cui si sono formati un po' tutti. Poi anche Open Arms si è spostata dalla Grecia al Canale di Sicilia, e Anabel insieme a loro.

Quando mi parlava della missione inaugurale della *Golfo Azzurro*, la prima nave di Open Arms, Anabel brillava, piú azzurra del solito.

Immaginiamo dei ragazzi – perché hanno tutti venti o trent'anni – in mezzo al Mediterraneo, davanti a qualcosa di molto piú grande di loro. Che devono inventarsi tutto, da zero. Devono inventarsi la Storia.

Il 26 dicembre 2016 Anabel ha preso un aereo da Barcellona e ha raggiunto Malta. Lei e Riccardo si sono conosciuti durante quella missione. Sulla nave erano solo in dieci e avevano pochi giorni di tempo per organizzarsi prima di arrivare in zona Sar. Non sapevano come imbarcare la gente, come fare un triage, come distribuire il cibo, nemmeno come gestire i bagni. Non dormivano mai, non c'era tempo, la Storia ha fretta e corre.

«Bisognava approfittare di ogni ora. Come si monta la coperta? Ricordo un volontario bravissimo, pilota di elicotteri da salvataggio, che disegnava tutto navigando». Anche Anabel si lancia in mare dagli elicotteri. Ha preso il brevetto. Caso mai si stancasse, ha tutte le carte in regola per fare il pompiere. Una ragazza che non ha paura di niente. È giovanissima e si è sempre misurata con potenze enormi: l'aria, l'acqua, il fuoco. E con la terra, o la Storia, che non è da meno.

Eppure sembrava una bambina mentre rievocava quella mitica missione, con una gioia pulita e diretta, incondizionata e travolgente, che mi riempiva di felicità e di malinconia. Quando la Sar non era inquinata dalla politica. Quando la Sar era qualcosa da inventare, con coraggio e immaginazione. Persino con un po' di spavalderia. Dai, proviamo. Quando le persone come lei non erano trattate da criminali, non finivano in tribunale, per poi uscirne con un non luogo a procedere perché il fatto non sussiste, ma che fatica.

«Appena siamo arrivati in zona Sar abbiamo fatto il primo training. Un sacco di cose non funzionavano. Guardavo lo skipper e scuotevo la testa. Provavamo le manovre quattro, cinque, sei volte. Mentre stavamo ancora cercando di orientarci, è capitata un'emergenza. E cosí, anche se non eravamo pronti, abbiamo soccorso un gommone. Quando abbiamo finito il rescue, c'erano onde enormi. È difficile l'imbarco sul ponte con il mare mosso. Ci siamo guardati e abbiamo pensato: cinque minuti fa *sembravano* salvi, adesso sono morti. Ma, non so come, siamo riusciti a metterli sulla nave».

Poi Anabel ha buttato là un frase, come si buttano i rifiuti umidi in mare, tanto li mangiano i pesci. «Ogni tanto pensavo:

sono una ragazza, sono giovane, perché ho scelto di vivere in mezzo al Mediterraneo? Ma quando sei lí, ti rendi conto che tu sei una cosa piccolissima in mezzo a qualcosa di gigantesco. Una cosa proprio piccolissima».

*Nascere o rinascere in mezzo al mare.*

Ho conosciuto Alessandro Porro, oggi presidente di Sos Méditerranée in Italia, durante la missione con *Ocean Viking*. Ci siamo incontrati di persona all'imbarco, a Termini Imerese, e di nuovo allo sbarco, a Taranto. In nave non eravamo insieme, ma era come se lo fossimo, ci scrivevamo sempre. Quando, dopo l'interruzione della pandemia ci siamo rivisti a distanza di un anno, mi ha portato uno dei loro salvagenti, uno dei regali piú belli che abbia mai ricevuto insieme al braccialetto di Fulvia fatto con un pezzetto di *Ocean Viking* e due cime. Il salvagente l'ho appeso alla libreria del salotto.

Teoricamente Alessandro (piemontese, oggi quasi quarantenne) rientrerebbe nella categoria degli uomini d'azione, come suggerisce il profilo dell'*Aquarius* che si è tatuato sul braccio: è uno che salta su un rhib come su un'ambulanza durante il Covid (quando è a terra fa il volontario per la Croce Rossa). Ma se cominci a conoscerlo, capisci che è il contrario: è un uomo che ama interrogarsi, riflettere, andare a fondo con i pensieri.

La svolta per lui è arrivata per colpa di una fotografia. Alessandro era un programmatore e d'estate lavorava come soccorritore a Donoratico, in spiaggia. Andava in giro sulle moto d'acqua a recuperare i turisti in pedalò. Un giorno ha visto la foto di un soccorritore nel Mediterraneo. La fissava, turbato. Era vestito come lui: stesso casco, stesso salvagente («Ma io che ci faccio qui?») Un mese dopo era a bordo dell'*Aquarius*. I neuroni a specchio, eh.

Con gli anni, mi sono accorta che l'empatia interroga e scompiglia piú della conoscenza. Magari non porta da nessuna parte, ma porta te, proprio te. L'empatia usa altri sentieri del cervello, piú tortuosi e piú coinvolgenti: sai solo che stai per cominciare un cammino intimo, profondo, e mai dove arriverai. Questo è successo a me e a tutti gli altri.

Era il 12 luglio 2017, Alessandro era alla sua prima missione, al suo primo rescue. Aspettava sul ponte dell'*Aquarius* che arrivassero i naufraghi. Via radio, dal rhib, comunicavano le solite informazioni. Numeriche, semplificate. L'urgenza non concede tante chiacchiere. Uomini? Una cifra. Donne? Altra cifra. Bambini? La procedura è stata interrotta da un urlo: «Un neonato!» Il Mediterraneo è pieno di neonati, capirai che notizia. Se sopravvivono, non ricorderanno la traversata, a differenza dei bambini piú grandi, che non potranno mai dimenticarla. Beati loro. «È ancora attaccato alla madre», hanno detto dal rhib. Il ponte ha chiesto: «In che senso?» «Non possiamo prendere per primo il neonato perché è ancora legato alla mamma dal cordone ombelicale».

Constance, una ragazza di ventidue anni del Camerun, aveva partorito durante la traversata. Nove ore di travaglio in mare («Nonostante tutto, è salita sulla nave, arrampicandosi da sola sulla scaletta») e avrebbe espulso la placenta a bordo dell'*Aquarius*.

Cosa succede in questi casi? Dove nasci, se nasci nel Mediterraneo? Certo sulla carta di identità non possono scrivere luogo di nascita: mare aperto. Il figlio di Constance, Christ, risulta *nato a Gibilterra*, perché conta lo stato di bandiera della nave. Nato in mezzo al nulla, eppure senza spazio vitale intorno: la madre era schiacciata da un centinaio di siriani e nessuno riusciva a muoversi per aiutarla a partorire. Nato su un gommone, ma almeno dentro la legge del mare, piú solida di quella terrestre, ancora lontana da uno *ius soli*. Chissà se Christ, cittadino di Gibilterra, un giorno vorrà andarci per vedere il luogo dove non è nato.

Un battesimo simile ha avuto Massimo Belletti, soccorritore di Sos Méditerranée. Massimo, quarantenne, veneziano, ricorda un po' un pirata: baffi e pizzetto, bandana intorno alla testa. Ha passato anni sulle navi commerciali, in giro per il mondo. Mi ha raccontato perfino lo tsunami del 2004 vissuto in mezzo all'oceano, l'onda anomala che solleva la nave. È la persona che mette piú allegria a bordo, sempre pronto a scherzare, ad aggiustare il buon umore di tutti con la stessa dedizione con cui si ripara il motore di un rhib. Uno capace di prendere la chitarra e mettersi a cantare *Tripoli, bel suol d'amore* quando la Libia offre un porto. Un po' di autoironia, su.

«Il mio battesimo? Non è stato tanto poetico. La prima persona che ho preso a bordo *mi ha vomitato addosso*, – Massimo rideva. – E io, coperto di vomito, mi sono voltato e ho detto: Secondo me, sta per partorire. Infatti. Poco dopo, il bambino è nato sull'*Aquarius*». Un altro cittadino di Gibilterra.

L'acronimo di *Search and Rescue*, riferito al soccorso in mare, non ha ancora una voce nelle enciclopedie e non è stato mai discusso dall'Accademia della Crusca. Quindi ognuno sceglie l'articolo che gli pare. Alcuni dicono *la* Sar e altri *il* Sar. Io scelgo il femminile perché la Sar per me è femmina. Le donne stanno benissimo sul rhib, e anche sul ponte di comando. Penso ad Anabel, a Giorgia, a Fulvia. E non mi restano dubbi dopo avere conosciuto Luisa Albera e Viviana Di Bartolo, una capo missione e l'altra soccorritrice di Sos Méditerranée.

Viviana sembra una ragazza, anche se ha quarant'anni e due figli. Ha i capelli lunghi quanto la sua schiena, che si agitano con il vento, ma spariscono in fretta in un elastico, sotto il casco da rescuer. Siciliana, laureata con una tesi sul salvataggio in mare, ha cominciato come bagnina. Ma la gente sbarcava praticamente davanti a casa sua e cosí un giorno ha sentito il desiderio di partire.

La sua prima missione a bordo dell'*Aquarius* è stata devastante. Era il 27 gennaio 2018 e il Mediterraneo ha accolto Viviana con un naufragio, uno dei piú terribili. Piú di quaranta morti e il deck pieno di corpi da rianimare, una scena apocalittica. «È stato difficile tornare alla vita normale, dopo. Il mio fidanzato diceva: adesso possiamo vedere solo la guerra. Ho fatto un mese di pausa e poi sono ripartita. Non ho piú smesso. Sai, quel naufragio in realtà mi ha fortificata, mi ha fatto capire che il

Mediterraneo era davvero il posto dove dovevo stare. E cosí è diventata la mia vita».

Luisa, cinquantenne, capelli biondi e corti, pratici, modi secchi da piemontese, e molto *understatement* a nascondere bene il gran coraggio quanto l'affettività vibrante, prima della Sar ha navigato per quattro anni in tutto il mondo con Sea Shepherd, si occupava di conservazione ambientale e protezione della fauna marina. I suoi racconti, quelli che mi faceva dopo cena a bordo della *Ocean Viking*, erano ipnotici: mari del sud in tempesta, pirati, bracconieri, specie di delfini di cui non conoscevo nemmeno l'esistenza («Vaquita?» «Sí, la specie di cetacei piú piccola al mondo, sono rarissimi»). Meglio di Salgari.

Poi un giorno ha mollato tutto. Era arrivata la chiamata. Perché in fondo funziona un po' cosí, per vocazione. A un certo punto senti, da qualche parte, che il tuo posto nel mondo è lí. E vai.

Il Mediterraneo non l'ha messa alla prova subito, forse perché ci avevano già pensato tutti gli altri mari. Con lei, secondo me, si è spaventato. Ha avuto paura di competere, credo. Oppure l'ha capita al volo (questa qui non riesco a prenderla a schiaffi nemmeno io, meglio tenersela stretta). So per certo solo che, durante il battesimo, ci è andato piano. O forse lo ha ignorato Luisa, nonostante i suoi tentativi di farsi notare. «Niente, pioveva, erano *tutti intossicati* dalla benzina, – raccontava senza battere ciglio, come se dicesse, *pioveva, eravamo in autobus*, – ma li abbiamo salvati». Luisa è cosí, non si scompone. Fa le cose, punto. E la Sar è femmina.

*Il tavolo della sala da pranzo.*

Riccardo Gatti è nato a Calolziocorte, a due passi da Pontida, nel regno della Lega e lontanissimo dal mare. Da ragazzo amava i cavalli e faceva equitazione a livello agonistico, ma quel mondo troppo elitario non gli piaceva. Poi, per caso, è finito a vivere a Palma de Mallorca. E lí, mentre si laureava in psicologia, faceva l'educatore sociale, qualcosa di molto piú vicino alla sua sensibilità. Ma non si può vivere a Palma senza andare per mare. Quindi ha imparato, ha fatto il marinaio («Durante la mia prima traversata dell'Atlantico, non ho fatto altro che vomitare. Dopo poche ore ero già pentito di essermi imbarcato, ma non potevo piú tornare indietro»). Nel giro di poco, sarebbe diventato comandante.

Ironia della sorte, proprio lui che aveva abbandonato i cavalli perché non amava i mondi elitari, ha trovato lavoro sugli yacht di lusso. Per anni, ha viaggiato fra Monte Carlo, Saint-Tropez e la Costa Smeralda. E si annoiava a morte. Un giorno ha visto un annuncio di Medici Senza Frontiere. Era il 2015, c'era l'emergenza in Grecia e stavano cercando una persona con esperienza nel sociale e con titoli nautici («Esattamente il mio profilo»). Ha mollato tutto, è partito per Leros; lí ha incontrato i ragazzi di Open Arms, e con loro dalla Grecia è passato al Mediterraneo Centrale. Dove ha ricevuto un battesimo del fuoco, naturalmente.

«La mia prima missione come comandante dell'*Astral* è stata tragica». Era il 4 ottobre 2016, alle cinque di mattina si è avvicinata una barca della Guardia Costiera libica. Voleva segnalare un'imbarcazione in distress. L'*Astral* l'ha seguita e si è trovata davanti un barchino con una sessantina di persone. Hanno distribuito i salvagenti e aspettato l'alba per non fare il soccorso al buio. Appena è sorto il sole, sono rimasti sbalorditi: intorno c'erano altri otto gommoni e una grande barca di legno con mille persone a bordo. E loro erano in undici, su una barca a vela di trenta metri degli anni Settanta (con sessanta naufraghi già imbarcati). Hanno fatto un paio di conti: avevano davanti circa duemila e duecento persone.

I giubbotti salvagente sono finiti subito. Le autorità avevano promesso di mandare una nave da guerra irlandese, che non sarebbe mai arrivata. Mentre Riccardo controllava un gommone con centottanta persone che viaggiano *in piedi*, sul peschereccio piú grande c'è stato un corto circuito, usciva del fumo. La gente si è spaventata, il barcone ha oscillato e sono caduti in acqua in trecento.

«Abbiamo buttato i centifloat. Ma non bastavano. Allora abbiamo cominciato a lanciare tutto quello che avevamo: i parabordi, le nostre scialuppe di salvataggio automatiche, ho cercato persino di sradicare il tavolo di legno della sala da pranzo».

All'improvviso, è apparso dal nulla un aereo spagnolo che ha lanciato delle zattere galleggianti. E cosí sono riusciti a salvare tutti. Tranne un ragazzo, morto di infarto, morto di paura. Solo nel primo pomeriggio si è presentata una nave militare italiana ma, prima di iniziare il soccorso, voleva bonificare la zona («Perché, nel frattempo, erano arrivati quelli che noi chiamiamo gli *avvoltoi*. Sono dei pescatori libici che si presentano sulla scena di un naufragio per recuperare quello che avanza: un motore, un gommone ancora utilizzabile, prendono qualsiasi cosa. E se lo rivendono»). Il rescue sarebbe durato fino all'una di notte.

«In tutto questo, la corrente ci stava portando a terra. Senza accorgercene eravamo dentro le acque territoriali, a cinque miglia e mezzo dalla costa libica. Eravamo tranquilli solo perché eravamo con una nave militare. È stata l'unica volta in cui ho visto dei trafficanti. Avevano un gommone nero e una moto d'acqua, sempre nera. Ho cominciato a tagliargli la strada con la *Astral*, poi è arrivata la nave della Marina e li ha rincorsi».

Dopo avere salvato duemiladuecento persone in un giorno, bisognava recuperare i cadaveri. Ce n'erano molti sul fondo del gommone in cui tutti viaggiavano in piedi, gente che era rimasta schiacciata dagli altri. «La nave militare era sparita senza dire niente e noi siamo rimasti soli con i corpi. Li abbiamo messi in una scialuppa, li trainavamo. Abbiamo navigato per un giorno intero, a un nodo e mezzo, con ventinove cadaveri di fianco, è stata dura». Quando è sbarcato, Riccardo ha cercato di riprendere la sua vita, il suo lavoro di comandante sugli yacht di lusso: non ci riusciva piú.

Non sai mai quando partirai, ma puoi stare sicuro di una cosa: da *quel* Mediterraneo non c'è ritorno. Per nessuno. Una missione Sar è il contrario di un'odissea: il *nostos* non è contemplato. Tornerà solo un pezzo di te, non sai quale. L'altro resterà per sempre là.

# Rhib

*La Vichingona.*

Appena ho visto la *Ocean Viking*, le ho subito dato un soprannome: *La Vichingona*. Forse perché la sua autorevolezza mi intimidiva un po'. Un'autorevolezza non tanto dovuta ai suoi settanta metri, contro i trenta o i quaranta delle altre navi su cui ero salita. E nemmeno ai suoi trascorsi nel Mare del Nord, fra onde di ventitre metri. Era per le persone. Avevo davanti la gloriosa *Aquarius* alla sua seconda vita. Perché le navi cambiano, ma chi fa la loro storia no. E la maggior parte dell'equipaggio, che fosse di Medici Senza Frontiere o di Sos Méditerranée, veniva dall'*Aquarius*.

Era il 9 gennaio 2020. Mentre la nave salpava, guardavo l'alba, quel cielo blu Klein con fiammate di corallo intorno al profilo scuro della costa, che piano piano sfumavano in pesca, e pensavo: sarà la mia Harvard del soccorso in mare.

Mi ero imbarcata a Termini Imerese qualche giorno prima e non avevo neanche fatto in tempo a fare un giro dentro la nave e a svuotare la valigia, perché c'era una riunione. Il mondo delle riunioni mi era completamente sconosciuto. A bordo della *Mare Jonio* dovevamo supplicare Luca perché ne facesse almeno una, e si dimenticava pure quella. Le informazioni circolavano con il passaparola – con risultati da telefono senza fili ed equivoci esilaranti – e tutto si sapeva con esattezza solo durante i bivacchi sul bridge. Proprio un altro mondo.

Sulla *Ocean Viking* il bridge era un luogo dove bisognava stare in silenzio, possibilmente a qualche metro di distanza, per non disturbare. Non quella specie di accampamento a cui avevamo ridotto il ponte di comando della *Mare Jonio*, dove si poteva chiacchierare e persino mettere la musica, dove ascoltavamo in continuazione la canzone preferita di Valerio, *E io ero Sandokan*, la colonna sonora del film di Scola, *C'eravamo tanto amati* («Marciavamo con l'anima in spalla, nelle tenebre lassú, ma la lotta per la nostra libertà, il cammino ci illuminerà»). Musica sul bridge della *Ocean Viking*? Impensabile. Ma appena scendevo le scale e passavo davanti alla cabina del comandate, la musica che usciva dalla sua stanza si sentiva eccome. Era il *Requiem* di Mozart. Molto pertinente. Uno stupendo *Dies Irae*, tutti i giorni. E io facevo su e giú dalle scale apposta – la porta era sempre socchiusa – solo per il piacere di ascoltarlo con lui, anche se non lo sapeva.

Le riunioni erano una dopo l'altra, con un programma giornaliero fittissimo, segnato su una lavagnetta. Spesso erano indicate con delle sigle, per me molto misteriose, tanto che quando mi hanno mandato un messaggio con scritto «Etd 6:30 a.m.», ho pensato che si trattasse di una riunione. Alle sei di mattina? Ora stanno esagerando. Invece era l'orario della partenza. *Estimated time of departure. Estimated* neanche tanto, fra l'altro. Perché, nella loro precisione, se si parla delle sei e trenta, le sei e trenta sono.

All'inizio, quando ancora non li conoscevo, ero un po' spaventata. Niente a che fare con l'epica sgangherata di Mediterranea. Sembrava una vita militare. Pranzo alle undici e un quarto e cena alle cinque e mezza. In mezzo briefing e debriefing, training su training. Nel giro di un paio di giorni mi sono abituata. E quando facevano una riunione senza di me, mi offendevo.

Perché non erano riunioni senza senso, tanto per discutere. No. Erano tutte necessarie, e molto pratiche. La Sar è una cosa seria, c'è in ballo la vita e la morte, niente deve essere improvvisato. Il sottotesto era ancora piú drammatico: il Mediterraneo ti costringe a improvvisare sempre, conviene prepararsi prima a tutti gli scenari possibili. Se ci si riesce.

### *Il gommone volante.*

Fra tutti i training, uno in particolare mi riempiva di gioia: quando mi portavano con loro sul rhib, durante gli allenamenti. Che i soccorritori di Sos Méditerranée fossero bravi, lo sapevo. Ma per capire davvero il livello altissimo di professionalità, dovevo salire su *Easy 1*. E vivere sei soccorsi complicati insieme a loro.

Già il modo in cui lanciavano i rhib mi lasciava a bocca aperta. Per non parlare dei tempi. Dieci minuti e undici secondi («La prossima volta però cerchiamo di eliminare quegli *undici secondi*»). I soccorritori entravano nel gommone mentre era ancora sospeso nel vuoto e appeso alla gru. I rescuer venivano calati in mare insieme al rhib e poco prima che il gommone toccasse l'acqua accendevano i motori per essere già pronti a sfrecciare. Quest'operazione vista dal basso, cioè dal ponte di coperta, sapeva di fantascienza: il rhib sembrava un'astronave in volo. Vista dal rhib, sembrava di stare al luna park: ti sparavano in acqua dall'alto, con la giostra inclinata. Dovevi stare chinato, aggrappato alla maniglia della consolle. Ti tenevi stretto ed entravi dritto nel buio con le eliche che giravano prima in cielo che in mare. Ma non era un gioco. La velocità di ogni operazione è fondamentale per l'imbarcazione in pericolo. Ogni minuto perso può avere delle conseguenze tragiche. Anche *undici secondi* fanno la differenza.

Raccontata cosí, me ne rendo conto, può sembrare qualcosa che fa paura. Invece no. Nemmeno al buio e con il mare mosso. Quando sei sul rhib, sei troppo concentrato per avere paura. Al massimo puoi avere paura per loro, questo sí, ma è diverso. In aggiunta, le regole erano molto chiare: prima viene la sicurezza dei soccorritori, poi la sicurezza del rhib, poi tutto il resto, qualunque cosa succeda. Quindi si controllava il gas nel salvagente, che la cintura fosse della giusta misura, che il casco fosse avvitato bene, saldo in testa e non scendesse sulla fronte. E se dimenticavi i guanti non ti facevano neanche salire.

Seguivo gli allenamenti incantata. Viaggiavano come razzi con un centifloat appoggiato ai tubolari, come se non si portassero dietro niente. Il centifloat, detto banana, è lungo due volte un rhib, pesante e poco maneggevole, insomma è un oggetto piuttosto ingombrante. Curvavano con eleganza e agilità con due raft ai lati, due zattere gonfiabili che hanno la forma e la dimensione di un gommone. I soccorritori di Sos Méditerranée

– che il comandante norvegese, affettuosamente e con sottile humour, chiamava *kids* – erano capaci di fare cose pazzesche. Altroché *kids*.

In cosa consistevano questi training? Si prendeva un manichino, per esempio, che aveva le dimensioni di una persona e lo si buttava in mare. Prima di tutto, non bisognava perdere il contatto visivo e indicarlo sempre con la mano. Quando lo raggiungevi e lo afferravi, dovevi fare sapere agli altri che lo stavi tenendo: «*Contact*», gridavi. Le parole da usare sul rhib sono pochissime, e solo quelle concordate. Guai a usarne altre. «*Ready?*» «*Ready!*»: è la formula prima di partire a tutta velocità: tutti devono essere pronti a tenersi forte, non è proprio il caso di farsi trovare impreparati e di cadere in mare. Sono parole in codice. Niente altro va detto, in nessuna lingua.

Ma torniamo al manichino – «Uomo in mare», si urlava – insieme a un'altra persona bisognava tirarlo su in due mosse. Imbevuto di acqua, un manichino pesa piú o meno come un essere umano, non è facile, bisogna essere coordinati. «Uno due», e tiravamo su, «Uno due», e tiravamo dentro.

A volte l'esercizio consisteva nell'imbarcare sulla nave il manichino in una barella pieghevole. Oppure nel lanciare la banana come un siluro, in tre sole mosse, in mezzo a un gruppo di salvagenti. Altre volte, Luisa, la capo missione, dal ponte di comando comunicava una posizione via radio: *Easy 1* e *Easy 2* facevano a gara nel raggiungerla il piú in fretta possibile.

Quando si lasciavano andare, i soccorritori diventavano *kids* davvero, per fortuna. Chiedevano subito al bridge un'altra posizione, solo per avere la rivincita.

Sul rhib ho scoperto che l'odore del mare non è tutto uguale. In mezzo al Mediterraneo è molto piú forte. Facevo dei grandi respiri per ricordarmelo. Cosí non l'avevo mai sentito. Non assomigliava all'odore di mare che si sente vicino alla costa, aveva qualcosa di piú selvatico.

Tornavo dagli allenamenti con il viso arrossato dal sole e dal vento, i capelli un po' bagnati e, mentre mi toglievo il casco e il salvagente, pensavo ad Anabel, che mi raccontava di avere passato anche *venti ore di seguito* sul rhib. Lo diceva con noncuranza, come se fosse stata la cosa piú normale del mondo. «Scusa, e dopo?» «Dopo la schiena è *solo* distrutta, – Anabel rideva. Mi è sempre piaciuta la sua risata un po' roca, prorompente e discreta insieme. – Dopo non puoi piú muovere le braccia, non sei in grado di sollevare neanche un neonato. Ma vai avanti lo stesso perché non c'è alternativa».

In televisione appare sempre la stessa immagine, statica: il rhib dei soccorritori che si avvicina al gommone dei naufraghi. Fine. Nessuno immagina tutta la fatica che c'è dietro.

Tutti i rhib hanno un nome. E anche una loro personalità, un po' come i cavalli. C'è quello che va piú veloce e quello che si rompe sempre. I rhib della *Ocean Viking* si chiamano appunto *Easy 1* e *Easy 2* (*Easy 3* viene lanciato solo in caso di naufragio). Quelli di Open Arms, *Echo Uno* e *Echo Dos* e quelli di Sea Watch, *Delta* e *Tango*. I rhib di Mediterranea all'inizio si chiamavano *Dory* e *Nemo*, come i personaggi del cartone animato. Poi i ragazzi hanno cambiato idea. Tutti gli altri avevano dei nomi seri, forse non era il caso di essere cosí autoironici. Cercavamo di farci venire in mente un'alternativa, ma ci uscivano solo nomi assurdi. E cosí sono rimasti senza. In compenso, hanno chiamato il loro raft *Cate*. Registrato all'Imo (Organizzazione marittima internazionale) come *Caterina I*, ma a bordo usano il soprannome. Me lo ha annunciato Mario mentre ero sulla *Ocean Viking*, mi veniva da piangere per la felicità. Che regalo. C'è chi ha uno yacht o una barca a vela che porta il suo nome, io una zattera di salvataggio.

*Crowd control.*

Credo di avere capito davvero la tragedia del Mediterraneo solo quando me la sono trovata davanti, a mezzo metro di distanza. Dal ponte di comando o dal ponte di coperta la percezione è completamente diversa. Perché quando vedi salire una persona sulla nave, vedi una persona che è già salva. Prima no. Prima vedi delle persone che potrebbero morire da un momento all'altro, magari davanti ai tuoi occhi. È questa la grande differenza.

Prima di salire su *Easy 1* non ero mai andata in rhib. Avevo fatto solo qualche giretto in porto, insieme a Fulvia, per scaricare casse d'acqua sulla *Mare Jonio*. Capirai. Ma avevo già sviluppato un interesse morboso per le tecniche di soccorso. Del resto, il rescue è il cuore della Sar. I rhib stanno in prima linea, vanno al fronte. È importante sapere cosa succede laggiú.

Le tecniche negli anni sono cambiate. Il caso piú eclatante è quello del *boat to boat* o *long side*, che adesso non si usa piú. Tutti trasferiscono le persone dalla barca in distress al rhib e le portano sulla nave un poco alla volta. Il *boat to boat* invece consiste nel trainare con una cima il gommone fino alla nave e imbarcare tutti direttamente sul ponte.

Ma un giorno, a bordo della *Topaz Responder* di Moas, una delle prime navi presenti nel Mediterraneo, c'è stato un incidente terribile che ha fatto riflettere tutti. È stata Fulvia a raccontarmelo, mi ha fatto vedere anche il video. «Sono morte sette persone durante il soccorso, Cate». Fulvia è molto diretta, non nasconde niente, già solo con le espressioni del viso ti dice tutto quello che ti deve dire. Ha uno sguardo intelligente, a volte critico e altre spiritoso, in ogni caso mai ambiguo. In quel momento, trasmetteva angoscia. Pensa se succedesse a me, stava pensando, sbaglio qualcosa e mi muoiono davanti. Glielo leggevo in faccia. E, mentre la guardavo, pensavo che lí il confine fra vita e morte è anche una frontiera interiore. Su quel limite si muove la responsabilità individuale. E fa paura avere cosí tanta responsabilità, magari a vent'anni.

Era il 5 settembre del 2016. Secondo rescue della missione. Quando hanno accostato il gommone alla nave, la gente si è fatta prendere dal panico e ha cominciato ad arrampicarsi selvaggiamente sulla murata, senza aspettare il suo turno. La stabilità è andata perduta, molti sono caduti in acqua, tutti gridavano. Chiunque fosse a bordo o sul rhib – soccorritori, parte dell'equipaggio, medici o migranti – cercava di tirare su alla meglio chi aveva vicino. Ma c'era un problema. Il carburante del gommone si era versato in mare, l'acqua era tossica. Sono morti cosí, non per annegamento. Avvelenati.

La prima cosa che ti insegnano tutti è l'importanza del crowd control. Il panico può trasformare un soccorso in una strage. Anche per il crowd control esistono delle tecniche, affinate nel tempo. Alcune regole sono categoriche. Dal rhib deve parlare una persona sola, in inglese o in francese. Bisogna individuare fra i naufraghi una persona capace di gestire il soccorso e passare a lui i salvagenti, che a sua volta deve passarli agli altri. Se tutti spingono e si sporgono per avere un lifejacket, si rischia il ribaltamento. Quando la gente si agita, bisogna allontanarsi subito, per far capire che se non stanno tranquilli non si può procedere.

Il modo stesso di avvicinarsi a un gommone è studiato. Mai affiancarsi lato contro lato, per esempio: si corre il rischio che tutti saltino sul rhib. Meglio a novanta gradi, con la prua contro un lato. Non a poppa e non a prua del gommone, dove è piú fragile. Queste regole però non sempre sono applicabili.

Tutto viene deciso prima, in modo rigoroso: chi parla con i naufraghi, chi tiene le comunicazioni con la nave via radio, chi si butta in acqua. Le posizioni sono rigide. Nessuna improvvisazione, in teoria. Ma solo in teoria. Le procedure sono solo una guida perché hai sempre davanti una situazione nuova, che non conosci. Ogni rescue è diverso dall'altro.

Avrei presto scoperto che a volte si prendono delle decisioni all'ultimo, con rapide consultazioni. E lí ti accorgi che tutta la teoria può essere rinnegata in pochi secondi. Tocca sempre improvvisare.

Anche le mosse programmate sono diverse da quelle che immaginiamo. Uno si aspetta che vengano presi a bordo prima i bambini. Invece no. Anche se la gente solleva in alto i figli, come se te li volesse lanciare. Prima un adulto e poi un bambino. Altrimenti nel giro di cinque minuti tutti i soccorritori si troverebbero con un paio di bambini in braccio e sarebbero paralizzati.

Di notte poi, il crowd control è piú complesso. Vedono solo una luce sparata in faccia, come fanno a sapere che non si tratta della Guardia Costiera libica. E allora conta il tono di voce. Anche quello studiato («Devi essere risoluto, ma non autoritario, – sosteneva Anabel. – Niente ordini bruschi. Bisogna trovare un equilibrio fra gentilezza e fermezza. Mai gridare. Un rescue è anche un esercizio psicologico. Se sei nervoso, non lo devi fare vedere. È difficile, eh?»)

«È tutto psicologico, prima che fisico, – mi raccontava Valerio. – Lo percepisci quando si sta per entrare in mare, quando il rhib va giú di notte. Vedi un pezzettino di gomma di otto metri che ti porterà nel nero. Puoi stare anche cinque o sei ore nel buio piú totale, a cercare il target. E hai paura. Ma la paura, in quel momento, si trasforma in adrenalina e ti aumenta i livelli di attenzione. Noti tutto, anche una piccola luce sul fondo. E non devi lasciarla calare mai, quell'attenzione. Solo dopo, quando torni sulla nave, ti cade addosso tutta la stanchezza».

L'attenzione arriva a livelli impensabili. Alessandro mi ha raccontato di avere fatto un rescue *a orecchio*. Era il 9 giugno 2018, l'inizio del drammatico viaggio dell'*Aquarius* fino a Valencia («Era come se un'ambulanza partita a Firenze avesse dovuto portare il suo paziente a Mosca, perché tutti gli altri ospedali non lo volevano»). Quando la nave è arrivata davanti al target, c'erano già quaranta persone in acqua. Era una notte senza luna e non si vedeva niente, neanche con le torce e le termo-camere. Allora l'equipaggio di Sos Méditerranée ha deciso di fare una cosa che non si fa mai, perché è pericolosa: hanno spento il motore del rhib. E si sono messi in ascolto. Quel grido viene da là. Quell'altro da lí. E in questo modo fantasioso, empirico, hanno trovato tutti.

Una volta ho tenuto in mano una luce chimica, una barretta che di solito si distribuisce alla gente in acqua, per non perdere le persone in quel buio, per colpa della corrente. Me l'aveva data sul rhib un naufrago. Fissavo la barretta e pensavo che alla fine, di notte, in mezzo al Mediterraneo, diventiamo tutti invisibili. Mi tornavano in mente le parole di Anabel che diceva: «Sai, la notte in mare è *nera, nera, nera*». Non era un limite linguistico, il suo. Nessun mare porta in sé tanti linguaggi come il Mediterraneo. Quante sfumature si potrebbero usare per descrivere la sua notte? Quanti aggettivi meravigliosi o inutili si potrebbero trovare? L'ho attraversato e penso che sia uno solo, l'aggettivo esatto. È nera e basta.

*In prima linea.*

Il primo rescue è stato il 17 gennaio. Mi hanno svegliata intorno alle tre, dicendo una parola sola: «Target». Io e Claudia Brandão, l'altra giornalista a bordo, portoghese, che scriveva per «Expresso», ci siamo vestite in pochi minuti: casco, salvagente, stivali, guanti. Siamo corse sul ponte di comando. Luisa ci ha comunicato che aveva ricevuto da Alarm Phone la notizia di un'imbarcazione in distress. Eravamo circa a trentacinque miglia dalle coste di Zawiya. Poi è comparso un puntino sul radar. Quattro miglia, tre miglia, due miglia. Vedevo una luce bianca, fievole e intermittente, che ogni tanto si spegneva. L'avevamo davanti.

Claudia e io siamo corse sul ponte di coperta, stavano per lanciare i rhib. Guardavo la luna dal deck, andava su e giú come una nave sollevata dalle onde. Era quello che viene definito un rescue *critico*: di notte, con il mare grosso.

La cosa piú difficile è imbarcare le persone, tutto sta nella bravura dello skipper o rhib driver. Yohann, detto YoYo, teneva il gommone fermo come se fosse stato arenato sulla spiaggia. La prua però sbatteva forte: me ne sono accorta quando mi sono calata sul rhib, di spalle, con un salto. Sembrava di lanciarsi nel vuoto, non sapevo se sotto ci fosse qualcosa o no.

Il target era un barchino azzurro di legno, coperto di vetroresina. Erano partiti da Sabratha alle otto della sera prima, avevano rotto il motore, erano rimasti in balia delle onde. Con il Thuraya avevano fatto una chiamata d'emergenza ad Alarm Phone, che subito ci aveva avvertiti, in copia con tutte le guardie costiere, italiana, libica e maltese (questa è la procedura).

Nonostante il mal di mare – la prima cosa che ho visto era un uomo che vomitava, in quel silenzio assoluto sentivo anche il rumore dei conati – le trentanove persone a bordo erano calme e seguivano tutte le istruzioni in modo ordinato, aiutando i soccorritori.

Poi ho visto il target da vicino. Per me era la prima volta. Non so cosa ho provato mentre la gente saliva a bordo, ero troppo concentrata per interrogarmi. So solo che mi hanno colpito perché erano molto affettuosi. Mi chiedevano come mi chiamavo, avevano voglia di fare amicizia già durante il salvataggio. Sul rhib però è vietato parlare, perché bisogna sentire gli ordini. Con il vento si è costretti a gridare, figuriamoci se intorno qualcuno fa rumore. Quindi sorridevo, ma con il dito sulle labbra spiegavo che bisognava stare in silenzio.

Quando tutti erano a bordo sono andata a salutarli. Le ragazze mi sembravano delle bambine, anche se alcune non lo erano. I ragazzi, molti del Bangladesh o del Marocco, mi hanno confermato la prima impressione. Ringraziavano e volevano chiacchierare. Ma sono crollati poco dopo, stremati dalla fatica e forse anche dalla paura.

Quando si sono addormentati, sono andata a fare colazione. Oscar, uno dei soccorritori, un ragazzo tedesco che veniva da Sea Watch, mi ha raccontato che il barchino era pieno di datteri che galleggiavano. Ero colpita da questa immagine, ma Luisa diceva che non era inconsueto. La frutta secca è energetica, spesso se la portano dietro. Dopo il caffè, sono salita sul bridge per fumarmi una sigaretta davanti a un'alba piú bella delle altre. Guardavo il Mediterraneo e pensavo a quelli che lo attraversano mangiando datteri.

Il secondo rescue, quello del 24 gennaio, è stato molto piú difficile. È successo di nuovo alla stessa ora, intorno alle due e mezza di notte. Sempre a trenta miglia da Zawiya. Mi hanno svegliata e questa volta non ho avuto bisogno di parole. Mi sono vestita in pochi minuti e sono salita sul ponte di comando. La *Ocean Viking*, che era tornata in zona Sar dopo avere sbarcato le prime trentanove persone a Pozzallo, aveva ricevuto un'altra segnalazione da Alarm Phone. All'inizio sembrava che a bordo del gommone ci fosse una donna che stava partorendo. Mi hanno chiesto se me la sentivo di andare sul primo rhib in questa situazione, ho risposto di sí. Non ho mai partorito e non ho mai visto un parto, ho fatto un grande respiro. Non so come, sono rimasta tranquilla. Sono salita sul rhib ancora appeso alla gru e sono entrata con loro in acqua.

Nessuno ha partorito sul gommone, per fortuna. Ma il soccorso è stato *critico* lo stesso. Esiste proprio una graduatoria. Sos Méditerranée divide i rescue in tre categorie. *A basso rischio*, per esempio il rescue di un gommone non troppo sgonfio, di giorno, con il mare piatto. E con la gente a bordo che mantiene la calma e segue le istruzioni senza agitarsi. *Critico*. E qui le ragioni possono essere molte. Tanto per cominciare, il meteo: un rescue notturno con la pioggia e il mare grosso è molto piú complicato. Ma il vero problema è sempre il crowd control. Il livello peggiore è quello che chiamano *Mcp* (Mass casuality plan). L'incubo di tutti i soccorritori: un grande barcone di legno che si rovescia, per esempio. E tanta gente in acqua. Oppure un'imbarcazione dove ci sono molte persone in fin di vita.

Noi avevamo davanti un livello due. Il mare dalla nave sembrava calmo, invece c'era un'onda lunga di un metro e mezzo che rendeva complicato l'avvicinamento. Avevamo sempre paura di urtarli. Ma Yohann teneva tutto sotto controllo, indietreggiando quel tanto che bastava per contrastare la spinta del mare. Era anche molto buio, facevamo fatica a vedere le persone sul gommone e a misurare la distanza.

A un certo punto, mi sono accorta che un ragazzo, a cavalcioni sul tubolare, teneva in braccio un neonato. Erano entrambi ancora senza salvagente e io ero preoccupata che cadessero in acqua o che gli scivolasse di mano il bambino.

Ma il problema vero era la loro agitazione. Si sporgevano, si muovevano, gridavano. Intanto i soccorritori pensavano quale manovra fare. Con quelle onde avevano paura di sfondare il tubolare con la prua. Hanno scelto di accostarsi, lato contro lato. Anche se il rischio di questa posizione è che tutti saltino sul rhib. Infatti è successo.

Ma non subito. Per primo, ci hanno passato un bambino di

sei mesi. Lo avevano infilato in uno dei nostri salvagenti per neonati, che gli stava chiaramente scomodo. Teneva le braccia allargate come per prendere il volo. Me lo hanno dato in braccio. Non credo di avere mai tenuto nessuno tanto stretto in vita mia.

Mentre caricavano gli altri bambini e varie donne incinte, lui mi sorrideva. Tutto contento. Gli parlavo in francese. Chissà perché in francese, poi. Come se a un neonato importasse qualcosa della lingua. Fra l'altro era somalo, l'avrei scoperto il giorno dopo, e in Somalia si parla inglese o italiano, sicuramente non francese.

Ogni tanto tiravo su il mento alla donna seduta di fronte a me, per controllare che respirasse. Vomitava e si accasciava, il viso nascosto nel salvagente. E mandavo baci a una bambina di cinque anni con un elegantissimo cappellino pieno di strass, la mamma l'aveva vestita a festa per la traversata. Quella bambina e il suo gemello sarebbero diventati molto importanti per me, ma ancora non lo sapevo. Facevo solo quello che i dottori di Medici Senza Frontiere mi avevano insegnato a fare: tirare su il mento alla gente e controllare il respiro.

Poi un ragazzo è saltato sul nostro rhib e tutti si sono spaventati. I soccorritori hanno dovuto dire chiaro e forte che era proibito, per evitare che gli altri lo imitassero facendo rovesciare sia noi che loro. Davanti a quella scena di panico, ho tenuto ancora piú stretto il bambino. Pensavo: se cadiamo tutti in acqua, devo averlo ben saldo fra le braccia. Lui però non collaborava. Si era preso paura e si dimenava. Non funzionava piú nessuna lingua. Ogni tanto riuscivo a calmarlo con il suono di un bacio, ma durava poco. Si guardava intorno, vedeva concitazione e strillava come un matto. Mi hanno passato un ciuccio, ma non avevo abbastanza mani.

Ero cosí concentrata a tenere stretto quel bambino che non mi sono neanche accorta che l'imbarco è stato difficile. Vedevo Massimo che tirava su una donna incinta dopo l'altra, a peso morto, sollevata per le braccia, i piedi che si agitavano nel vuoto. E io, sempre a pensare al mio preziosissimo bambino. Stai fermo ancora un po', patatone. Resisti ancora qualche minuto, ci siamo quasi. Non so descrivere il sollievo che ho provato quando l'ho consegnato alla nave. L'ho visto passare di mano in mano e poi finalmente apparire sul ponte, sano e salvo, tutto allegro e portato in trionfo.

Sono scesa anch'io e non ho piú avuto tempo per lui. Correvo sul ponte di coperta con i vestiti di tutti fra le braccia, bagnati e imbevuti di carburante. E cercavo di dare una mano ai dottori di Medici Senza Frontiere. Manca una coperta! Due persone non hanno ancora avuto i vestiti di ricambio! Dove stanno i pannolini? Accompagnavo le donne in bagno, aiutavo gli uomini a togliersi il salvagente, distribuivo sacchetti per vomitare, traducevo richieste varie. Ogni tanto passavo a trovare il bambino riconsegnato alla mamma. Rideva.

Intanto sul rhib continuava l'incubo. I soccorritori tenevano per mano i naufraghi per non aggrapparsi alle cime fragili del gommone, che si potevano facilmente strappare. Il mare però era agitato, allontanava e avvicinava le due imbarcazioni a suo piacimento, con uno strattone, e i naufraghi non mollavano la presa. Viviana stava per finire in acqua, ma qualcuno l'ha afferrata al volo. La gente aveva paura e cercava di saltare a bordo, peggiorando la situazione. Si aggrappava alla vita ciecamente, in preda al panico.

Sul ponte il principale problema era il carburante, tantissimi venivano mandati subito a fare la doccia per evitare le ustioni. C'era un odore fortissimo, come se avessero rovesciato sul deck taniche di benzina. Un odore che a molti faceva girare la testa. A me no, ma quando l'imbarco è finito mi sono accorta che puzzavano anche i miei vestiti. Di carburante e del loro dolore. L'odore del distress: ormai lo riconoscevo.

Ho buttato tutto in lavatrice e sono corsa a farmi una doccia. Mentre mi lavavo i capelli pensavo: novantadue, novantadue, novantadue. Tutti vivi. E mi sono sentita piú viva anch'io.

Il giorno seguente, il 25 gennaio, è stato il piú lungo della missione. Siamo rimasti in piedi dalle tre di mattina fino alla mezzanotte successiva. Due rescue in ventiquattrore e sette casi di distress: i cinque segnalati da Alarm Phone erano finiti bene, due imbarcazioni erano state soccorse dalla *Ocean Viking*, due dalla *Alan Kurdi* e una dai maltesi. Il sesto caso è stato segnalato dalla nave commerciale *Vos Aphrodite* via Vhf e le persone sono state soccorse dalla Guardia Costiera italiana. Il settimo caso, di cui si è saputo solo dopo, è finito con un respingimento in Libia.

Venivamo dal difficile soccorso della notte precedente che ci aveva fatto sembrare una passeggiata il primo rescue. Erano le quattro del mattino, a circa ventisei miglia da Sabratha. Era un barchino di legno con cinquantanove persone a bordo, quasi tutti marocchini e bengalesi. Il mare era calmo, le persone anche. Hanno seguito le istruzioni senza agitarsi e in un'oretta, intorno alle cinque, era tutto finito.

Questa facilità mi ha spaventata piú del panico a bordo. Oddio, mi sto abituando. Mi dicono: «Target», mi vesto, vado e faccio un rescue senza nessuna emozione, come se fosse la cosa piú normale del mondo. Ma non lo è. Fare la Sar significa questo? Si diventa macchine da salvataggio? Si perde ogni empatia? Invece la Sar è una mescolanza di emozioni e non emozioni, è piú complessa.

Dopo l'imbarco, sono andata a fare colazione. Con l'idea poi di ributtarmi a letto subito. Ma non è stato possibile. Ci hanno chiamati un'ora dopo, dicendoci che c'era un altro target. Ci siamo rivestiti di corsa e siamo saliti sul bridge. La *Alan Kurdi* di Sea Eye però era piú vicina, quindi era meglio che intervenissero loro.

Giusto il tempo di pranzare e qualcuno ha pronunciato di nuovo la parola *target*. Ancora? All'inizio credevo che fosse uno scherzo («Mi state prendendo in giro» «No, Cate»).

Però l'imbarcazione segnalata era lontana, ci abbiamo messo tre ore a trovarla. Abbiamo raggiunto la posizione, in Sar maltese, intorno alle cinque di pomeriggio. I rhib erano già stati calati, stavano per essere lanciati. Noi eravamo pronti, ognuno al suo posto, quando dal ponte di comando è arrivato l'ordine di fermarsi.

Malta, che coordinava l'operazione, non ci autorizzava a intervenire. Volevano mandare una delle loro navi, che sarebbe arrivata nel giro di due ore. Sulla nostra testa volava un Osprey, un aereo di Eunavfor Med: aveva scattato delle foto e assicurava che l'imbarcazione era stabile. Sosteneva che non ci fosse nessuna urgenza. Ma valutare dall'alto e con una visione bidimensionale lo stato di un barchino è una cosa, valutarlo a livello del mare, a mezzo metro di distanza, è un'altra. E ce ne saremmo accorti.

Intanto Luisa, dal bridge, insisteva perché ci consentissero almeno di distribuire i salvagenti e di controllare che a bordo non ci fosse nessuno con problemi di salute. Ci hanno dato il permesso. Ci siamo lanciati.

Il mare era calmo, ma era molto buio. Nuvole scure, niente luna, nessuna stella. Quando abbiamo puntato i riflettori sul barchino di legno, ci è mancato il respiro. Era quasi identico a quello soccorso poche ore prima solo che a bordo non c'erano cinquantanove persone, che erano già tante in pochi metri, ma settantadue. E soprattutto era pericolosamente inclinato. Il motore era fuori uso e lo scafo pieno d'acqua, si sentiva un odore forte di benzina.

I soccorritori hanno cominciato a distribuire i salvagenti, ma c'era un problema: occupavano spazio e lo spazio non c'era. Quindi le persone hanno cominciato a muoversi perché non ci stavano piú.

Abbiamo visto il barchino oscillare, facendo scivolare la gente da un lato e poi dall'altro. Un'oscillazione al rallentatore. È la piú pericolosa, quella lenta. Cosí succede quando le barche si ribaltano: oscillano piano. Il bordo sfiorava l'acqua e poi risaliva di un metro e mezzo. I rescuer cercavano di tenere fermo il barchino fra i due rhib, aggrappandosi anche con le mani, ma era troppo instabile. Tutti noi pensavamo: adesso cadono in mare, è finita.

Ogni volta che il barchino era sul punto di rovesciarsi, loro urlavano. Fissavo quei volti terrorizzati e pensavo: è la prima volta che li vedo e anche l'ultima. Li guardavo uno per uno: devo guardarli bene in faccia perché fra poco saranno morti tutti, e nessuno saprà che faccia avevano. Io devo saperlo, devo riuscirci. Quella ragazza con il velo. Quel ragazzino con i ricci. Memorizzali, forza. Mi sentivo la loro tomba.

Arrivati a questo punto, il team leader ha preso la decisione e ha detto al ponte di comando, via radio: «Io li prendo a bordo». Luisa era d'accordo. Contemporaneamente ha ordinato di preparare per il lancio il terzo rhib.

I ragazzi che stavano all'imbarco si sono guardati. In caso di emergenza, sul terzo rhib ci vanno loro. Sanno perfettamente cosa significa la richiesta del terzo rhib. Vuol dire: fra poco ci sarà un naufragio.

Intanto noi abbiamo iniziato a prendere a bordo di *Easy 1* la gente. E qui è cominciato il delirio. Tutti si tuffavano sul nostro gommone. Alcuni uomini sono saltati su una donna incinta, schiacciandola. Non posso dimenticare le sue urla. Piangeva e gridava: «Sto perdendo il bambino, sto perdendo il bambino». YoYo guidava alla cieca, la gente gli copriva la visione e, cosa ancora piú grave, si aggrappava alla consolle, toccando gli strumenti, il timone, l'acceleratore. Mi chiedeva di contarli ma era impossibile. Arrivavo a quindici e subito altri due si lanciavano. Diciassette! Anzi no. Venti. Tre si erano appena buttati sulle teste e sulle gambe degli altri. Tutti gridavano. L'inferno.

Quando sono salita sulla nave per lasciare il posto a Claudia, ero terrea. Massimo mi ha tirata su. «Stai bene, Cate?» «Sto bene», facevo cenno di sí con la testa, ancora stordita. «Com'è la situazione là?» «Un film dell'orrore», ho risposto.

Sono riuscita a rendermi conto che erano tutti vivi solo il giorno dopo, quando ho distribuito la colazione. *Good morning*.

Ma non era ancora finita. Era il primo pomeriggio del 26 gennaio, la *Ocean Viking* era già davanti alle coste della Sicilia in attesa di un porto, quando Luisa mi ha chiamata sul ponte per dirmi che Malta aveva diramato dei Navtex per segnalare tre casi di distress. Navtex? Avevo gli occhi sbarrati. Ma davvero? Erano secoli che non succedeva.

I Navtex sono avvisi ai naviganti che, fra le altre cose, dovrebbero segnalare tutte le imbarcazioni in pericolo. Uso il condizionale perché negli ultimi anni questo tipo di segnalazioni erano sparite, come se non ci fossero state piú partenze.

Ero ancora piú stupita quando ho saputo che la Guardia Costiera libica aveva cortesemente risposto che potevamo andare noi a soccorrere le imbarcazioni. Ma che succede? Di colpo tutti rispettano la legge del mare e il diritto internazionale? Sono impazziti?

Luisa ha preso una decisione molto coraggiosa. «Ci sono tre imbarcazioni in pericolo? Nessuno va a soccorrerle? Beh, io torno giú in zona Sar, e mi porto dietro le duecento persone che ho sul ponte, pazienza. Mica si possono lasciare là». Mi faceva vedere dov'erano sulla carta, aveva il viso stravolto. Appoggiava il dito sulla mappa e indicava le posizioni, cerchiate a matita. Due target erano abbastanza vicini fa loro, il terzo era molto lontano dagli altri due. «Prima andiamo qui, – diceva, – perché ce ne sono due. E, dopo averli soccorsi, andiamo a cercare il terzo. Speriamo che resistano».

Una scelta difficilissima, straziante. È terribile essere costretti a decidere chi deve vivere e chi deve morire. Ma la Sar è anche questo. La logica è inesorabile: è numerica. Meglio salvare due imbarcazioni e rischiare di perderne una sola. Guardavo il terzo puntino sulla carta, laggiú, isolato, quello che avevamo scelto di sacrificare. «E quanto ci mettiamo ad andare dai primi due al terzo?» «Almeno dieci ore», mi ha risposto Luisa. Ho chiuso gli occhi.

Il terzo target, alla fine, sarebbe stato soccorso dalla Guardia Costiera maltese. Ma in quel momento noi non lo sapevamo. Malta aveva diramato i Navtex proprio per dire che loro non potevano occuparsi di nessuno. In questi casi puoi fare una cosa sola: smettere di pensarci. Ed è cominciata la nostra corsa. La Sar, splendida e spietata, è un campo magnetico. E il suo vettore è la vita.

Intorno alle sei di sera abbiamo raggiunto il primo target, in Sar libica: un gommone con centodue persone a bordo, pieno di bambini. YoYo pilotava il rhib cantando una ninna nanna francese.

Mi ricordava il mio primo rescue, a bordo della *Mare Jonio* – il primo rescue è come il primo amore – e rivivere quella emozione era bellissimo. Ancora non sapevo che c'era un'ombra su quel soccorso, apparentemente cosí felice: il gommone era pieno di gente ustionata dalla miscela di benzina e acqua di mare, bambini compresi.

Il giorno dopo, mentre giocavo con loro, a un certo punto mi hanno fatto vedere i segni delle ustioni. Ha cominciato una bimba e gli altri l'hanno seguita a ruota, neanche fosse stata una gara. «Io qui!» «Io qui!» C'era chi indicava il viso e chi mostrava la bruciatura sul petto. «Io qui!» «Io qui!» Tutti ne avevano. Sorridevano, mi facevano vedere peluche e trattori, le guance coperte di ustioni.

Finito il primo rescue, il tempo di tirare su i rhib, e la nave era già ripartita. Non c'era tempo da perdere, bisognava trovare il secondo target, in Sar maltese.

Malta aveva dato la posizione e quando siamo arrivati il radar ha individuato una presenza. Dico presenza perché neanche con i binocoli notturni riuscivamo a vederli. Ci siamo fermati perché avevamo paura di investirli con la nave e siamo andati a cercarli con i rhib.

Ero su *Easy 1* e ho assistito alla ricerca. Era cosí buio che non si distingueva il cielo dal mare, vedevo solo i coni di luce delle torce che frugavano la superficie nera dell'acqua. I rhib di Sos Méditerranée di solito non si allontanano molto dalla nave madre, come quelli di Open Arms. Ma stavolta era necessario. Vedevo la *Ocean Viking* che si riduceva a un bagliore sempre piú piccolo nel buio assoluto. Ma dove sono?

Quando finalmente sono apparsi piú o meno come appare un fantasma, sul loro gommone bianco, ci siamo subito resi conto che non erano per niente fatti dello stesso tessuto dei sogni: non stavano zitti un attimo. C'era addirittura un ragazzo con il cellulare sollevato che faceva un video. Un video durante il soccorso? Il team leader era furioso: «Mettete via quel telefono! Questo è un salvataggio!»

Mi ha molto colpita la chiacchierata che ho fatto a questo proposito con Margarete Twenhöven, per tutti Maggie. Lei era molto diversa da Basile, anche se aveva il suo stesso ruolo a bordo di *Easy 2*. «Sai, mi interrogo, – mi diceva. – In fondo sono ragazzi giovanissimi. Quando ci vedono arrivare, devono mettere da qualche parte la loro energia. Erano convinti di morire, di colpo le cose cambiano, è normale essere emozionati».

Alle tre di notte il ponte di coperta era pienissimo. Quattrocentosette persone. *Cinque rescue in settantadue ore*: qualcosa di incredibile di questi tempi. Eravamo tutti cosí esausti che non ci era rimasto un filo di energia per la contentezza. Ma ci bastava sapere che era lí. La contentezza, a differenza di un target, può aspettare.

## Triage

*L'elicottero.*

I Medevac sono sempre drammatici, ma in elicottero lo sono ancora di piú. Quel pomeriggio dovevano portare via una donna che aveva ustioni profonde provocate dalla miscela di acqua di mare e carburante, la miscela maledetta.

Assistevo alla scena dal ponte di comando della *Ocean Viking*, c'era un silenzio assoluto. Si sentivano solo sospiri. I naufraghi erano stati radunati dentro ai container e quelli che non ci stavano sotto una tenda. Guardavo dall'alto il deck vuoto e lo trovavo sinistro. Quattrocento persone di colpo scomparse, come in una nave fantasma.

Il trasbordo mi è sembrato infinito, non so quanto sia durato in realtà. «È una delle operazioni piú pericolose in assoluto, – mi aveva raccontato solo qualche giorno prima un ufficiale bulgaro. – Basta un piccolo errore del pilota e l'elicottero si schianta contro la nave –. Mi aveva parlato di Medevac in elicottero molto complicati: di notte, con il vento forte e il mare mosso. – Roba da restarci secchi tutti», sospirava. Forse avrei preferito non saperlo. Faceva già abbastanza impressione vedere un elicottero dell'aeronautica maltese a pochi metri dal vetro a cui ero appoggiata.

La donna aveva tre bambini che sono stati caricati su un cestino di metallo, li vedevo oscillare nel vuoto e mi chiedevo se avessero paura o se a loro sembrasse un gioco. Chissà. Io sarei stata terrorizzata a trovarmi lí appesa: una fune d'acciaio a sollevarti dalla nave, il mare spazzolato dal vento, appiattito dalle pale in un punto e subito oltre quel raggio grandi spruzzi, i fogli che volavano sopra i sacchi di salvagenti, la porta dell'elicottero aperta e l'entrata traballante, metà dentro la cabina e metà fuori, mani che ti tirano e tu che non sei ancora certo di essere arrivato, perché la manovra è lunga, guardi giú e ti vengono le vertigini.

Ancora piú inquietante è stato vedere la barella arancione alzarsi dal ponte e dondolare; la sua lenta ascesa, durata forse pochi minuti, a me è sembrata un'eternità. Lei, divorata dalle ustioni, di colpo in cielo, verso quello strano paradiso, sospesa e in attesa – di smettere di soffrire tanto, almeno.

Quell'affidarsi al vuoto mi turbava davvero. Forse perché sono scene che siamo abituati a vedere solo nei film d'azione, nella loro magnifica irrealtà, e dal vero il nostro cervello si trova impreparato, non sa dove collocarle. Scene che rimandano automaticamente al fuoco, è l'unica esperienza visiva che hai. E a me il fuoco fa paura. In un film d'azione, quando l'elicottero compare, ci si aspetta un'esplosione. Quindi devi crearti nella testa un'alternativa contro anni e anni di cinema, devi lottare con un cervello plasmato, perché i tuoi neuroni non hanno altri percorsi noti. Io – come chiunque altro che non abbia mai visto prima un Medevac in elicottero da una nave, suppongo – inconsciamente pensavo: adesso ci arriva addosso e bum, saltiamo per aria tutti.

Vedevo la gente, piegata dal vento, che allacciava e slacciava cinture e faceva gesti con le braccia. Sembravano alpinisti in una tormenta. Piloti che si calavano dal cielo e risalivano aggrappati a una barella come acrobati. E quell'elicottero, troppo vicino a me anche in linea d'aria, cosí instabile, che faceva fatica a stare fermo: il suo sforzo per non andare né avanti né indietro, fra oscillazioni e brusche retromarce. Sentivo le gambe svuotarsi, mi sono aggrappata al corrimano.

Quando tutto è finito, dopo avere sceso le scale dal ponte di comando ancora traballante, ero incazzata nera con me stessa. Di solito succede quando non capisco le mie paure. Quando mi sorprendono, quando non riesco a metterle a fuoco, quindi ad affrontarle. Non hai paura ad andare sul rhib, di notte e con il mare mosso, non hai paura durante una tempesta in barca a vela, non hai paura davanti a scene di panico in un soccorso e poi ti cedono le gambe davanti a un elicottero? Che senso ha?

Cosí però si entra nei baratri a cui ti porta la Sar. Con la letteratura sei obbligato a entrarci: tu e il baratro siete una cosa sola, se vuoi fare seriamente il tuo mestiere. La Sar è diversa, direi che è l'opposto: dal baratro devi stare lontano, se vuoi continuare a farla. Infatti poco dopo mi sono rivestita: casco, salvagente, stivali e guanti. C'era un altro target, molto piú importante di tutti i nostri baratri.

Pensavo alle esercitazioni che avevamo fatto con Medici Senza Frontiere. Non erano mica tanto astratte. Porta una barella pieghevole dal rhib alla nave e poi dalla zona in cui ci s'imbarca alla clinica. Non era semplice come sembrava, in un ponte pieno di inciampi, che magari ondeggiava, scavalcando cime e salvagenti buttati a terra. E nemmeno capire come sollevarla e passarla agli altri, attraverso una catena di persone, era tanto facile. Mica ti può cadere a terra un ferito. Basta mettere la mano nella posizione sbagliata e la maniglia, magari bagnata, ti scivola.

Avevamo fatto mille esercitazioni anche in caso di Medevac in elicottero. Prova a portare una barella su per due scalinate. Sudare è il meno, si devono tirare cime, bisogna studiare i percorsi, senza farla sbattere troppo, possibilmente. Per essere sicuri che tutto funzionasse, si usavano persone vere. E ridevamo moltissimo quando qualcuno si offriva volontario.

Poi è successo davvero, e nessuno rideva. Porta un grande ustionato su per due scale, fino al ponte piú alto di poppa. Provaci. Nessuno provava, le prove erano state fatte prima. Si faceva sul serio e basta. Magari sapendo che quell'angolo bastardo andava preso in un certo modo. Ecco a cosa servivano i training.

Il training che mi angosciava di piú era quello dedicato al massaggio cardiaco. E io dovrei rianimare qualcuno? Mi insegnavano a premere il petto con le mani sistemate nel modo giusto, esattamente in mezzo allo sterno, e a farlo anche molto forte. «E se gli spacco le costole?» «Pazienza», mi rispondevano. Come *pazienza*?

Mi consegnavano il manichino di un neonato. «Non devi tirargli su il mento, come a un adulto, altrimenti soffoca. Ci vuole forza, ma non troppa, se no lo ammazzi». «No, cosí non va bene, lo stai facendo troppo piano. Cosí ti muore fra le braccia». Poi mi passavano l'Ambu, il pallone autoespandibile che aiuta la respirazione. «Lentamente. Cosí. Ora provalo su un neonato». Mi tremavano le mani anche se il bambino era di plastica.

No, scusate, ci dev'essere un errore. Questa è la nave di Medici Senza Frontiere, siamo pieni di dottori, perché dovrei farlo proprio io? Non voglio. Non posso. Invece, che tu lo voglia o no, *devi*. Se c'è un naufragio e sul ponte ci sono troppe persone da rianimare contemporaneamente, anche i marinai s'improvvisano infermieri. È capitato molte volte. E alle tue mani inesperte viene affidata la vita di qualcuno.

*Triage visivo.*

Come funziona un triage su una nave l'ho imparato sul campo, a bordo della *Mare Jonio*, al fianco di Donatella Albini e Stefano Caselli, e sulla *Ocean Viking*, insieme a medici svedesi, inglesi, sudafricani di Medici Senza Frontiere. Ma prima ancora da Irene Paola Martino, che si era fatta sette mesi di seguito sulla *Bourbon Argos*. Eravamo a Milano, nella sua cucina. Era la primavera del 2019 e io non avevo ancora visto un rescue, mi voleva preparare.

«Un primo triage visivo si fa durante l'imbarco, mentre la gente sale sulla nave. Il fatto che una persona riesca da sola a salire la scaletta, a trasferirsi dal rhib al ponte, o comunque anche solo a camminare, è già un primo triage», diceva. «Un infermiere esperto in medicina d'urgenza distingue a colpo d'occhio chi ha bisogno di un intervento subito e chi può tranquillamente aspettare. Alcune cose te le dicono dal rhib, via radio, – mi spiegava. – I soccorritori mi avvertivano e io dicevo al comandante di tenere pronto il verricello, per esempio. Considera che, per tirare su una persona con la barella, ci vogliono circa quattro minuti. Se il verricello è già pronto.

Altrimenti di piú. Un minuto per fissarlo alla barella e altri tre per sollevarla fino al ponte».

Solo quando tutti sono a bordo si può fare un triage vero e proprio. Anche perché, durante la traversata, hanno addosso una scarica di adrenalina tale che non sentono il dolore. Si accorgono di avere male solo quando sono sulla nave. La maggior parte delle ferite sono provocate dalle punte di metallo che tengono insieme le assi del gommone. Ma i ragazzi non lo dicono nemmeno, te ne accorgi perché lasciano una scia di sangue. A bordo della *Ocean Viking* c'erano molte persone che zoppicavano, prendevano la loro coperta, la loro bottiglietta d'acqua, traballanti, e si andavano a sedere da qualche parte, in silenzio. E si presentavano dal medico soltanto il giorno dopo. Uno squarcio sul piede o sulla coscia, carne viva, aperta, cosa vuoi che sia. In confronto al resto.

«Durante un triage, devi capire se c'è qualcuno che ha difficoltà respiratorie, – diceva Irene. – Lo riconosci dal modo in cui cammina, perché fa piú fatica. Uno stress respiratorio può essere legato al caldo, alla disidratazione, a una polmonite. Oppure, cosa ancora piú grave, a un'intossicazione dovuta al carburante». E questo sí, che è un problema.

*Ustioni chimiche.*

A bordo di un gommone, gli uomini viaggiano a cavalcioni sui tubolari e le donne e i bambini seduti al centro, come se fosse piú sicuro. Invece non è piú sicuro. I gommoni hanno motori da quaranta cavalli quindi è impossibile arrivare in fondo alla traversata senza fare un rifornimento di benzina. Allora i trafficanti imbarcano delle taniche con del carburante. «A un certo punto, il motore si ferma e bisogna rifornirlo di benzina. Ma nessuno è capace di farlo, cosí il carburante esce fuori, – diceva Irene. – In aggiunta, le taniche di plastica sono le stesse che usano in Africa per andare a prendere l'acqua. Non sono a tenuta stagna, perché non sono fatte per il carburante. Perdono, si surriscaldano, si forano facilmente. Il carburante che si rovescia sul fondo si mescola all'acqua salata. Basta una piccola onda, uno schizzo. Il benzene è una sostanza chimica, è un idrocarburo, e mescolato all'acqua di mare crea una miscela fatale. Il benzene è tossico sia per esalazione che per assorbimento dalla cute. Quindi ci sono due possibilità. Uno, evapora e tu lo inali. Due, ci stai seduto sopra e ti crea delle ustioni. Con il passare delle ore, le lesioni diventano piú estese e piú profonde. Un'ustione chimica è esattamente come un'ustione da incendio. Solo che non arrivi al terzo grado perché muori prima per intossicazione, muori di asfissia, – mi spiegava. – La gravità di un'ustione si stabilisce in base alla superficie corporea affetta, che può essere anche il quaranta per cento, e dalla profondità della lesione. Dato che queste donne stanno sedute, le parti del corpo piú colpite di solito sono i genitali, i glutei e le gambe. Il livello del dolore è spaventoso. Ma, finché sei concentrato sulla sopravvivenza, non lo realizzi. Per questo quando la gente sale sulla nave, noi ci pieghiamo e li annusiamo come cani. Bisogna separare quelli che hanno addosso quell'odore, farli spogliare e mandarli subito a fare la doccia con acqua e sapone».

Ricordo Mimansa, medico di bordo di Msf, svedese, che annusava con grande discrezione. Per non piegarsi in modo troppo evidente, teneva le loro mani nelle sue e si chinava per sussurrare un benvenuto. Cosí la gente, per ascoltare quello che diceva, era costretta a avvicinarsi al suo naso. Mimansa muoveva appena le narici e poi, con un gesto gentile, li mandava verso le docce. Con il sorriso.

Mimansa aveva passato anni interi in posti di guerra: in Iraq, in Siria, in Afghanistan. Altissima – le arrivavo sotto la spalla – aveva i capelli rosso fuoco e faceva paura ai bambini. Ogni volta che li prendeva in braccio, si mettevano a piangere. Ma c'era una spiegazione: i bambini piccoli, cresciuti in un lager, identificano i bianchi con i libici, quindi ne hanno paura. E lei, nordica, era bianchissima.

Durante il triage, cercavo di aiutarla, portando valanghe di vestiti imbevuti di carburante in un cesto speciale. Alla fine puzzavo talmente tanto di benzina anch'io che dovevo fare subito una lavatrice. Ricordandomi di pulire bene il filtro dell'asciugatrice prima e dopo. Perché la maggior parte degli incendi sulle navi non sono dovuti agli elicotteri che portano via un grande ustionato e nemmeno ai loro vestiti infiammabili. La maggior parte succedono per colpa delle asciugatrici, di quei resti lanosi che si surriscaldano. Chi l'avrebbe mai detto.

A bordo, agli ustionati si danno analgesici, paracetamolo e ibuprofene. Robetta, per un dolore cosí tremendo. Del resto, mica si può imbottire tutti di morfina. Per i casi gravi invece ci sono dei protocolli per la reidratazione endovenosa e bisogna richiedere l'evacuazione.

«Se l'ustione è al volto o al collo, alle mani o ai piedi, scatta il Medevac. Medevac anche se è estesa a tutta la gamba o a tutto il braccio perché si rischia la sindrome compartimentale, – diceva Irene. – I tessuti ustionati, a un certo punto diventano ematosi e si gonfiano, comprimono le strutture vascolari e nervose e provocano delle necrosi. In questi casi, deve intervenire il chirurgo con una fasciotomia, cioè incidendo i muscoli per rilasciare i tessuti e fare riprendere la circolazione. È un'operazione che puoi fare solo in ospedale, certo non su una nave».

Era quello che avrebbero fatto a quella donna ivoriana, portata via in elicottero. Ricordo la preoccupazione di Mimansa, che era sul bridge con me, quando ha visto calare il cestino di ferro, perché sapeva che non poteva stare seduta. Infatti il cestino era per i suoi bambini. E chissà cosa pensava lei nella barella, stordita dal dolore e dai farmaci, mentre guardava da sdraiata quel cestino con i suoi figli dentro sollevarsi, e volare.

*Bandiera gialla.*

Se vuoi salvare la gente nel Mediterraneo, devi sapere come si muore nel Mediterraneo. Per annegamento. *Annegamento*, si scriveva su una lavagna. Qualcun altro alzava la mano. Per le ustioni. Si aggiungeva *ustioni*. Poi *asfissia*. Poi *compressione toracica, avvelenamento da carburante, ipotermia, disidratazione*. Un elenco spaventoso.

Le morti da compressione toracica, in parole povere da schiacciamento, sono terribili. E si torna ai dieci centimetri d'acqua. Non conosco nessun soccorritore che non abbia dovuto svuotare il fondo di un gommone dai cadaveri, che non abbia dovuto separare i vivi dai morti che avevano addosso. A me, per fortuna, non è successo. Negli ultimi anni si trovano ancora cento persone in dieci metri, ma non duecento. E fa la differenza. Non capita piú di vedere la gente che viaggia *in piedi*, con tutte le conseguenze che comporta.

In ogni caso, quando si trovano dei cadaveri, il medico di bordo deve specificare la *presunta* causa di morte al ministero della Salute. Certo non si può fare un'autopsia a bordo, e nemmeno una diagnosi certa, perché servirebbe un laboratorio. Al massimo si può comunicare una sospetta meningite o una sospetta tubercolosi.

Tutti mi hanno detto che le autorità entrano nel panico quando si parla di malattie infettive. In parte è comprensibile, in parte no. Almeno prima del Covid. Nel nostro immaginario *bandiera gialla* significa nave infetta, contagiosa. Come ai tempi della peste, come in un romanzo di Conrad. Invece, nel linguaggio nautico, vuol dire il contrario. Bandiera gialla significa libera pratica o lettera Q: nessun pericolo da un punto di vista sanitario, nessuna epidemia a bordo. La bandiera che fa paura è diversa: è gialla e nera, a scacchi. Significa che la nave è in quarantena, e va isolata. Se è in navigazione, va fermata.

Prima del Covid le paure che venivano alimentate erano assurde. Pura propaganda sovranista, senza fondamento scientifico. I migranti portano l'ebola, il colera e la peste? Certo, come no. Irene, appena tornata da un'epidemia di colera in Mozambico, rideva: «Una persona con l'ebola muore nel giro di tre giorni, non riesce nemmeno ad attraversare il confine del suo paese. Il colera? La peste? Impossibile. Un malato di peste o di colera non arriva vivo in Libia».

Con il Covid, invece, il discorso è cambiato. E la Sar è diventata molto pesante. Le navi Ong hanno preso molto sul serio l'epidemia. Un giorno Fulvia, che nel frattempo aveva cominciato a lavorare con Sos Méditerranée, mi ha mandato una sua foto insieme a Viviana a bordo della *Ocean Viking*. Erano bardate come in un reparto di terapia intensiva. Tuta bianca, guanti, maschera per gli occhi, ffp2. Praticamente dei palombari. Non oso immaginare quanto sia faticoso stare in mare cosí. E che stress comporti condividere gli spazi piccoli di una nave. Mangiare a turni alternati, per mantenere la distanza. Nessun contatto concesso, in una situazione in cui abbracceresti chiunque pur di sentire un po' di calore umano. Per non parlare della lunghezza delle missioni. Se prima duravano un mese, durante la pandemia ne duravano almeno due: tampone e quarantena dell'equipaggio prima di imbarcarsi, un mese di soccorsi e altri quindici giorni di quarantena a bordo prima di sbarcare.

Sulla *Ocean Viking* veniva fatto un tampone ai naufraghi e i positivi venivano subito isolati. Li sistemavano in una cella frigorifera (naturalmente spenta) sul ponte rialzato. Tanti altri spazi non c'erano. Figuriamoci sui rimorchiatori piú piccoli, quanto poteva essere difficile. Per i migranti sono state inventate le navi quarantena come la *Moby Zazà* (su cui qualcuno si è anche suicidato) e gli sbarchi sono diventati lunghissimi, duravano almeno tre giorni.

Del resto, era giusto essere prudenti, tutelare sé stessi, gli altri e l'Italia. Ma le quarantene significano navi umanitarie bloccate, quindi naufragi. Per non parlare dei fermi amministrativi, con ogni scusa, lontanissimi da ragioni sanitarie («A bordo ci sono troppi salvagenti»).

Tra le malattie infettive piú diffuse c'è invece la scabbia. Nei centri di detenzione in Libia ci sono dei materassi di gommapiuma talmente infetti, che è impossibile evitarla. «Generalmente, non è un problema, si cura con una terapia dermatologica, – mi spiegava Irene. – Ma esiste la forma crostosa norvegese, che è grave. A volte è necessario il ricovero in ospedale in isolamento e bisogna fare la terapia parenterale per via endovenosa».

A bordo della *Ocean Viking*, quelli che avevano la scabbia portavano un braccialetto verde. Era pieno di braccialetti verdi. Ricordo una donna che aveva il viso devastato. «Mi fa tanto male», diceva. La scabbia ti fa vergognare di te stesso: abbracciavo tutte le ragazze e non avevo il coraggio di toccare lei. Certo non me la sarei presa cosí, ma era piú forte di me.

Anche a bordo della *Mare Jonio* mi ero vergognata. Il problema è psicologico: se hai paura di averla, ti gratti. E cosí, Fulvia e io non potevamo fare a meno di scambiarci di nascosto una saponetta allo zolfo, anche se tutti ci prendevano in giro («Noi non la stiamo usando, eh»).

«È provocata da un parassita che lavora sotto la cute e si muove di notte. Scava delle microlesioni a livello sottocutaneo e, scavando, defeca. Questi escrementi che lascia sotto la pelle causano un prurito pazzesco. Ma piú ti gratti, piú ti infetti. La trovi soprattutto nelle mani, nelle natiche, nei genitali, tra le dita dei piedi e nei gomiti. Alla fine va in giro dappertutto. In faccia di solito no, perché il viso è piú esposto al sole. Quando arriva alla faccia vuol dire che tutto il corpo è infetto. Non è mortale, ma è una tortura». Chissà quanto soffriva quella donna che non avevo il coraggio di abbracciare.

Un giorno Riccardo mi ha raccontato una storia che non posso dimenticare. Era il 2017, la Guardia Costiera italiana aveva chiesto a Open Arms di prendere a bordo un ragazzo soccorso da Sea Eye, perché sulla *Golfo Azzurro* avevano un piccolo ospedale. Si chiamava Samuel, era incosciente. Il medico di bordo aveva notato subito una certa rigidità nel collo, i sintomi di una sospetta meningite. «Samuel aveva quaranta, quarantuno di febbre, – mi raccontava Riccardo. – Cercavamo di fargliela abbassare, perché poteva danneggiare l'organismo: congelavamo bottiglie e gli buttavamo addosso l'acqua ghiacciata. Erano le nove di mattina e abbiamo chiesto subito l'evacuazione».

La rimandavano continuamente dando risposte evasive. Ma hanno commesso un errore: avevano dimenticato il telefono acceso e Riccardo ha sentito tutta la discussione fra la Guardia Costiera e il medico che decide l'evacuazione a livello nazionale. Il medico insisteva per un Medevac subito, ma il comandante si opponeva. Intanto Samuel ha avuto un arresto respiratorio, è stato intubato. Di notte, si è presentata una motovedetta. I due medici si sono trovati davanti un ragazzo ormai in coma. A loro avevano detto che aveva solo la febbre. Volevano portarlo via, ma Riccardo non era d'accordo perché sarebbe stato impossibile continuare con la respirazione assistita. Il mare si era molto alzato e non si poteva trasbordare con una Charlie Papa una persona in quelle condizioni. Ci avrebbe pensato la nave a portarlo fino al porto di Lampedusa, dove poteva essere ricoverato.

«Il giorno dopo, mi sono svegliato alle sette e ho visto un messaggio, – mi raccontava Riccardo. – Un volontario di Sea Watch era caduto dalle scale e aveva battuto la testa intorno a mezzanotte, l'avevano evacuato subito e stava già bene, era fuori dall'ospedale. In sei ore. Noi avevamo tenuto a bordo Samuel, in quelle condizioni, dalle nove di mattina a mezzanotte. Ho chiamato il comandante della Guardia Costiera di Lampedusa per sapere come stava. Samuel era morto. Hanno dichiarato la morte per complicazioni dovute a *un principio di annegamento*». Aveva ventotto anni, Samuel.

# Deck

*Mr. Bean, TikTok e Ramino.*

Mi sono accorta che, in situazioni estreme, la cosa che piú si desidera è la normalità. Basta anche una parvenza. Non credo che dimenticherò le risate dei ragazzini bengalesi, tutti adolescenti, davanti a Mr. Bean, proiettato sulle pareti ondulate del container. Il cinema, finalmente. Loro, che in cella mangiavano solo pane secco e quella sera avevano nello stomaco una zuppa confezionata e un biscotto energetico, ridevano e ridevano davanti a Mr. Bean alle prese con un'aragosta in un ristorante di lusso. Mr. Bean vinceva qualsiasi barriera linguistica: poteva ridere anche chi conosceva solo un dialetto e nessuna parola straniera. E poteva ridere chi, appena la sera prima, aveva creduto di morire.

Le vie della comunicazione umana sono infinite. Nel primo rescue della *Ocean Viking*, le ragazze a bordo, tutte marocchine, non parlavano né inglese né francese, solo arabo. C'era Suha, palestinese canadese, esperta di affari umanitari di Medici Senza Frontiere, che faceva da interprete. Ma quando ero sola con loro dovevo inventarmi altro, qualcosa che non fosse una conversazione. Quasi tutte soffrivano il mal di mare quindi il massimo che potevo fare era sostenerle mentre barcollavano verso il bagno e accompagnarle a vomitare. Due carezze e un paio di respiri insieme. Ma una di loro no. Aveva diciannove anni e stava benissimo. E aveva bisogno di scaricare da qualche parte la sua energia. Le diciannovenni sono tutte uguali, non importa se le incontri in mezzo al Mediterraneo e non parlano la tua lingua. Con le diciannovenni la comunicazione passa attraverso il cellulare. La propaganda sovranista si accanisce sui cellulari.

Sono la memoria della loro vita. Partono per sempre, senza bagaglio, soltanto con il telefono. Diventa la cosa piú preziosa che hanno. Anche perché è l'unica.

La sua prima manifestazione di affetto è stata la richiesta di un selfie, facendo un cuore con le dita. In realtà quasi tutti vogliono un selfie, impazienti di arrivare a terra e postare. Come tutti i ragazzi del mondo. Del resto, il Mediterraneo è il mare dei giovani: lo affrontano bambini, adolescenti e ventenni. Un trentenne si trova raramente e, se finisce lí in mezzo, tutti lo considerano *un vecchio*.

Per farsi conoscere meglio, la ragazza mi ha fatto vedere i video musicali che girava a casa sua, in Marocco, e caricava su TikTok. Con tutti gli effetti speciali, naturalmente. Lei che balla con muso e baffi da gatto, con un fiore in testa. Con gli occhi azzurri e le ciglia lunghe, truccata da un filtro. Uno di questi mi aveva molto colpita: lo aveva girato su un barchino azzurro, in spiaggia. Un barchino identico a quello su cui l'avremmo trovata. Come fosse finita su quel secondo barchino, fatale, non l'ho mai saputo. Non aveva nessuna voglia di raccontare la sua storia, preferiva ballare.

E cosí dava lezioni di danza del ventre a me e a Claudia, la giornalista portoghese che i migranti avevano soprannominato Hermione perché secondo loro assomigliava al personaggio di *Harry Potter*. Per me erano mosse troppo difficili, ma Claudia le stava dietro. Quando era stufa di ballare, voleva giocare a carte insieme ad altri ragazzi. «Rami, Rami», diceva. Mai avrei immaginato di giocare a carte con dei naufraghi soccorsi la notte prima.

Il deck ti stupisce. Possono capitare dei ragazzini di sedici anni che vogliono parlare di *pianeti*. Era stata l'ultima lezione quando erano ancora in Bangladesh e andavano a scuola. Poi tutto si era interrotto, in Libia li avevano messi a cercare oro. Ma a loro era rimasta la curiosità e cosí chiedevano ad Alessandro: «E Venere dov'è? E Giove? E Urano?» Erano stati ripescati dall'acqua il giorno prima e sentivano il bisogno di ricominciare da quel cielo che solo in mezzo al Mediterraneo puoi vedere. «E Marte?»

*Il delicato equilibrio di un ponte.*

Il ponte di coperta è il regno degli sbalzi d'umore. Sono tutti ragazzi, ma sono ragazzi traumatizzati, quindi appena consegni un altoparlante li vedi ballare come in discoteca e litigare per scegliere la canzone su YouTube, e un attimo dopo accasciarsi senza sguardo e senza parole, o piangere con la testa nascosta da una coperta. Il deck è il regno dei bipolari.

Capita sempre il caso psichiatrico. Si manifesta all'improvviso, magari dopo giorni in cui è rimasto in un angolo, isolato e silenzioso, rannicchiato da qualche parte. Poi qualcosa – chissà cosa – lo fa scattare e allora terrorizza tutta la nave con le sue urla, la sua furia. Spinge, scalcia, grida la sua rabbia al cielo e al mare. Il ponte precipita nel silenzio, tutti gli altri arretrano e lo fissano, intorno a lui si crea il vuoto. Si fanno avanti i soccorritori piú alti e piú muscolosi, per cercare di calmarlo, per tenerlo fermo. Poi si avvicina cauto il personale medico. Va sedato, non c'è alternativa. Se alla lunga diventa ingestibile, va evacuato. Non puoi certo tenerti un paziente da Tso a bordo, può essere pericoloso per sé stesso e per gli altri, è già un miracolo che non siano *tutti* da ospedale psichiatrico, dopo quello che hanno vissuto. L'equilibrio del deck è molto delicato.

Spesso scoppiano liti a bordo, anche ferocissime. Specie se il ponte è pieno, non c'è spazio, e le persone sono in mare da troppo tempo. Basta un piede in faccia, una risposta scortese, o un pregiudizio nei confronti di altre nazionalità.

Una notte due ragazze si sono picchiate mentre noi stavamo facendo un rescue. Erano le due o le tre e stavo aspettando di saltare sul rhib, davanti al portellone aperto. Ho sentito un urlo terribile che veniva dal container dove dormivano le donne. Ho guardato Massimo. «Che succede?» Lui è corso a vedere. Una somala e un'eritrea stavano facendo a botte, si tiravano i capelli, si davano calci e schiaffoni, una aveva strappato all'altra l'orecchino, lacerando la cartilagine, le pareti e il pavimento del container erano pieni di sangue. Massimo, dopo averle divise, è tornato in fretta al suo posto. Mica poteva lasciare in mare i naufraghi in arrivo.

Durante un rescue, le persone che sono già a bordo vengono chiuse dentro il container perché il ponte deve restare libero. Non puoi certo correre con una barella in mezzo alla gente che passeggia e chiacchiera, scavalcando chi dorme per terra. È una situazione di emergenza, l'equipaggio è concentrato e teso. Un attimo dopo io sarei saltata in acqua e Massimo avrebbe dovuto afferrare al volo donne incinte, neonati e feriti, fra l'altro con il mare mosso. «Ma cazzo, dovevano menarsi *proprio adesso*?» Eravamo increduli, siamo scoppiati a ridere. «Complimenti, hanno scelto un bel momento». E ridevamo, ridevamo, ridevamo di quel lago di sangue.

Una volta la *Ocean Viking* ha dovuto dichiarare lo *stato di emergenza*. Tunisini contro pachistani, egiziani contro bengalesi, egiziani contro tunisini. Il ponte era diventato ingovernabile. Si picchiavano fra loro e minacciavano l'equipaggio, addirittura di uccidere il capitano. La riconoscenza finisce in fretta. Quando scoppiano le tensioni, i soccorritori cercano di gestire le liti, di separare le parti in causa e di spiegare che si è tutti sulla barca ma, se si va oltre, scatta la procedura. Bisogna fare salire sulla nave un medico dell'Usmaf, che deve certificare la situazione, e dichiarare alle autorità lo *stato di emergenza*, appunto.

Esiste persino il razzismo sul deck. Magrebini che non vogliono dormire con i *negri*, per esempio. E fanno i prepotenti con i subsahariani. La tragedia comune non sempre rende piú solidali. A volte sí, a volte no. Dipende. Vedi quelli che si preoccupano per gli altri e quelli che odiano, come dappertutto.

L'episodio piú toccante me lo ha raccontato Ossama Omrane, mediatore culturale di Medici Senza Frontiere. A bordo dell'*Aquarius* c'era una bambina nigeriana di sette anni, sordomuta. Voleva giocare con gli altri bambini, che erano siriani e molto fuori controllo. Ma il suo slancio non era ricambiato. Loro preparavano panini e tè e i genitori rubavano il pane. A un certo punto Ossama si è accorto che i bambini siriani lo masticavano e lo sputavano in faccia alla bambina nigeriana sordomuta. E si è arrabbiato di brutto.

I bambini siriani correvano da tutte le parti e nessuno li sgridava. A un certo punto una di loro si è arrampicata su una scaletta, c'era un vento forte e stava per cadere in mare. La bambina nigeriana ha afferrato Ossama per un braccio e l'ha indicata, per segnalare il pericolo. Le ha salvato la vita.

«Ricordo dei tunisini che gridavano ai pachistani che con loro non ci volevano stare perché *non erano capaci di lavarsi*», diceva Alessandro. Esiste anche il razzismo al contrario. Una volta è intervenuto per difendere un libico, picchiato a sangue da un gruppo di centroafricani. Nella loro testa *libico* significava aguzzino, anche se quel ragazzo non c'entrava niente con i loro carcerieri.

Ma la storia piú curiosa me l'ha raccontata Irene. Un giorno è salita a bordo della *Bourbon Argos* una bella signora siriana, giovane, ben vestita, che portava grandi occhiali da sole firmati. Una che immagini su un aereo o su una nave da crociera, non su un barcone azzurro. Si è avvicinata e ha chiesto: «Dove sono *le cabine*?» «Non ci sono cabine», ha risposto Irene. «E noi dove dormiamo?» «Sul ponte». La signora ha protestato, come una turista pronta a fare un reclamo: «Ma io non sono abituata cosí», diceva. Anche questo è il Mediterraneo.

S'incontra gente che non ti aspetteresti di trovare lí. Ho conosciuto ragazzi laureati, che parlavano perfettamente piú di quattro lingue, gente che mi spiegava dei princípî di fisica, che citava letture sofisticate, che conosceva film d'autore. Ingegneri, matematici, attivisti, persone che parlavano in modo complesso di politica internazionale, anche se avevano la metà dei miei anni. Con un'educazione ottima alle spalle, da figli di una borghesia illuminata. Egiziani, magrebini o subsahariani. Cosa ci facevano su un gommone?

Erano in mezzo al Mediterraneo perché non potevano avere un passaporto. Quel libretto che a noi sembra tanto scontato, per loro non è un oggetto cosí, da dimenticare in un cassetto fino a quando non devi prendere un volo intercontinentale. Senza passaporto, fra i dollari lasciati ai passanti del deserto, quelli mandati ai carcerieri libici che ricattano i familiari, i soldi versati per uscire di prigione e quelli consegnati ai trafficanti del mare, il viaggio costa molto di piú che in aereo. Ma non c'è alternativa.

Soprattutto perché, quando parti, non riesci piú a tornare indietro. Molti di loro non volevano neanche venire in Europa. C'è chi scappa dal suo paese perché è perseguitato e chi cerca solo un impiego qualunque nel Nordafrica, un'opportunità. Poi finiscono in Libia. Sperando di trovare lavoro, sottovalutando il pericolo. E restano incastrati: dalla Libia non c'è ritorno, resta solo il mare.

Ricordo due ragazze marocchine che erano capitate in Libia perché qualcuno aveva offerto loro un lavoro piú redditizio, come cameriere. Ci avevano creduto, erano diventate delle schiave. Allora avevano cominciato a mettere i soldi da parte per la traversata. In Marocco non potevano piú tornare. «Perché una donna che torna in Marocco dopo essere stata in Libia viene considerata una puttana, non la vuole piú nessuno. Nemmeno la sua famiglia. Noi pulivamo solo piatti e pavimenti, ma non conta quello che fai. Sei stata in Libia». Erano povere e ignoranti, una vita di lavori domestici fin da bambine. Una di loro mi ha detto: «Sai, ho un solo desiderio. Quando arrivo in Europa, mi piacerebbe imparare a leggere». Mi hanno raccontato che i trafficanti avevano promesso che sarebbero partite *con uno yacht*. Quando hanno visto il barchino di sei metri in vetroresina su cui le abbiamo trovate, sono scoppiate a piangere.

Alcuni giorni dopo quel barchino è riapparso, vuoto. Tutte le persone che erano state lí sopra sono corse a tribordo, si sono riversate contro le paratie. Io vedevo solo nuche e teste, che guardavano in silenzio la loro morte, di passaggio. Il sole tramontava, le luci di gennaio erano cupe, il mare blu cobalto, il cielo viola freddo, e quel relitto azzurro acceso spiccava, oscillante, instabile, davanti agli occhi dei sopravvissuti: strafottente e lugubre come un *memento mori*. Di notte, al buio, carico di gente, sembrava piú grande. Di pomeriggio, illuminato dal sole calante, a mezzo metro dalla nave che dettava le proporzioni, era solo quello che era: piccolo come una scialuppa.

Ero arrabbiata con il Mediterraneo. In fondo è grande, disperde come e quando vuole, che bisogno c'era di sbattere in faccia quel relitto ai suoi naufraghi? Cosa cercava di dire? Forse solo che è fatto di correnti, e tutto è casualità.

*Caramelle per i trafficanti.*

A terra invece niente è casuale. E anche la morte ha un prezzo. Ha addirittura dei nomi, quel prezzo. Il deck è un luogo in cui si imparano parole nuove.

Fra le persone soccorse dalla *Ocean Viking*, durante il primo rescue, c'erano alcuni ragazzi che parlavano perfettamente sia l'inglese che il francese, tanto che se non mi veniva in mente un termine, me lo suggerivano loro. Sul deck, quando si chiacchiera, si parla principalmente del viaggio. Di solito dell'ultima parte, la piú recente, cioè della Libia e della traversata. E cosí loro mi scrivevano delle parole in arabo sul quaderno verde. Mi insegnavano a conoscere il mondo da cui erano fuggiti, e la sua lingua. E io, durante quel primo giro a bordo della *Ocean Viking*, quando sul ponte c'erano solo trentanove persone, che sarebbero presto sbarcate a Pozzallo, avevo il tempo di imparare.

La vita quotidiana cambia molto a seconda del numero di persone che hai a bordo. Se ne hai quattrocento, come quelle che abbiamo sbarcato a Taranto, è come essere a un matrimonio, riesci appena a stringere la mano a tutti. Buongiorno, buonasera. Uh ciao, come va? Solo che invece di una coppa di champagne, in mano hai un bicchiere di carta pieno di tè. In aggiunta, il catering sei tu, quindi il tuo tempo viene consumato dalla preparazione e dalla distribuzione del cibo. Ci metti una mattina intera a consegnare a tutti una busta con una zuppa e un po' di biscotti.

È difficile anche chiacchierare, in quella situazione. Un po' perché le tue energie sono assorbite dai bisogni primari e un po' perché manca la privacy. Io non me la sentivo di chiedere alla gente cosa aveva vissuto in Libia in quel contesto, mettevamo la musica con le casse e via: meglio lasciarli ballare. Non c'era un angolo libero, riservato, in cui si potesse parlare in pace, per esempio di torture. Del resto, questo ti raccontano, nient'altro. Perché nient'altro hanno vissuto, per anni. Che ballino, che ballino pure.

Se invece a bordo ne hai trentanove, puoi anche guardare con loro un film o giocare a carte o imparare qualche parola araba, qualche parola chiave, magari. «Si esce dalla prigione solo attraverso la corruzione», mi dicevano. E usavano la stessa parola che mi avevano insegnato i ragazzi a bordo della *Mare Jonio*. Solo che quando l'ho sentita per la prima volta, sulla nave c'era vento e il motore faceva troppo rumore, e non avevo con me il quaderno verde, quindi l'avevo trascritta sbagliata. Per mesi, dopo, mi ero dannata a ricostruirla. Poi l'ho ritrovata: *baksheesh*. Vuol dire mancia.

Per uscire di prigione devi *fare baksheesh*, cioè lasciare una mancia, e non tanto volontariamente. Un'altra espressione molto usata è *halawa*. Una sorta di caramella zuccherata. Non male per parlare di corruzione. Ma la piú bella è un'altra. Quando i libici ti dicono una frase che in arabo vuol dire piú o meno sia «Fammi felice» che «Fai felice te stesso»: *Ifrah biya*. In gergo significa: sgancia i soldi.

Il prezzo di una traversata è totalmente arbitrario. Per salire su un baracchino di legno lungo sei metri insieme ad altre trentotto persone alcuni avevano pagato duemilacinquecento euro, altri mille e altri ancora solo cinquecento. In Libia non esistono regole, neanche per imbarcarsi. I soldi si possono versare utilizzando i piú comuni servizi di trasferimento di denaro, ma i trafficanti preferiscono sempre i contanti.

«Siamo stati chiamati due giorni prima della partenza. Sono passati a prenderci con la macchina e ci hanno portati in una casetta sulla spiaggia. Viaggiavamo chiusi dentro al bagagliaio, in quattro. Siamo rimasti in quella stanza di pochi metri quadrati, senza un bagno, per due giorni e due notti. Stavamo rannicchiati, dormivamo in ginocchio, e non c'era lo spazio per alzarsi e sgranchirsi le gambe. Poi, una sera, intorno alle otto, siamo stati imbarcati. I trafficanti avevano promesso salvagenti, acqua e cibo: sulla barca non c'era niente. Quando abbiamo visto che dovevamo stare in trentanove su una barchetta di legno lunga sei metri, non volevamo piú partire. Allora i libici hanno tirato fuori le pistole. Cosa preferite? Morire subito o tentare la sorte?»

Una sola volta ho visto delle persone arrivare con il salvagente. Meglio non averlo proprio, piuttosto. Primo, perché tutti lo avevano messo sotto la giacca, e con i vestiti sopra diventa piombo invece di farti galleggiare. Secondo, perché dentro c'era del cartone, che s'impregna di acqua e ti tira giú, era una truffa anche quello.

«Ci hanno costretti a raggiungere la barca entrando in mare, con l'acqua prima fino alle ginocchia, poi fino al petto. I trafficanti erano quattro: tre stavano su un gommone per accompagnarci in mare aperto, fuori dalle acque territoriali, e il quarto stava sul barchino con noi, per guidarlo. Siamo andati avanti cosí per un po', affiancati dal gommone dei libici. Poi il motore del nostro barchino ha smesso di funzionare. Il trafficante che era a bordo con noi ha detto: Vado a prendere dell'altro carburante. È saltato sul gommone nero dei libici, che subito è sparito. E noi siamo rimasti in balia della corrente per otto ore. Fino a quando non ci avete trovati».

Ecco a cosa servono mance, zuccherini e slanci di felicità: a morire in mare.

*Questo ponte non è un albergo.*

Il deck è un luogo accogliente. Il primo posto dove loro incontrano qualcuno di gentile, dopo anni e anni. È difficile immaginare cosa provino davanti alla gentilezza, a cui non sono piú abituati. Te lo dicono sempre: «Nessuno è mai stato cosí gentile con me», ma te ne rendi davvero conto solo allo sbarco, quando li vedi spaventati dalle autorità che li aspettano a terra, in fila davanti alla passerella. Non sanno cosa troveranno là fuori. Alcuni scoppiano a piangere, altri si voltano malinconici verso l'equipaggio. Altri ancora rompono la fila, corrono ad abbracciarti e ti dicono: «Io non voglio scendere, voglio restare sulla nave. Si può?»

A Valencia, l'*Aquarius* doveva consegnare molte persone a due navi militari, poteva tenerne solo centocinquanta. Finito il trasferimento, l'equipaggio si è dedicato alle pulizie, a prua. A un certo punto, Alessandro ha sentito un urlo: dai borsoni pieni di salvagenti spuntava un braccio. Un cadavere? No. Era un ragazzo che si era nascosto lí sotto. «Ssshhh», si toccava le labbra con l'indice. «Non dite che sono qui, per favore, voglio rimanere con voi. Posso anche infilarmi nell'immondizia». Naturalmente non era possibile, ci mancava solo un clandestino a bordo.

Le Ong si fanno in quattro per rendere il deck un luogo accogliente, ognuna a modo suo. Medici Senza Frontiere lo aveva allestito con dei container bianchi e blu, uguali a quelli di una nave commerciale. Ma solo dall'esterno. Dentro c'era un mondo, persino delle lampade per riscaldare. *The women shelter*, il rifugio delle donne, era coperto di graffiti con scritto benvenuto in tutte le lingue. Sulle pareti interne c'erano dei disegni: un veliero, una nave, un aereo. Un altro grande container, *The men shelter*, era riservato agli uomini. Pieno di scritte a pennarello, firme e dediche, come un banco di scuola. In mezzo, fra i due, c'era la clinica, perfettamente attrezzata. E fuori il ponte era arredato con delle panchine fatte con il pallet, per sedersi e chiacchierare, come la terrazza di una nave da crociera, anche se in tono minore.

Ma è un luogo accogliente solo fino a un certo punto. E in certe condizioni. Quando si allaga, per la pioggia o per le onde, già non lo è piú. Vedi la gente scappare con la coperta fradicia in mano e schiacciarsi addosso agli altri, che protestano. Eh, ma io là mi bagnavo. Poi l'onda tracima dall'altra parte e tutti si riversano dal lato opposto, spaesati. Non è un albergo: si muove. Con il mare mosso, la gente cade per terra, scivola sul legno, ha i piedi gelati, vomita sugli altri. Di notte in mare fa freddo, in qualsiasi stagione. Anche d'estate, per lo sbalzo di temperatura, hai una reazione termica al sole e cominci a tremare. La notte è umida e le ossa ti fanno male. Non puoi dormire lí, per terra, per troppi giorni. E se c'è una tempesta è un incubo, anche sulle navi piú grandi. Alessandro mi ha descritto una navigazione con tanta gente a bordo con un mare di dicembre. «C'era un vento di traverso terribile. Tanto che noi dell'equipaggio dovevamo uscire con casco e salvagente, sempre legati, perché il ponte era spazzato dall'acqua. Volava anche il legno dei pallet». Cosa si fa in questi casi? Intanto si chiude la gente dentro i container. Ma le altre navi, piú piccole, non ne hanno, quindi si arrangiano con tendoni di plastica da cui passano gli spifferi e gli spruzzi. E se le persone devono uscire per andare in bagno? «Li accompagnavano uno per uno, legati con una fune, se no volavano via». Centinaia di persone: giornate intere passate sotto le secchiate d'acqua per una pipí in sicurezza.

Quando poi è pieno oltre le sue capacità, il deck diventa ingestibile. Quattrocento persone, come ne avevamo noi a bordo della *Ocean Viking*, riempiono la nave e devono dormire all'aperto anche se è gennaio perché nei container non ci stanno. E tu, per raggiungere la poppa, devi fendere la folla, spingendo, come a un concerto o una manifestazione. E lo puoi fare solo di giorno, perché di notte non si riesce proprio: è impossibile scavalcare centinaia di corpi distesi per terra, uno contro l'altro. Ma non è ancora l'inferno. Perché la *Ocean Viking* è lunga settanta metri e larga sedici. L'inferno vero sul deck sono trecento persone a bordo di una nave come la *Open Arms*, lunga trentasette metri e larga dieci. Gente costretta a viaggiare seduta sulle scale per una settimana intera, dal Mediterraneo Centrale fino a Gibilterra, in inverno. Piú precisamente nei giorni di Natale. Sembra una cattiveria, invece non lo è. Perché una cattiveria è qualcosa di impreciso, di soggettivo, qualcosa di interpretabile. Tecnicamente è piú corretto definire l'assegnazione del porto di Algeciras come una scelta che contraddice le normative internazionali (la Convenzione per la salvaguardia della vita umana in mare del 1974 o Convenzione Solas e la Convenzione internazionale di Amburgo del 1979 sulla ricerca e salvataggio in mare o Convenzione Sar) secondo le quali il Pos, o *Place of Safety*, cioè il porto sicuro, deve essere *il piú vicino possibile*.

*Eros e thanatos.*

Il deck è un luogo di dolore. Tutto il dolore individuale si ammassa e si concentra, diventa un dolore unico, collettivo. La folla emana una specie di angoscia aerea, si alza dal ponte l'*esprit* della disperazione come si alza il vapore dal mare – persino quando ballano, persino quando dormono. E tu lo respiri.

La notte non è quello che si immagina. Magari un silenzio assoluto, e solo lo sciabordio del mare. No. La notte sulle navi è rumorosa, anche se tutti tacciono e dormono. Non è il rumore del mare a coprire ogni suono, è il rumore del motore. È fortissimo e fa vibrare tutto. Dopo un po' ti abitui e non te ne accorgi piú.

Il silenzio del Mediterraneo vuoto lo senti solo sul rhib o quando navighi al buio sulle barche a vela, inclinato fino a sfiorare l'acqua nera con un dito, il moschettone inchiodato alle gambe del tavolo del pozzetto. Allora sí, c'è. È cosí assoluto che tu, essere umano lontano dall'assolutezza, ben oltre i vincoli di una cintura di sicurezza, hai un atteggiamento ambiguo nei suoi confronti. A volte te lo godi, a volte ti spaventa, altre hai paura di addormentarti – senza averne abbastanza timore, è un silenzio pericoloso – quindi chiacchieri e chiacchieri, di qualsiasi cosa, pur di parlare, di stupidaggini o delle piú intime verità.

Una notte, a bordo della *Open Arms*, si è avvicinata ad Anabel una ragazza nigeriana, con delle profonde cicatrici in faccia. Si è seduta di fianco a lei e le ha raccontato la sua storia, dalla fuga da Boko Haram alla Libia, dove l'avevano ridotta a schiava sessuale. «A un certo punto non ce l'ha fatta piú: ha preso una forchetta e si è sfregiata da sola», mi raccontava Anabel. «Ecco cos'erano quelle cicatrici sul viso. Non voleva piú pagare *il prezzo di essere bella*, diceva proprio cosí. Il giorno dopo, quando i libici hanno visto come si era sfigurata, l'hanno picchiata a sangue e l'hanno scaricata su una spiaggia». Anabel non riusciva piú a dormire, piangeva nella cuccetta e pensava: «Io sono in un letto e lei no».

Sul deck la gente si innamora. Hanno vent'anni, non importa se la sera prima stavano per morire. O forse succede proprio per quello, chissà. In ogni caso, già il giorno dopo, c'è tutto un corteggiamento. Pazienza se le ragazze musulmane si avvolgono la testa con un asciugamano invece che con una sciarpa colorata. Pazienza se tutti sono in tuta, con i vestiti consegnati dalle organizzazioni umanitarie. Pazienza se ai piedi hanno ciabatte. Come se la notte prima non avessero pianto, gridato e vomitato, che sia inverno o estate, che faccia freddo o un caldo da stramazzare, scatta un movimento bestiale da primavera.

Ricordo un ragazzo bellissimo che aveva affrontato il deserto, la Libia e il Mediterraneo per amore. Era scappato dalla Costa d'Avorio perché le famiglie, di etnie e religioni diverse, non permettevano il matrimonio con la donna di cui era innamorato. Sulla nave era sempre abbracciato a un'altra.

Dormivano sotto la stessa coperta, lui le passava l'acqua, le dava la sua razione di biscotti, guardavano il mare insieme, per mano. Aveva fatto tutto quel casino per poi incontrare, per caso, in mezzo al Mediterraneo, un amore piú grande del grande amore che lo aveva spinto a rischiare la vita? O la ragazza sulla nave, cosí felice di stare fra le sue braccia, era solo un antidoto al senso di morte?

Alcune donne volevano solo stare fra di loro. Traumatizzate dalle violenze, si spaventavano se un maschio si avvicinava, facevano un salto indietro anche solo se si affacciava un soccorritore per chiedere se avevano mangiato. Altre no, volevano riprendersi la vita. Subito. Una vita normale che magari non avevano mai avuto. E cosí le vedevi passeggiare sul ponte come nella strada principale di un paese, salutare questo e quello, ridere un po', ma a mento alto, per mettere la giusta distanza. Aperte a un incontro, ma con lo sguardo sostenuto. Felici di ricevere tante attenzioni ma sempre con la paura di non apparire abbastanza rispettabili. Magari vedove, magari appena uscite dalla schiavitú, magari sole e piene di figli: già in mezzo al mare sentivano palpitare un futuro, un po' confuso, un po' troppo immaginato, a metà fra le tradizioni dei loro paesi d'origine e la grande libertà che si aspettavano dall'Europa. Antiche nei movimenti, lenti, eleganti, ma con le smorfie imparate da Facebook.

Il ponte di una nave è un mondo di ventenni e di adolescenti. Spesso ce lo dimentichiamo. Li chiamiamo naufraghi o migranti o rifugiati. Ma potremmo usare anche altre categorie. *Salvati centosessanta ventenni, trenta adolescenti e dieci bambini.* Invece no, tutta l'attenzione, tutta la terminologia, si concentra fra *minori* e *non minori*, la burocrazia non ha capito niente del ponte di una nave. Il deck è giovane: non ha paura di morire come non ha paura di innamorarsi.

# Pos

*Buio e luce.*

Stava sempre seduto al sole e nelle ore calde, quando gli proponevo di spostarsi un po' all'ombra, non voleva. Diceva che aveva bisogno di riscaldarsi perché il suo corpo era diventato freddo dentro.

Solo dopo aver passato un pomeriggio con quel ragazzino somalo di diciassette anni ho capito perché sentiva cosí tanto il bisogno di stare al sole. Nelle prigioni libiche dove era stato – prima a Tarek al-Sika, vicino a Tripoli, e poi a Sabratha – il giorno e la notte erano invertiti. I migranti venivano costretti a dormire di giorno e a stare svegli la notte. Se osavano dormire o stare svegli nelle ore sbagliate, venivano presi a calci.

Perché questo strano fuso orario? Semplice. Perché i libici la notte bevevano e si drogavano fino all'alba, quindi di giorno volevano dormire. Su venti persone, solo due venivano lasciate di guardia. E due persone sono poche, è piú comodo controllare dei prigionieri addormentati, che non si muovono.

E cosí quel ragazzo, partito dalla Somalia a dieci anni, arrivato in Libia a quattordici, *per tre anni* – gli anni della sua prigionia, ma anche della sua adolescenza – non aveva mai visto la luce del sole.

Guardava il mare malinconico e pensava a suo cugino, morto nel Mediterraneo nel 2018. Avevano attraversato il Sahara insieme, erano stati rinchiusi nella stessa cella. Ma al momento della traversata, erano stati separati. Lui era partito su un gommone, intercettato dalla Guardia Costiera libica e poi era stato riportato in un lager. E di suo cugino non aveva piú saputo niente. Solo mesi dopo, alcune persone incontrate in cella gli avevano detto che era morto in mare. «Avrei preferito morire anch'io, piuttosto che essere riportato lí. Ero cosí distrutto che non parlavo piú, fissavo il vuoto e non dicevo una parola. Cercavo di non sentire piú niente». I libici, *per tre anni*, lo avevano chiamato cane. Sei il nostro cane, dicevano. Cane, alzati. Cane, siediti. Mangia, cane. Lo picchiavano e lo torturavano. «Dopo ti faccio vedere le cicatrici». Dopo, però. Non voleva perdersi un raggio fino al tramonto e all'aperto faceva troppo freddo per togliersi la giacca e restare in maglietta, era gennaio. Gli davano un pezzo di pane raffermo al giorno, nient'altro. Bastava guardare le sue gambe scheletriche per crederci. In quel momento ho capito perché durante l'imbarco, la notte del rescue, era collassato sul ponte. Non mangiava *da tre anni*. Come poteva stare in piedi. Questa sua esilità però lo aveva salvato dalla guerra. «Sai, vengono a prenderci e ci mandano a combattere in prima linea. Ma io ero troppo magro, quindi non gli interessavo. Preferivano reclutare i sudanesi, che sono alti e muscolosi».

Guardava il mare, il viso rivolto al sole, e mi raccontava che aveva imparato l'inglese da solo, prima di finire in prigione, leggendo articoli e guardando film. Quindi prima dei quattordici anni. Mi diceva che voleva laurearsi in medicina e fare il dottore. Era scappato dalla Somalia perché la gente della sua età veniva reclutata dal governo o da al-Shabaab, che si contendevano le nuove generazioni. «Io non volevo combattere, io volevo studiare». Lo tenevo abbracciato e guardavo il mare con lui, il suo futuro. O il passato che si lasciava alle spalle. Se mai un passato cosí si può lasciare.

Il vento si era alzato, ma il ragazzino somalo non si muoveva dalla poppa della nave. Voleva stare lí fino al tramonto, non importava se era il sole freddo e scialbo di gennaio e gli arrivavano schizzi di acqua gelida in faccia e gli restava il sale sulla pelle e sui vestiti. Il dolore fisico a un certo punto passa, ma quel buio – ininterrotto, per mille e novantacinque giorni di seguito – no. Quel buio entra nella testa e bisogna lottare con sé stessi per non impazzire.

*Porto sicuro.*

C'erano onde fra i due e i tre metri. Faceva parecchio freddo. La *Ocean Viking* non aveva ancora un porto, stavamo cercando un riparo fra Malta e la Sicilia. Luisa aveva mandato una mail alle autorità di competenza per chiedere un porto. Dato che eravamo in Sar libica, bisognava seguire la procedura e mandarla alle autorità libiche, e in copia alle autorità italiane e maltesi. Come al solito, la Libia aveva risposto per prima, offrendo il porto di Tripoli.

Non avevo mai visto una mail di risposta della Libia. Faceva impressione. *Best regards*, cordiali saluti e tutto quanto. E anche frasi squisitamente gentili e formali come: *siamo a disposizione per ogni vostra richiesta o necessità*. Offrivano Tripoli – dove c'era una guerra, dove i migranti venivano imprigionati, picchiati, torturati e uccisi – come se fosse stato un porto turistico.

Le autorità italiane con tutta calma avevano risposto che, avendo rifiutato il porto di Tripoli – sono capricci, si sa – dovevamo farci coordinare dallo stato di bandiera, cioè dalla Norvegia. Noi, dal bridge, ridevamo. Ma certo. Sbarcare in un fiordo. Tremila miglia circa. Attraversare tutto il Mediterraneo, per un totale di sette o otto giorni, uscire da Gibilterra, affrontare l'Atlantico e poi un giretto nei mari del Nord, per altri dieci o undici giorni. A gennaio. Come no. Secondo loro sarebbe stato piú logico – e sicuramente piú comodo per noi – sbarcare in Libia. Solo trenta miglia da Tripoli e tre ore di navigazione. Peccato che non si potesse fare. *Per legge*.

Una missione di soccorso, secondo la legge del mare, cioè secondo la Convenzione di Amburgo, quindi secondo la legge internazionale, si conclude solo quando i naufraghi vengono sbarcati in un Pos, ovvero un porto *sicuro*.

Sillogismo aristotelico: un Pos, un luogo sicuro, non può essere un paese in guerra o un paese che non rispetta la Convenzione di Ginevra, praticando la tortura. La Libia è un paese in guerra e un paese che non rispetta la Convenzione di Ginevra, praticando la tortura. La Libia non è un Pos.

Corollario: le autorità (libiche, italiane, maltesi, europee) chiedono sistematicamente alle navi umanitarie di fare una cosa *illegale*.

Il problema è che questo concetto che ci sembra astratto – e per questo diventa facilmente ideologia, buonismo o cattivismo, politica o ragion di stato – dal bridge non lo è. Basta scendere le scale.

Per tutti noi, la guerra è qualcosa di lontano, in Libia come in qualunque altro paese del mondo. Chi è stato sotto un bombardamento? Chi ha corso fra i cecchini e le granate? Come facciamo a percepire come concreto qualcosa che conosciamo solo attraverso uno schermo? Con la tortura è ancora piú difficile. Ne sentiamo parlare, ce la propongono i documentari come i thriller, e ci sembra la stessa cosa: viene percepita come fiction anche quando è realtà. Chi ha mai parlato con una vittima di tortura? Qualcuno ha amici che sono stati torturati?

Questa distanza, che alla fine è solo mancanza di esperienza diretta o indiretta, svuota di concretezza le parole. E cosí termini come *porto sicuro* o *Place of Safety* si riducono a idee per cui scannarsi. Invece sul bridge non sono idee, basta scendere le scale.

Un pomeriggio, un ragazzo mi ha detto: «Sai, da morto non servi a niente». Mi raccontava che lo rianimavano continuamente e solo per torturarlo di nuovo. *Da morto non servi a niente*. Ho capito la tortura piú dalle sue parole che vedendo con i miei occhi i segni sui corpi delle persone.

Sulle navi c'è una specie di macabro rituale: appena dai un po' di confidenza, appena si sentono sicuri, appena si fidano quel tanto che basta, tutti iniziano a mostrarti l'orrore che si portano e si porteranno per sempre addosso, sulla pelle e soprattutto nella mente.

C'era addirittura chi tirava fuori il cellulare e voleva farmi vedere le foto. La nostra galleria è piena di selfie, paesaggi, sorrisi, gruppi di amici. La loro di squarci, ustioni, sangue, carne viva, ossa fuori dalla pelle. «Guarda qui». E poi, per paura che non ci credessi, si spogliavano in mezzo al mare, in inverno come in estate. «Ecco la cicatrice». Su un braccio, su una gamba, sulla schiena o sul torace. Non c'era bisogno di controllare, verificare, confrontare fotografie e pelle, ma era impossibile sottrarsi: volevano la presenza di un altro occhio, un po' per non sentirsi piú cosí soli con quelle ferite, un po' per gridare la verità. «In Libia ci torturano, abbiamo le prove. Guarda, guarda». E io guardavo.

Ma i miei occhi avevano un limite, dopo un po' erano stanchi. La prima volta, sulla *Mare Jonio*, erano sgranati e increduli. Morsi di cani? Un coltello incandescente? Plastica bruciata versata sulla schiena? Ma gli organi si abituano in fretta, e con il tempo ti mandano un segnale diverso, piú blando. Sí, questa è una ferita da coltello, la riconosco. Questa è un'ustione, certo.

Ma basta cambiare organo sensoriale e al cervello arriva un impulso diverso. Ascoltare invece di guardare. E la scossa arriva. *Buio per tre anni. Da morto non servi a niente.*

A un certo punto, arrivi anche a farti delle domande su te stesso. Cosa resta in te di innocente dopo il Mediterraneo? L'olfatto è compromesso perché conosci l'odore del distress. La vista anche, dopo avere guardato troppe ferite o un barchino inclinato. L'udito pure, per le grida che hai sentito. Il tatto dal contatto con la pelle elastica dei bambini, o da quel rimasuglio di carburante che hai ancora addosso. E brucia. Cosa rimane?

Il gusto, forse. Ti chiedi come l'equipaggio possa avere voglia di mangiare su una nave, dopo avere visto quello che ha visto, annusato quello che ha annusato, toccato quello che ha toccato e ascoltato quello che ha ascoltato. Eppure è cosí. Ti senti addosso la loro gioia di sopravvivere. Felici di mangiare un biscotto energetico o una zuppa di legumi in busta.

La bolla che si crea su una nave è simile alla bolla che si crea fra amanti, quando sai di stare dentro a un tempo ridotto e in un mondo passeggero, in un altrove estraneo a tutto. Perché non esploda, come esplodono le bolle in cui si chiudono gli amanti, deve avere una durata ragionevole.

Perché succede anche questo: saltano per aria gli equipaggi per liti interne, per divergenze di visioni, per sfinimento, per troppo dolore altrui accumulato o per la frustrazione di non poter partire o di non poter tornare, che fa sentire tutti impotenti.

Figuriamoci come si sentono i naufraghi. Quando, loro che sono stati torturati, entrano in un mondo che non può neanche lontanamente capire quello che hanno vissuto.

In mezzo al Mediterraneo però una sola cosa conta: non riportare quelle persone in posti dove possano essere torturate *ancora*. A questo servono gli equipaggi, finché resistono, finché non danno di matto, finché mangiano di gusto e a tavola, davanti al piatto, si sentono pieni di energia: «Tripoli? *Mai*».

*Entrare in una cicatrice.*

Un giorno, a Roma, sono entrata nell'ufficio di Medici Senza Frontiere dopo pranzo e ne sono uscita di sera, la donna delle pulizie passava lo straccio nei corridoi, era buio e non c'era piú nessuno in giro. Avevo tenuto chiuso in una stanza per quattro ore Gianfranco De Maio, neurologo e psichiatra, specializzato in vittime di tortura (a Roma aveva fondato il Centro di riabilitazione per i sopravvissuti alla tortura). Non riuscivo a smettere di fargli delle domande. Volevo capire cosa succedeva nella testa di tutti, torturati e torturatori. Non mi bastava un elenco di orrori. Perché dalla Libia, porto sicuro, si esce con un marchio, anche nella mente.

«Tu non vedi una cicatrice, *entri in una cicatrice*. Possono essere strisce non lineari sulla schiena, sulle gambe o sul torace lasciate da una frusta con fili di metallo. Il filo di metallo provoca un trauma che fa sanguinare, la ferita rimargina male e resta una specie di graffio, anche dopo mesi. Ma anche segni di materiali incandescenti, che vengono molto usati. Bruciature di sigarette, quando va bene. Di solito però si preferisce usare la plastica. Anche una semplice bottiglietta di acqua minerale può diventare molto dolorosa: viene bruciata e fatta gocciolare sul corpo. Ma la cosa peggiore che ho visto sono le ustioni da sostanze caustiche. Lasciano sulle linee del palmo della mano delle perline opalescenti, sono lesioni inconfondibili. Usano la soda o la potassa. Versano sulla pelle soluzioni liquide oppure surriscaldano dei corpi solidi, delle barrette, e costringono la vittima a impugnarle.

«Poi ci sono le violenze sessuali, ormai una prassi. C'è chi sostiene che le donne che affrontano questo viaggio sono preparate, che stupidaggine», diceva Gianfranco, «nessuno può essere *preparato* a una cosa del genere. Diversa ancora è la violenza sui maschi. Può capitare in prigione, nei paesi d'origine. Ma in Libia ha un'altra natura. Non c'entra con il piacere. Il carceriere non si mette in gioco personalmente, verrebbe messa in discussione la sua mascolinità, non lo farebbe mai, per cultura. È una questione di dominio, di umiliazione. Quindi viene praticata solo attraverso oggetti: di metallo, di legno, di plastica. Questo tipo di violenza sessuale c'entra piú con la tortura che con il desiderio e viene usata per spezzare l'identità.

Le vittime tendono a non parlarne. Riescono ad aprirsi solo dopo molto tempo. Devi capirlo tu, da solo. Di solito sono ragazzini giovani, quasi dei bambini. All'inizio, quando si presentano, parlano d'altro. Magari delle cimici nel letto nel centro d'accoglienza. È un modo per prendere confidenza.

Quel ragazzino subsahariano che protestava per le cimici era stato torturato con il metodo della *falanga*. È una tecnica antichissima, consiste nel percuotere le piante dei piedi. Nelle piante dei piedi ci sono delle fasce di legamenti che ti consentono la flessibilità. Se li rompi, perdi quella flessibilità. Piú spesso, la falanga provoca delle cicatrici interne, dei noduli. E quando cammini, ti sembra di camminare sui sassi, perché dentro al piede hai una massa dura. È sufficiente un'ecografia per dimostrarlo. Se hai quei noduli, non può essere successo nient'altro, possono essere generati solo da un trauma esterno. Se ce ne sono piú di uno, non può certo essere colpa di una caduta. Le lesioni da falanga sono incurabili. Quel ragazzino zoppicherà per sempre».

Come si cura l'anima di una vittima di tortura? Bisogna partire da un concetto base. La tortura, qualunque sia la sua finalità, ha un unico scopo: *frantumare l'identità di un individuo*. Per dominarlo, per annientarlo.

«Non a caso, deve essere allo stesso tempo segreta e risaputa. Deve terrorizzare anche a distanza. In Cecenia o in Cina, o do-

1. Riccardo Gatti riceve una chiamata dal Centro di coordinamento marittimo di Roma per un gommone in distress in acque internazionali. Agosto 2018.

2. Il rhib della *Open Arms* inizia le operazioni di soccorso. Agosto 2018.

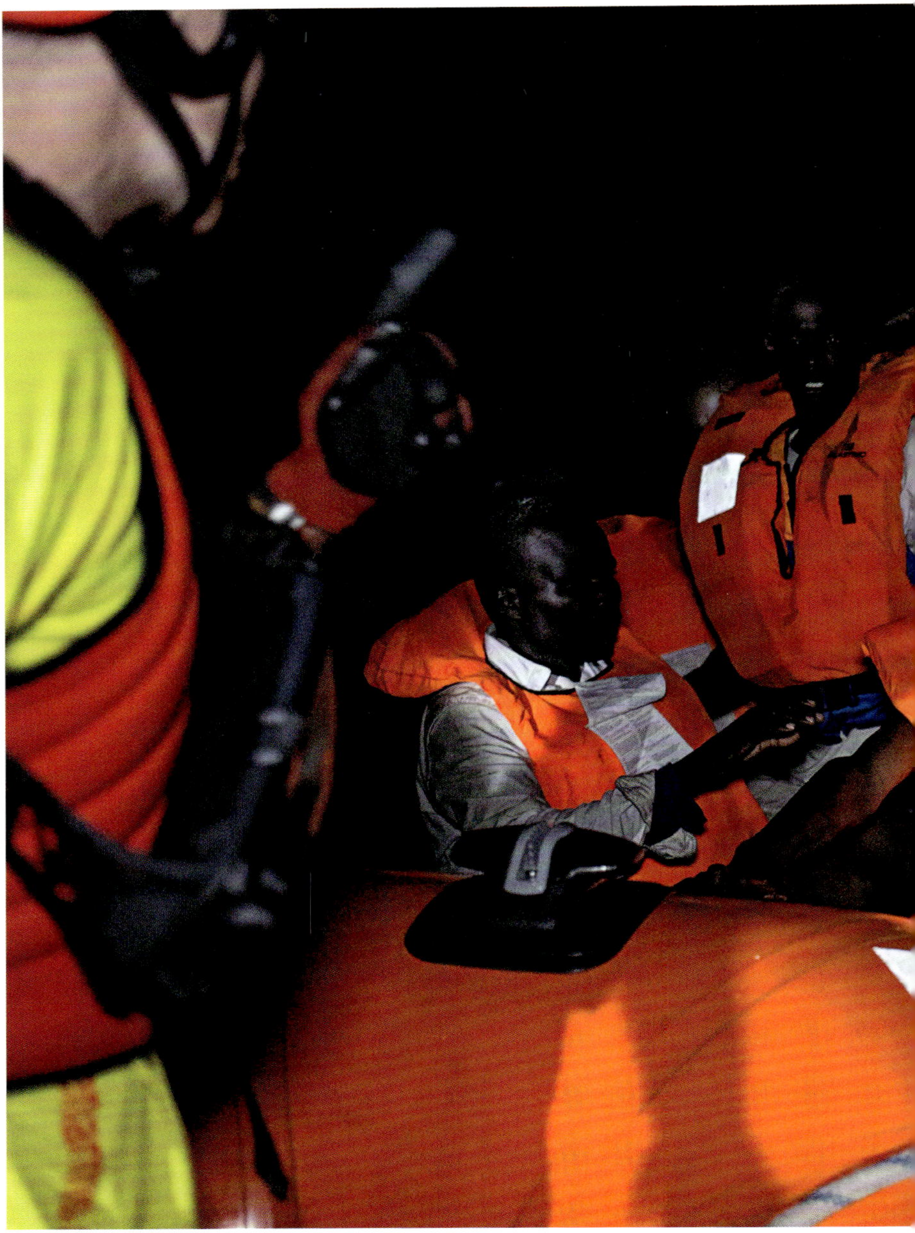

3. Sheko, un ragazzo di quindici anni sudanese, vede arrivare i soccorritori scambiandoli per la «cosiddetta» Guardia Costiera libica. Agosto 2018.

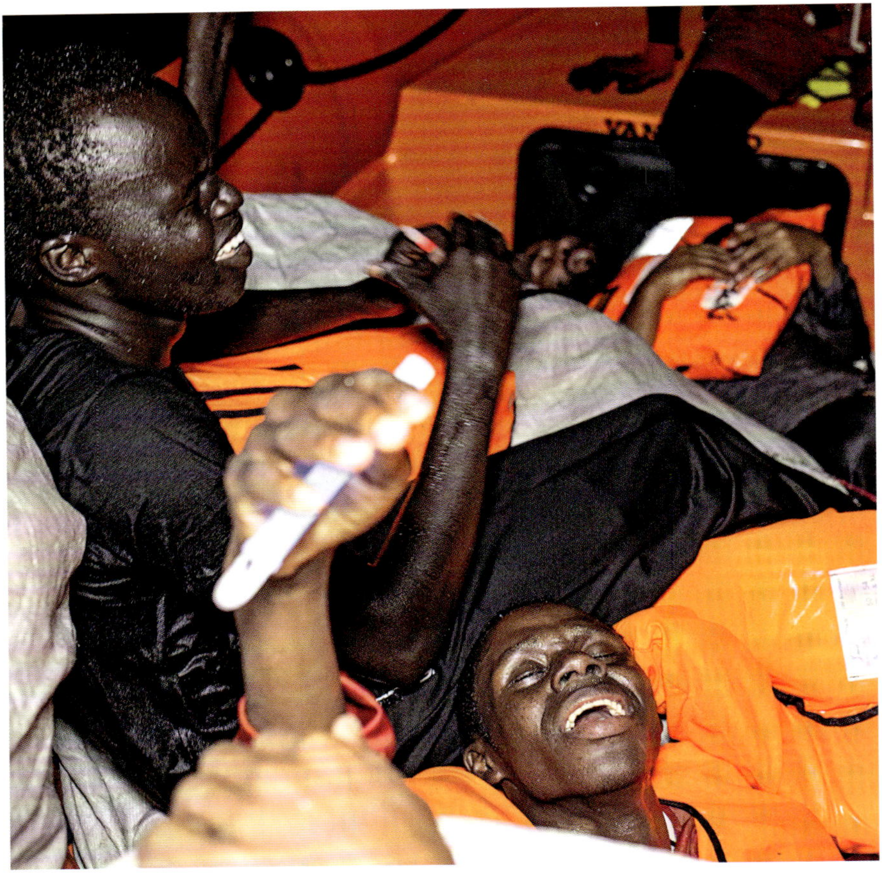

4. Giovani uomini urlano di felicità e piangono dopo essere stati soccorsi. Agosto 2018.

5. La mattina dopo il soccorso. Agosto 2018.
6. La preghiera del mattino. Agosto 2018.

7. Un momento collettivo di pulizia dopo la colazione. Agosto 2018.

8. L'urlo liberatorio sotto la doccia di un giovane sudanese. Agosto 2018.

9. Una famiglia della Costa d'Avorio sorride e festeggia dopo essere stata soccorsa. Luglio 2019.

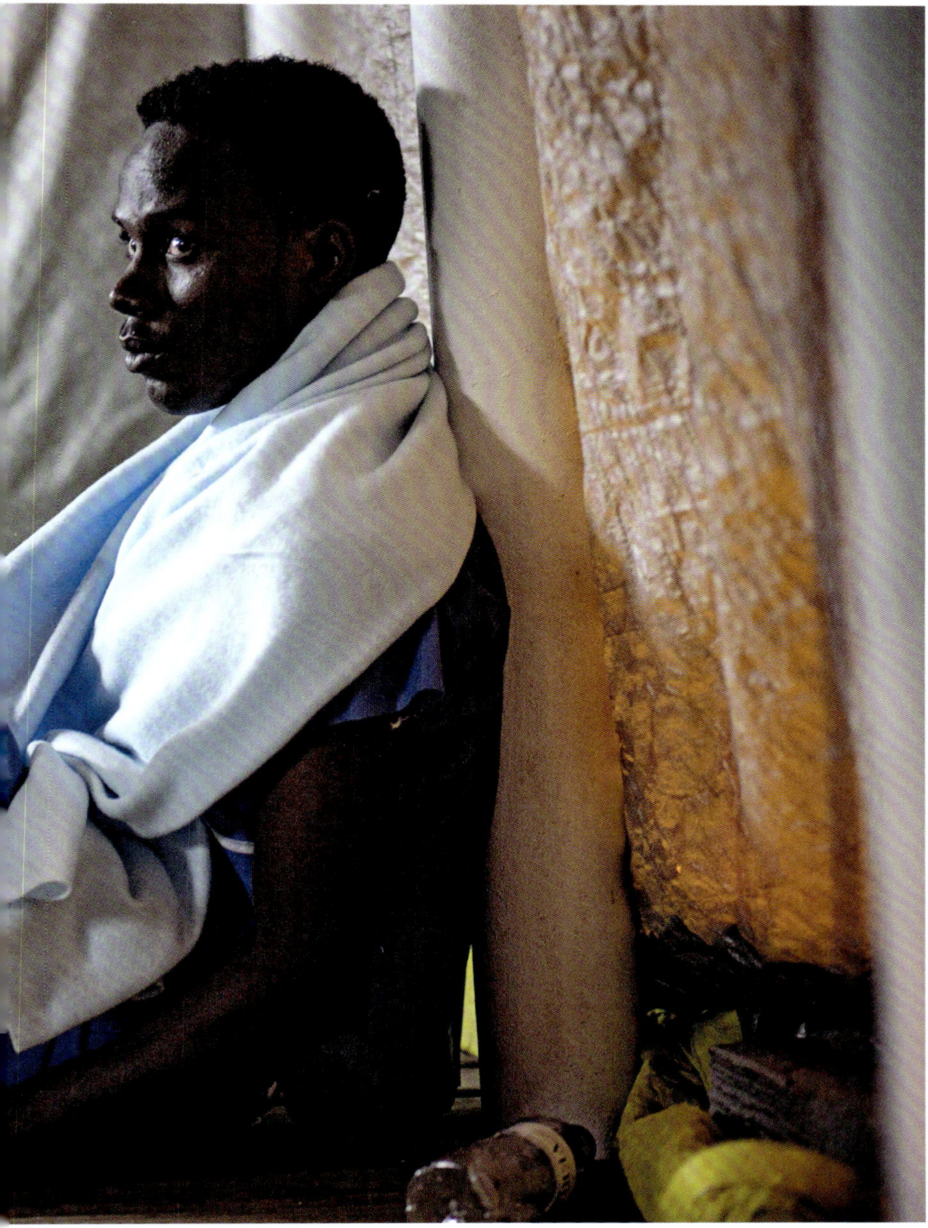

10. Un ustionato assiste al triage medico dei suoi compagni di viaggio. Agosto 2018.

11. Saluto dalla *Open Arms* a *Moonbird*, l'aereo della Ong Sea Watch. Agosto 2019.

12. Un piccolo peschereccio partito dalla Libia chiede aiuto alla *Open Arms*. Luglio 2019.
13. Un uomo in mare in attesa di essere soccorso. Luglio 2019.

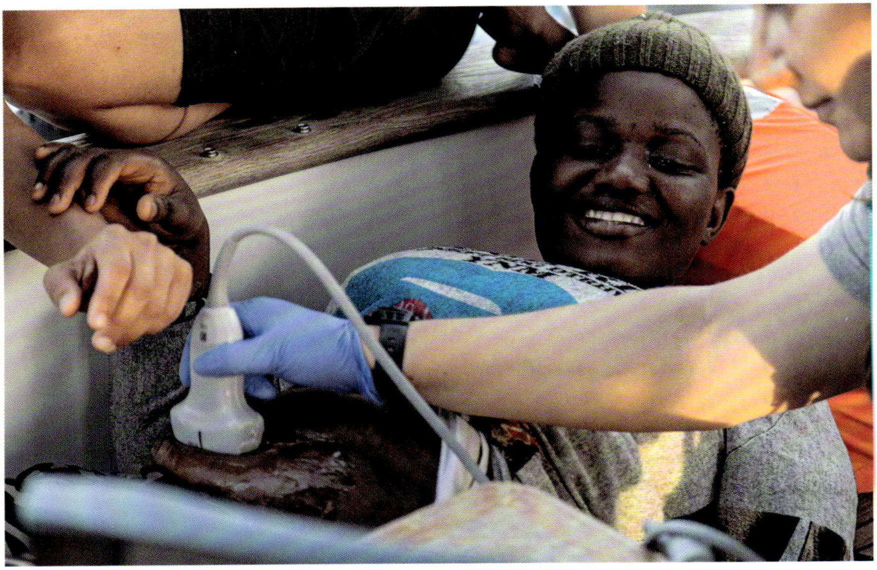

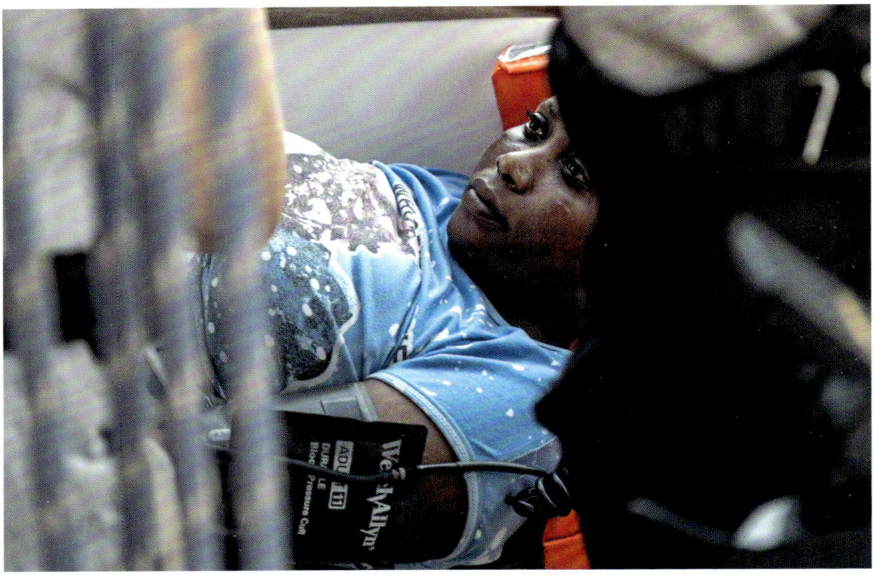


14. Una donna incinta viene sottoposta all'ecografia. Per la prima volta vede che suo figlio sta bene. Luglio 2019.

15. Una donna incinta viene sottoposta all'ecografia. La sua gravidanza è seguita agli abusi subiti nelle prigioni libiche. Luglio 2019.

16. Bambino in braccio alla mamma a bordo di un peschereccio alla deriva. Luglio 2019.
17. Un bambino a bordo della *Alex* di Mediterranea. Luglio 2019.

18. Preghiera collettiva. Agosto 2018.

19. Un gruppo di ragazzi in fila per la colazione. Agosto 2018.
20. Un giovane uomo del Mali insieme ai suoi compagni di viaggio contempla il mare in attesa di poter sbarcare. Agosto 2018.

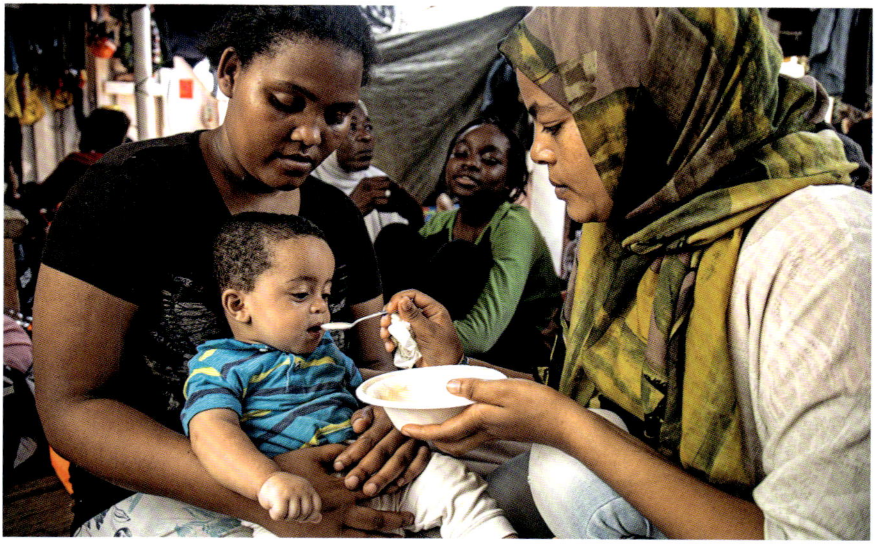

21. Mamma e figlia di pochi mesi in attesa del triage medico. Luglio 2019.

22. Un bimbo di nove mesi viene imboccato dalla mamma. Agosto 2019.

23. Un giovane sudanese all'alba vede la costa europea per la prima volta. Agosto 2018.

24. Una bambina ivoriana festeggia il Natale a bordo della *Open Arms*. Dicembre 2018.
25. Donne a bordo della *Open Arms* nella lunga attesa che precede lo sbarco. Agosto 2019.

26. Un ragazzo sudanese fa un selfie con i suoi compagni di viaggio poco prima dello sbarco. Agosto 2018.
27. Sheko sorride e indica il porto di Algeciras. Agosto 2018.

28. Anabel Montes Mier, Medici Senza Frontiere.
29. Riccardo Gatti, Medici Senza Frontiere.

30. Giorgia Linardi, Sea Watch.
31. Fulvia Conte, Medici Senza Frontiere.

32. Due uomini si affacciano fuori dalla nave al tramonto, dopo la fine della tempesta. Dicembre 2018.

vunque si pratica, la tortura ha un enorme valore politico. Avviene in clandestinità, ma l'informazione passa. Non è un caso che molti detenuti raccontino di urla e di grida. Ci deve essere una leggenda intorno, perché è un meccanismo di controllo sociale sul gruppo a cui i torturati appartengono, che sia religioso o etnico o di qualsiasi tipo. Il messaggio è: se non state alle regole, se non chiudete la bocca, se non smettete di protestare, questo è quello che vi succederà. Il torturatore ragiona cosí. Ti porta sulla soglia della morte, però non ti fa morire. Non ti tortura una volta, ma tante. In maniera reiterata, rituale, in modo che alla fine tu non sai piú chi sei, e provi un senso di colpa per quello che ti è successo. E si crea il dominio sull'altro. Tu sei completamente annullato, la tua volontà non c'è piú».

Gianfranco mi spiegava che le tecniche piú avanzate di presa in carico delle vittime di tortura comprendono una sedia vuota nel setting, che è la sedia del torturatore. Tu devi capire le ragioni per cui ti hanno fatto una cosa del genere, perché se entri in quella logica puoi recuperare le tue ragioni di opposizione, e quindi ricomporre quell'insieme di frammenti sparsi a cui ti hanno ridotto. L'approccio deve essere di gruppo. Non basta uno psicologo, deve esserci anche un medico, un fisioterapista, un mediatore. Tutti devono lavorare insieme: è il gruppo che ti ricompone. Esattamente come è stato un gruppo a distruggerti.

Mi faceva l'esempio del mediatore culturale, che potrebbe sembrare una figura superflua. Invece no. «Per parlare delle emozioni profonde è fondamentale la lingua materna, – diceva. – Perché non parlare in francese o in inglese? Perché è la lingua del colonizzatore. Tu sei un bianco e lavori con vittime subsahariane. Hai un potere perché sei un medico e sei a casa tua, quindi devi cedere un po' di quel potere. La persona che hai davanti deve essere libera di esprimersi nella sua lingua, nel suo dialetto locale, se possibile, e qualcuno deve tradurre per te. Capita che questi interpreti abbiano avuto le stesse esperienze del paziente, ci possono essere delle risonanze, può essere molto drammatico, ma è necessario. È necessario anche che sia proprio tu a non capire, in quella stanza. Almeno non sei nella posizione del dominatore».

*Post traumatic stress disorder*: solo a sentire nominare questo termine molto di moda, da dilettanti, Gianfranco diventava furibondo. «È soltanto una scatola vuota in cui puoi mettere tutto e il contrario di tutto, perché un *Post traumatic stress disorder* lo posso avere io dopo un incidente stradale, una ragazza violentata, un militare che è stato in Iraq o un terremotato. Tutti la stessa diagnosi. Com'è possibile? Nasce da un tabulato delle compagnie assicurative americane che per risarcire i clienti avevano bisogno di queste diagnosi, basate su certi criteri, che però appartengono alla medicina delle assicurazioni. La psichiatria le ha adottate e se ne vanta, ma è evidente che una vittima di tortura ha elaborato la sua esperienza in modo diverso rispetto a chi ha avuto un incidente stradale o è sopravvissuto a un attentato. E sai dove sta la differenza? Un incidente stradale succede, nessuno voleva uccidere proprio te. Lo stesso vale per un terremoto. Se scoppia una bomba, tu ti trovi in quel posto per una pura casualità. Invece la tortura è mirata. E questo cambia completamente. Ti chiedi: Ma *perché proprio io*?

Chi lavora con i migranti, sa quanto è diverso. Con loro, per esempio, non puoi considerare un'esperienza sola. Il migrante vive già in una situazione psicotica perché, per qualunque motivo sia partito, è stato costretto ad allontanarsi dal suo ambiente e a raggiungere un posto completamente diverso. In piú, i suoi diritti normalmente sono negati e vive una situazione di *minority* da un punto di vista sociale. E soprattutto ha avuto delle esperienze di violenza che non sono solo la tortura. Il mare e il deserto dove li metti? Già il fatto di avere davanti una persona che mi riconosce come essere umano, mi parla e non abbaia, che non è completamente impazzita, beh, *chapeau*. Io sarei morto, mi sarei già suicidato, non sarei riuscito ad affrontare una serie di esperienze cosí. Ne esci vivo e comincia la trafila in questi centri vergognosi. Non c'è piú una violenza fisica su di te, ma c'è una violenza istituzionale e continua l'opera di depersonalizzazione. Non gliene importa niente a nessuno di quello che hai attraversato prima. Tanto che essere vittima di tortura in Libia non è riconosciuto, non ti consente di avere lo status di rifugiato».

Del resto, fa comodo a tutta l'Europa dichiarare che la Libia è un porto sicuro. Riconoscere in modo ufficiale che si pratica la tortura, contro la Convenzione di Ginevra, concedendo a chi viene da lí lo status di rifugiato, sarebbe una contraddizione istituzionale.

*Il dolore che ricompone.*

Se nessuno pensa a te, ci pensa il tuo corpo. E qui, grazie a Gianfranco, ho scoperto una cosa che mi ha colpita molto: quando la tua identità è distrutta dalla tortura, un dolore fisico ti aiuta a ricomporla. Sono dolori cronici, che però ti permettono di concentrarti su qualcosa e di non delirare. Se ti hanno colpito alla schiena, ti farà sempre male la schiena. Se ti hanno appeso, avrai sempre male alle spalle. Il dolore diventa il tuo compagno, la tua memoria, il tuo centro.

«Come curarlo? Non basta tenerlo a bada con antidolorifici o ibuprofene, – diceva Gianfranco. – È un dolore che ha radici molto piú profonde». E mi ha raccontato una storia. Un giorno si presenta da lui un paziente mandato da un centro di accoglienza. Si spoglia per la visita e Gianfranco si accorge che non porta la biancheria. È strano, perché è vestito bene. Il ragazzo risponde che non può portarla perché gli fa male. Ha un dolore cronico nell'area genitale perineale. Gianfranco comincia a fare delle domande. Il ragazzo è chiaramente imbarazzato. Promette di essere sincero, ma a patto che nulla compaia sulla sua documentazione.

Racconta che durante il viaggio è stato rapito da un gruppo di trafficanti, che lo torturavano e lo filmavano per chiedere il riscatto. Gli inserivano nell'uretra un tubo di gomma, un catetere, e lo riempivano d'acqua. Quando la vescica era piena fino a esplodere e il dolore interno era fortissimo, riprendevano la scena. Non succedeva in Libia, ma al confine fra Iran e Turchia. La sua famiglia non aveva i soldi per pagare, quindi a un certo punto lo avevano lasciato andare.

Gianfranco decide di accompagnarlo da un urologo, per vedere se ci sono delle lesioni. Il professore li accoglie nel suo studio e il ragazzo comincia già a sentirsi al sicuro. Ordina due ecografie, una della parte testicolare e una dell'uretra. E si scopre che quel dolore non ha nessun fondamento fisico. Non c'è una rottura dei tubi, non è necessaria un'operazione. Mentre escono dallo studio, Gianfranco si rende conto che il ragazzo era convinto che l'acqua gli fosse entrata nei testicoli, rendendolo impotente. Era questa la natura del suo dolore.

«Gli ho spiegato che non era possibile, che l'acqua non era mai entrata nei testicoli, gli ho fatto una piccola lezione di anatomia. Nel giro di alcune settimane ha smesso di sentire quel dolore e ha trovato un lavoro. Ecco le conseguenze della tortura. Si vergognava cosí tanto che si è sempre rifiutato di utilizzare questa storia per chiedere l'asilo. Cosa ha spezzato il meccanismo? Per la prima volta, si è fidato di qualcuno».

Mi spiegava che il dolore cronico è una costante. E che gli esperti si sono accorti solo recentemente della sua importanza. «È come se attraverso il dolore tu potessi recuperare quello che eri prima della tortura, – diceva. – All'inizio la questione sembrava piú banale. Beh, lo hanno picchiato alla schiena, quindi ha male alla schiena. Invece era piú complicato di cosí. Tutti i nostri sintomi, un po' come i nostri sentimenti, hanno un valore economico, nel senso dell'economia biologica o dell'economia psicologica. Partiamo dall'idea che l'obiettivo della tortura è la frammentazione dell'identità. Un dolore cronico, costante e ripetitivo può funzionare per la persona come qualcosa di unificante. Per quanto sgradevole, mi permette di mantenere la mia unità. Se lo tratti solo con antinfiammatori o antidolorifici, non risolverai mai il problema. Perché il dolore ha una componente fisica e una mentale, e bisogna affrontare entrambe.

Con le vittime di tortura l'obiettivo non è la guarigione, ma il controllo del danno, sia dal punto di vista fisico che psicologico. Convivere con quel dolore e limitare i suoi effetti sulla vita quotidiana. Di piú non si può. La tortura è irreversibile.

Indagare su un corpo torturato è come fare una specie di autopsia sui vivi. Si chiama *certificazione del medico legale*. È una ricostruzione di tutti gli insulti che quel corpo ha ricevuto. Il paziente si spoglia e bisogna controllare ogni cicatrice. Separare quelle legate alla tortura dalle altre. Dura ore. Si comincia dalla testa. Questa come te la sei fatta? Una vaccinazione da vaiolo naturalmente è diversa da una bruciatura di sigaretta, ma il paziente deve partecipare. Un ginocchio può essere rotto per una caduta da bambino o per il colpo di un calcio di fucile. Un certificato è piú credibile se il paziente è sincero e non riconduce tutto alla tortura.

Una vittima di tortura non va trattata con gli psicofarmaci, perché non agiscono cosí a fondo, – mi spiegava Gianfranco. – Si rischia di annientare ancora di piú la persona. Non sono pazienti che vanno in giro ad ammazzare la gente con il machete, – diceva. – Le vittime di tortura sono autolesioniste, semmai. Sono autodistruttivi: considerano sé stessi come li considerava il carnefice. Si interviene con gli psicofarmaci solo se c'è il rischio di suicidio. Non bisogna mica sedarli come i militari con il bromuro nel brodo. Raramente sono aggressivi, ma possono avere comportamenti patologici in famiglia. Soffrono di disturbi del sonno, tutti. E poi ci sono i sensi di colpa. Magari per essere sopravvissuti. Ci sono persone che sanno che i loro fratelli sono rimasti nella stessa prigione da cui loro sono usciti e che stanno subendo le stesse torture. Altre che sono uscite vive da un naufragio e hanno visto morire amici e parenti. È la prima cosa di cui parlano, di solito. Ci vogliono parecchie sedute prima che riescano a raccontare tutto quello che è successo in Libia. Quindi cominciano dalla traversata, che è un trauma supplementare».

*Riti magici e fantasmi.*

«Il sopravvissuto spesso ti riferisce che la morte dell'altro ha permesso la sua sopravvivenza, – diceva Gianfranco, – queste culture fanno riferimento a un divino molto invasivo, di cui noi dobbiamo tenere conto. Un ragazzo, partito con il cugino, morto durante la traversata, era convinto di non poter piú tornare nel suo paese perché aveva promesso alla madre di proteggerlo. In un caso del genere, non puoi portare il paziente alla razionalizzazione rassicurandolo e basta, dicendogli che questa cosa non esiste. Devi rispettare la sua mitologia e considerare che ci sono dei riti. Un medico deve seguire dei riti magici? Sí, se necessario.

C'era un ragazzo del Mali, bellissimo, dolce e sorridente, che tutti adoravamo. In Libia aveva vissuto cose atroci, ma faceva fatica a parlarne. La violenza lo aveva reso molto mite, addirittura passivo. Intorno a capodanno si presenta a una sessione molto agitato, nervoso. Non è da lui e ci preoccupiamo. Ci spiega che al suo villaggio stanno preparando un rito propiziatorio, perché è arrivato vivo in Italia. Il marabú ha previsto il sacrificio di un montone e lui avrebbe dovuto mandare cento euro per l'acquisto del montone e per il banchetto. Per settimane aveva messo da parte quei quattro o cinque euro che gli davano, ma non bastavano. Quindi aveva deciso di vendersi le scarpe. Ma all'ultimo momento, l'acquirente delle scarpe non le aveva piú volute e non sapeva come raggiungere quella cifra entro il lunedí. Naturalmente noi abbiamo discusso a lungo. Alcuni sostenevano che era una richiesta di denaro e non si poteva fare. Ma io ho capito che era qualcosa di piú. Si parlava di un rituale e noi, per guarirlo, dovevamo dimostrargli che eravamo pronti a partecipare. Secondo me non bastava dargli quei cento euro, bisognava accompagnarlo alla Western Union e spedirli insieme. Dovevamo inventarci un rito anche noi. Il ragazzo è scoppiato a piangere, per l'emozione. Non immaginava che capissimo il suo discorso, non se lo aspettava.. Di colpo non era piú passivo, è diventato il capo della rivolta dello Sprar. E poco dopo si è trovato un lavoro.

Se necessario, bisogna anche parlare con i fantasmi di un paziente, – aveva proseguito Gianfranco. – Ricordo un ragazzo che era tormentato da alcune entità che lo venivano a visitare. Si presentava alle sedute ma subito scappava via. Alcuni colleghi volevano dargli degli psicofarmaci, ma io mi sono opposto. Non elimini i fantasmi con uno psicofarmaco. La psicologa, che aveva una certa esperienza con le culture africane, gli ha detto: "Oggi resti qui perché io devo parlare con *loro*". Si è messa in contatto con lo zio marabú e insieme hanno seguito una procedura, secondo le sue credenze. Ha funzionato. Il ragazzo ha smesso di avere le apparizioni. Senza essere curato come uno schizofrenico. Questo per farti capire che con le vittime di tortura non c'è una procedura standard. Quando mi chiedono di produrre un *minimum package*, un protocollo da seguire, io mi arrabbio. Perché non esiste. Non può funzionare. Conta solo l'esperienza».

*La geopolitica della crudeltà.*

La tortura ha sempre una valenza politica: era questo il concetto fondamentale su cui Gianfranco insisteva. «Non è un fatto bilaterale, serve una comunità, un gruppo che si accanisca contro uno o piú individui appartenenti a un altro gruppo. Perché è cosí importante partire da qui? Perché tu non puoi curare le vittime se non conosci il contesto culturale e politico dei carnefici».

Esiste perfino una Psicologia Geopolitica Clinica, mi spiegava. La comprensione clinica delle vittime di tortura è impossibile senza l'analisi dei sistemi e dei metodi di tortura, e della formazione dei carnefici.

«Per capire meglio quello che succede in Libia, bisogna uscire dalla Libia», diceva.

La prima esperienza di Gianfranco con vittime di tortura era stata in Turchia. Lo avevano mandato a Istanbul perché c'era un gruppo di ex detenuti politici dell'estrema sinistra turca che presentavano una sindrome neurologica molto particolare e bisognava capire la ragione. Avevano fatto uno sciopero della fame lunghissimo, alla maniera irlandese, e il governo aveva introdotto una legge speciale: se un detenuto perdeva conoscenza dopo un digiuno prolungato, lo stato aveva l'obbligo di rialimentarlo per tenerlo in vita. I detenuti rialimentati presentavano tutti la sindrome di Wernicke-Korsakoff, nota come la sindrome degli etilisti cronici.

«Era molto strano. Non solo perché erano musulmani, ma anche perché erano detenuti. Non poteva essere causata dall'alcol. È una sindrome molto riconoscibile. Ha tre sintomi chiave: l'atassia, quando non hai piú il controllo dei movimenti perché è stato colpito il cervelletto, la diplopia, che provoca lo sguardo incrociato, e disturbi della memoria. È una triade che in Occidente è conosciuta da tempo. L'alcol distrugge la mucosa dello stomaco, lo stomaco non assorbe piú la vitamina B1, che si chiama tiamina, e senza questa vitamina lo zucchero non viene spezzettato nel metabolismo e quindi arriva dritto nel sistema nervoso centrale producendo dei danni irreparabili.

A tutti i detenuti che avevano fatto lo sciopero ho fatto una visita neurologica con martelletto e diapason, all'antica, senza risonanza o elettromiografie: tutti quelli che erano stati rialimentati presentavano questa sindrome e tutti quelli che non erano stati rialimentati non la presentavano. Quindi ho capito. Era una tortura che veniva spacciata per un salvataggio».

Non immaginavo che esistessero torture cosí sofisticate. Ma Gianfranco non le citava a caso, detestava il voyeurismo. Stava solo cercando di farmi capire cosa succede in Libia. E voleva darmi una visione piú ampia, un metro di paragone che mi consentisse di individuare le peculiarità dell'inferno libico, che è diverso da quello di altri paesi.

«Molto sorprendente è una tecnica di tortura in Sudan. Ci è stata riferita da un paziente, che l'ha subita. C'erano delle manifestazioni in opposizione al regime, a cui seguivano degli arresti. Il mio paziente, ogni giorno, per mesi, doveva portare sulla testa una cassa piena di mattoni e camminare in una stanza. La pressione era molto forte, si poteva aiutare con le mani ma non riusciva a sollevare la testa, quindi subiva un continuo schiacciamento delle vertebre cervicali con dolori terribili alla colonna. Mentre lui camminava cosí, un ufficiale lo insultava. Sei una merda, sei un frocio, fai schifo. Perché ti racconto questa storia? Per farti capire che la tortura è sempre *metaforica*.

Tu sei oppositore politico e io ti schiaccio. Ti schiaccio con le parole e fisicamente. Lui era un uomo molto forte, non è stato schiacciato moralmente, continua a essere un oppositore. Ma fisicamente sí. Sono danni irreversibili».

Mi spiegava che esistono anche *torture invisibili*, che non lasciano nemmeno cicatrici. «Le torture piú sofisticate sono quelle dei regimi polizieschi. Abbiamo avuto un paziente iraniano e la tortura riservata a lui consisteva nell'essere immobilizzato su una sedia con una goccia d'acqua che batteva continuamente sull'attaccatura del naso. Per ore e ore, per giorni e giorni. Naturalmente non restava un segno, ma lui continuava ancora a sentire quella goccia d'acqua e questo lo faceva impazzire. I regimi che conoscono il loro mestiere non lasciano traccia. Nessuno può dimostrare che sei stato torturato: sei un pazzo e basta».

Perché, per capire la tortura in Libia, è importante avere un panorama del genere? Perché bisogna saperla leggere nella sua specificità.

«La tortura nei centri libici è piú *sauvage*, sono piú grezzi, loro. E c'è un motivo. In Libia le torture non sono raffinate, perché non lo sono *i moventi*. Non c'è nessun disegno politico dietro. Lo scopo è l'estorsione, punto. La tortura è *un business*. Le sevizie vengono filmate con un telefonino, il video viene mandato alle famiglie delle vittime che devono spedire dei soldi attraverso i servizi di trasferimento di denaro. Fine. In Libia la violenza si deve sentire e si deve vedere. Devono esserci delle urla e devono restare delle cicatrici. Altrimenti i parenti non pagano.

In aggiunta, non si deve dimenticare un fattore culturale. Dietro a questa violenza, c'è il razzismo dei libici, che è molto peggiore di quello degli europei. Il carnefice non prova nessuna empatia perché non considera i *negri* degli esseri umani. Non a caso, questo sistema non viene applicato a tutti i migranti che si imbarcano sulle coste libiche, ma solo a quelli che vengono dall'Africa subsahariana o dal Corno d'Africa. I libici non si sognerebbero mai di torturare dei siriani o dei magrebini, per esempio. E non solo perché sono piú ricchi. È un trattamento riservato ai *negri*. Che vengono considerati oggetti. Il torturatore libico vive in una dimensione di perversione perché *per lui non è disumano torturare*. L'altro non è una persona, è *un oggetto*, un oggetto animato che si riduce a puro dato biologico, a cui può fare quello che vuole. Da qui nasce la sua ebrezza.

Bisogna anche tenere conto dei soldi che il nostro governo versa alla Libia: è una sorta di autorizzazione. Come se non bastasse, le autorità negano che nei centri di detenzione si pratichi la tortura. E questa negazione diventa un via libera. I libici hanno un potere assoluto su quelle persone. Quando vogliono sbarazzarsene, li mettono in mare, a volte senza neanche farli pagare. Succeda quel che succeda. Non è nemmeno un premio. Semplicemente se ne liberano. Poi arriva la Guardia Costiera libica, li intercetta, li rivende ad altri trafficanti e la trafila ricomincia. Torture, di nuovo».

# Libyan Coast Guard

*La balena bianca.*

In fondo avevo sempre desiderato vederla con i miei occhi. Era un desiderio infantile, come quello di vedere dal vero uno squalo bianco, possibilmente alla giusta distanza. Davanti alle proprie paure spesso si regredisce: i bambini e gli adolescenti hanno un rapporto ambiguo con la paura, fatto anche di una forte attrazione, un rapporto vivo. E nel Mediterraneo, in *quel* Mediterraneo, cosí esposti a emozioni forti, sempre sotto stress, in continua emergenza, a tratti si invecchia di molti anni in un mese e a tratti si ritorna indietro di tre o quattro decadi in un colpo solo.

E cosí dicevo a tutti: «Mi raccomando, se arriva la Guardia Costiera libica, avvertitemi». Ero preoccupata che succedesse mentre dormivo o ero sotto la doccia o chiusa in una lavanderia senza oblò a fissare il cestello della lavatrice. Ero preoccupata come una tredicenne. «Stai tranquilla che te ne accorgi», mi rispondevano.

Come si reagisce davanti alle proprie paure è sempre un mistero e la reazione può rivelarsi anche deludente. Non è un mistero invece il comportamento della Guardia Costiera libica: le mie non erano paure infondate, erano *paure documentate*.

Prima del 2017, alle navi Ong capitava di incrociare dei motoscafi non bene identificati che si presentavano come Guardia Costiera libica, poi chissà chi erano. Guardia Costiera davvero o milizie? Gente coinvolta nel traffico di esseri umani o avvoltoi venuti a recuperare un motore? Il mare davanti alla Libia era ancora una terra di nessuno. Incontrarli non faceva piacere perché a bordo c'era gente armata, ma di solito si limitavano a girare intorno come squali, tutto sommato innocui.

Qualche episodio violento era capitato già nel 2016. Il 17 agosto, un motoscafo aveva sparato contro la *Bourbon Argos* di Medici Senza Frontiere. Degli uomini armati erano saliti a bordo della nave e l'equipaggio si era chiuso nella stanza di sicurezza. Se n'erano andati dopo un'ora, senza rubare niente. Nessun ferito, solo i segni dei proiettili sulla chiglia. Mentre il 21 ottobre 2016 alcuni uomini, sempre armati, a bordo di un'imbarcazione che portava le insegne della Guardia Costiera libica avevano preso a bastonate dei migranti su un gommone, facendoli cadere in acqua. La *Sea Watch 2*, che assisteva alla scena, era riuscita a prendere a bordo solo centoventi persone su centocinquanta. Gli altri trenta erano morti durante l'incursione. Ma erano incidenti rari e soprattutto non attribuibili con certezza alla Guardia Costiera libica.

Il 2 febbraio 2017 cambia tutto. L'allora ministro dell'Interno, Marco Minniti, firma il Memorandum d'intesa con la Libia. Il 10 agosto del 2017, Tripoli dichiara la sua zona Sar, ancora non approvata dall'Imo che formalmente lo farà un anno dopo, il 28 giugno 2018. La cesura è irreparabile. I pattugliatori italiani vengono donati in pompa magna, con il ministro Minniti che presenzia alla cerimonia ufficiale a Tripoli, zac, nastro tagliato – e insieme alla splendida, ridondante inaugurazione, l'invito a procedere: *andate e salvate*.

E la Guardia Costiera libica, legittimata dall'Italia – di piú: dall'Europa intera – da quel momento si sente autorizzata a fare *qualsiasi cosa*, con la benedizione dell'altra sponda del Mediterraneo, quella che conta, da cui Tripoli riceve un notevole introito (venti milioni di euro a oggi). Purché riporti tutti indietro: come non importa, e che siano vivi o morti, nemmeno. Mentre Marco Minniti impone alle navi Ong un Codice di condotta, sulla condotta della Guardia Costiera libica si chiude un occhio. E comincia l'incubo.

Il 10 maggio 2017, la *Sea Watch 2* inizia il rescue. Arriva la nave della Guardia Costiera libica, la 206, velocissima. Taglia la strada e per poco non urta la prua della nave Ong. I migranti vengono riportati in Libia. Il 23 maggio 2017, l'*Aquarius* di Sos Méditerranée e Medici Senza Frontiere ha mille persone a bordo. È un martedí mattina, intorno alle nove meno dieci, la nave riceve una chiamata da Roma che segnala la presenza di diverse imbarcazioni in distress (nove gommoni e due barche di legno). L'*Aquarius* raggiunge la posizione e inizia a distribuire i salvagenti. Arriva una motovedetta della Guardia Costiera libica e spara colpi di kalashnikov. Due ufficiali salgono su un gommone e lo portano via. Gli spari creano il caos: sessantasette persone, spaventate, si buttano in acqua. Dopo questo episodio, Medici Senza Frontiere ritira una delle sue navi, la *Vos Prudence*, anche in polemica con gli accordi presi con la Libia. Il 7 agosto 2017: sono le otto e trenta del mattino e durante un rescue della *Golfo Azzurro* si avvicina la 654, la *Sabratha*. Anabel è sul rhib, lontanissima dalla nave madre, e sente due raffiche di kalashnikov. Afferra la radio – «Sparano! Sparano!» – e detta veloce le coordinate al ponte. A prua, i libici hanno una grande mitragliatrice. Poi il comandante si scusa. Sostiene di avere scambiato i soccorritori di Open Arms per delle milizie. Una versione poco credibile, considerate le uniformi arancioni, molto riconoscibili, e la presenza di donne a bordo, fra cui una con lunghi capelli blu.

Il 15 agosto 2017, appena una settimana dopo, la Guardia Costiera libica sequestra per un'ora e quaranta minuti la *Golfo Azzurro*. A bordo c'è Riccardo, che subito mette la notizia in rete e si attacca al telefono («Ci stanno sequestrando!») Intanto il comandante della *Golfo Azzurro*, costretto a fare rotta verso Tripoli, per prendere tempo, naviga a tre nodi, a zig zag.

Il 27 settembre 2017, la *Lifeline* fa un rescue di cinquantadue persone, arriva la Guardia Costiera libica, spara colpi di arma da fuoco e chiede che vengano consegnati i migranti. E cosí si arriva alla strage del 6 novembre 2017, uno degli episodi piú terribili della storia della Sar, di cui parlerò.

C'è una nave in particolare, sempre la stessa, che crea problemi: la *Ras Jadir*, la 648, pattugliatore Classe Bigliani. La responsabile degli episodi piú violenti. È il 15 marzo 2018, Anabel è sul bridge e il rhib è lontanissimo dalla nave madre. Lo skipper chiama il ponte via radio. «La 648 è qui e ci sta minacciando di morte. Abbiamo trenta secondi per consegnare le donne e i bambini altrimenti ci sparano». La *Open Arms* mette il motore al massimo, ma ci vogliono quarantacinque minuti per raggiungere la posizione. Quando arriva sul posto, i migranti, nel panico, accendono il motore e si infilano nella scia della nave. Una mossa pericolosissima, perché rischiano di cadere in acqua e di finire nelle eliche. La *Open Arms* si inventa un rescue acrobatico: fa il salvataggio senza fermarsi, a dieci nodi di velocità. La gente viene presa al volo e lanciata sul deck.

Il 30 marzo 2018, Roma obbliga l'*Aquarius* a lasciare i migranti ai libici, riescono a portarne a bordo solo trentanove, casi medici e persone vulnerabili. Il 25 maggio, una motovedetta ostacola il rescue della *Sea Watch 3*, solo dopo due ore di tensione, la nave tedesca riesce a prendere a bordo le persone. 17 luglio: un'altra tragedia. La *Open Arms* recupera il relitto di un gommone intercettato dalla Guardia Costiera. Aggrappata a un pezzo di legno, ancora viva, trovano una donna, Josefa, lasciata a morire in mare cosí. Di fianco a lei, i cadaveri di una madre e di un bambino.

Sono tanti i video delle organizzazioni umanitarie in cui si vedono migranti picchiati con corde, manganelli o fucili a bordo delle navi libiche. C'è anche chi li riempie di benzina e tiene un accendino in mano, perché non facciano storie. Molti si buttano in acqua, preferiscono morire in mare che essere soccorsi, perché salire sulle loro (*nostre*) navi significa essere rivenduti come schiavi o portati nelle prigioni, ufficiali e non, dove verranno torturati di nuovo. Episodi del genere continuano a succedere. Il primo di luglio del 2021 la *Ras Jadir* ha sparato a un gommone con a bordo cinquanta persone, tentando di speronarlo, mentre il 27 luglio i guardacoste libici hanno minacciato di arrestare l'equipaggio della *Sea Watch 3* in acque internazionali.

Ecco l'esternalizzazione delle frontiere. Dopotutto con la Turchia ha funzionato, la rotta greca si è inceppata (per capire che cosí si finisce sotto ricatto ci vorranno anni e un milione di profughi spinti da Erdogan al confine della Macedonia nel 2020). Il Memorandum verrà sistematicamente rinnovato da tutti i governi italiani di ogni orientamento politico, da Matteo Salvini a Giuseppe Conte, da Luciana Lamorgese a Enrico Letta. Mario Draghi, al suo primo viaggio da premier – preoccupato dall'influenza russa e turca in Libia – volerà a Tripoli e ringrazierà cortesemente la Guardia Costiera libica «per i suoi salvataggi». Ma *salvataggi* non è la parola esatta.

Con queste informazioni negli occhi – gli occhi guardano in modo diverso a seconda della conoscenza – dal ponte della *Ocean Viking* vedevo arrivare la *Fezzan*, il pattugliatore Classe Corrubia 658, dritta verso la *Alan Kurdi*, che stava facendo un soccorso.

Era la mattina del 25 gennaio 2020. Eravamo tutti stravolti perché avevamo fatto due salvataggi di seguito, sempre di notte. Non so se gli altri erano riusciti a dormire. Io no.

Dopo colazione speravo di riuscire a riposarmi un po' e mi ero messa a leggere *Moby Dick* nel letto, perché mi rilassava. Le navi umanitarie ti rovinano i classici, almeno finché sei a bordo, persino i piú amati, quelli che hai letto tre volte e sempre con grande emozione. Lí usavo Melville per addormentarmi. Una balena bianca, capirai. È qualcosa di troppo lontano da te, anche se il romanzo parla di cose che ti riguardano, come il mare e la morte.

Quello che ti agita è banale adrenalina, una roba che c'entra di piú con i tuoi reni che con chissà quali riflessioni. Non hai tempo per riflettere, non ne hai le forze. I pensieri si riducono al minimo. Si saranno asciugati i miei calzini? Mi sono ricordata di mettere i guanti dentro al casco? Claudia, che dorme sopra di me, avrà messo a posto gli stivali? E mi alzavo di scatto per controllare, per non rischiare di infilarmi i suoi. L'adrenalina, il rene, ti tiene sveglio cosí. Non perché pensi alla morte, a una balena bianca. A quella pensi – tanto, troppo, sempre – *dopo*.

In ogni caso, sarebbe stato inutile riuscire ad addormentarsi. Un'ora dopo già mi richiamavano sul bridge.

*Pattugliatore Classe Corrubia.*

Sul ponte di comando c'era tensione. Luisa camminava fra un radar e l'altro, si sedeva un attimo a guardare il computer e poi si alzava. «È piú vicina la *Alan Kurdi*. Devono fare il soccorso loro, perché possono arrivare prima». Noi, convocati, facevamo un cenno con la testa, il casco che non si muoveva nemmeno se dicevamo di sí convinti, perché era stretto su misura, come un abito di sartoria.

«Però, però, – diceva Luisa. E qui per un attimo si era passati dallo sbadiglio – tanto ci pensa la *Alan Kurdi* – al fiato sospeso. *Però*? – In giro è stata avvistata la Guardia Costiera libica, quindi andiamo anche noi. Per *controllare*. Non possiamo lasciarli soli».

Certo che no, tutti sull'attenti, tutti pronti. Claudia e io ci siamo guardate. Uno scambio muto, semplice, sincero: oh, cazzo. Poi ci siamo dispersi sul ponte, si capitava con chi si capitava. A *controllare*. Io ero di fianco a Maggie. Lei si dedicava al Mediterraneo da almeno cinque anni, prima come volontaria di Alarm Phone, quindi come soccorritrice a bordo della *Iuventa* e di *Sea Watch*, poi come aiuto pilota sugli aerei. Adesso era di passaggio sulla *Ocean Viking*, o forse stabile, ma chissà, nessuno è stabile nella Sar. Insomma una che aveva visto *di tutto*. Eppure ci tenevamo per mano come due ragazzine, fumavamo una sigaretta dietro l'altra. Era una specie di reality insostenibile, anche se non lo guardavamo da un divano, ma sedute su grandi bitte che usavamo come sgabelli. «Merda, l'ultima volta i libici hanno sparato alla *Alan Kurdi*», dicevamo. Era successo solo tre mesi prima, nell'ottobre del 2019.

Assistevamo dal ponte di mezzo al loro rescue, in diretta. Giravamo le teste come in un torneo di tennis. Vedevamo la *Fezzan* che si avvicinava – velocissima nella sua avanzata – e i rhib della *Alan Kurdi* che andavano avanti e indietro senza sosta, piccoli come api operose. Su e giú – nave madre e gommone in distress, gommone in distress e nave madre – affannati, il motore al massimo, a costo di fonderlo, per portare tutti a bordo prima che i libici arrivassero. Ogni secondo perso è una vita persa: e noi non potevamo fare altro che guardare. È molto faticoso guardare, ti stanca piú di qualsiasi azione.

Quando la *Fezzan* ha raggiunto la *Alan Kurdi*, anche le ultime persone erano a bordo. Io e Maggie gridavamo di gioia, saltando sul ponte a piedi pari, con le braccia alzate. Sopra di noi urla da stadio dal resto dell'equipaggio, che aveva seguito la scena dal bridge. Da un ponte all'altro parlavamo come comari dal balcone. «Avete visto? Porca puttana, per un pelo».

Poi il rhib della *Alan Kurdi* è tornato verso il relitto, per tagliare i tubolari e buttare il motore. E la *Fezzan*, che aveva rallentato, stava andando dritta da loro. «Ma sono pazzi. Che fanno? Non provocateli, non fatelo, è solo un cazzo di relitto». La *Fezzan* si è avvicinata al rhib e si è fermata. Noi avevamo la tachicardia. Non potevamo sentire quello che si stavano dicendo. Ci aspettavamo di vedere del fumo nero. Adesso scappa un colpo di kalashnikov. Invece no. Parlavano e basta. Ci siamo calmate solo quando la nave dei libici – la nave italiana comandata dai libici, dovrei dire, regalata da noi, finanziata da noi – se n'è andata.

Eravamo sfiniti dalla tensione, in confronto due rescue, per due notti di seguito, erano niente. Per fortuna ci salvava la regressione, sembravamo adolescenti fuori dal cinema, dopo un film d'azione, dopo un'iniezione di adrenalina. «Minchia, che scena pazzesca». Ci uscivano delle risate un po' isteriche, utili a smaltire lo spavento. E un sacco di parolacce. Solo che non eravamo degli adolescenti che hanno bisogno di mettere in circolo l'adrenalina perché si annoiano, noi addosso ne avevamo anche troppa, dovevamo semmai difenderci da quel veleno. Ghiandola surrenale, basta grazie. Invece ce ne aspettava ancora, per settantadue ore di seguito, anche se ancora non potevamo saperlo.

Era l'ora di pranzo. Spesso ci sedevamo a tavola silenziosi, cupi, affamati. Ma quel giorno no, eravamo tutti fuori controllo, incontenibili, una scomposta classe di liceali. Tutti a raccontare mille volte qualcosa che avevamo visto insieme, come si raccontano le cose a uno sconosciuto, per la pura ebrezza di parlarne, o per il bisogno di farlo.

Poi si è seduta Luisa, pacata, tranquilla, ragionevole come al solito. «Un pattugliatore Classe Corrubia va velocissimo, può fare anche quarantatre nodi. Ma oggi la *Fezzan* andava piano, come se non volesse disturbare il soccorso. Infatti non l'ha disturbato. Non chiedetemi perché. Non lo so. So solo che ha scelto di non farlo».

Luisa, subito dopo, aveva contattato la *Alan Kurdi*. I libici si erano avvicinati solo per chiedere se le persone soccorse *stavano bene*. E per ordinare alla *Alan Kurdi* di lasciare immediatamente la Sar libica. Nient'altro.

Eravamo tutti un po' stupiti. Io e Maggie ci guardavamo. «Forse erano cosí *gentili* perché di fronte c'eravamo noi, con le telecamere puntate», ci dicevamo sottovoce. Ma restava un mistero il motivo per cui la *Fezzan* non si fosse avvicinata anche a noi. Perché alla *Alan Kurdi* aveva ordinato di lasciare immediatamente la Sar libica e alla *Ocean Viking*, che era solo a pochi metri di distanza, no? Boh. Le parole moderate di Luisa – capace di essere rabbiosa eccome, e combattiva, e anche di fare scelte estreme per salvare vite – mi inquietavano. Una questione di nodi, dunque. Perché la *Fezzan* aveva scelto di andare piano? Per non mettere in difficoltà il governo italiano e la ministra dell'Interno Luciana Lamorgese che stava per rinnovare il Memorandum con la Libia? Perché a bordo, quel giorno, c'era un comandante che si era svegliato bene e non voleva vedere affogare decine di persone, che davanti alla sua nave si sarebbero sicuramente buttate in acqua? Perché le navi Ong presenti erano due? Chissà.

Pensavo a tutti i nodi che si aggrovigliano nel Mediterraneo: misteri di stato mescolati ai misteri dell'anima, misteri intorno ai morti come intorno ai vivi, che dopo avere attraversato quel tratto di mare diventano insondabili.

*Il «punctum» del Mediterraneo.*

Trovare un target è una corsa contro il tempo, puoi arrivare troppo tardi. Il gommone può essersi sgonfiato, il barchino può essersi rovesciato. È soprattutto una corsa contro la Guardia Costiera libica, che ha navi veloci, molto piú veloci dei rimorchiatori delle Ong.

Una fotografia di Valerio coglie il *punctum* del Mediterraneo. Che non è la paura di affogare. È buio, al gommone si stanno avvicinando due rhib di *Open Arms*, ma quei ragazzi non lo sanno ancora. Vedono solo una luce che avanza verso di loro. Sono convinti che siano i libici, che li stanno tornando a prendere. Non serve raccontare niente. Non serve spiegare. Basta guardare i volti tesi, disperati, cupi. Tutto viene detto attraverso gli occhi spalancati e pieni di terrore di Sheko, un ragazzo del Sud Sudan, illuminato dal faro di pattugliamento come in un moderno quadro di Caravaggio.

Piuttosto che tornare in Libia, preferiscono morire. Lo racconta bene un video girato sempre da Valerio quella notte di agosto del 2018. In mare c'è un siriano, Khaled, che grida: «*Help me! Help me!*» Gli lanciano un salvagente, gli dicono di infilarselo e di non nuotare. Poi lo tirano dentro il rhib. Ma lui non è ancora tranquillo. Sta rannicchiato sul fondo. «*No Libiya! No Libiya!*» supplica. E fa cenno di no con l'indice. E per fare capire che lí lo avrebbero ucciso, con le mani mima le pistole, pollice alzato e indice dritto. Poi si afferra il collo, come per strangolarsi. A questo punto, uno dei soccorritori spagnoli, Xavier, detto Panama, ha un'idea geniale. Si toglie il casco e gli fa vedere che è biondo. Il siriano scoppia in un sorriso, il sorriso piú bello che si possa vedere in un essere umano. «Okaaay, – grida, i pugni chiusi e i pollici sollevati, – okaaaay». E si abbandona. È nelle mani giuste, è al sicuro.

«Io ho sempre paura che succeda qualcosa: che non li prendi, che ti muoiono, che non li trovi, – mi diceva Riccardo. – Se la paura non ti blocca, ti fa rimanere all'erta. E in quel mare bisogna sempre stare all'erta».

E cosí, per la prima volta, mi sono accorta che le parole *disattenzione* e *distrazione* non sono sinonimi. Non nel Mediterraneo, almeno. La differenza fra un errore umano e un crimine sta nell'etimologia. La disattenzione è una mancanza, cioè un'attenzione con una particella privativa. È un'omissione, è il non fare abbastanza. La distrazione invece è fatta dalla particella *dis*, che indica allontanamento e separazione, e dal verbo *trahere*, che significa tirare da parti diverse, come nel tiro alla fune. La disattenzione è colposa: commetti un errore, anche se non vuoi. La distrazione invece è dolosa: c'è qualcuno o qualcosa che tira dall'altra parte. Viviamo in un'epoca di distrazione di massa. Tutto è studiato per tirarci altrove. Ma se ti affacci al Mediterraneo, capisci che è urgente riportare le parole al loro posto. Una disattenzione può costare la vita di qualcuno. Una distrazione di massa è una resa davanti alla vita di centinaia di migliaia di persone, una resa davanti alla Storia. Ha ragione Riccardo: meglio stare all'erta. Meglio avere paura, anche di noi stessi.

*Pattugliatore Classe Bigliani: la strage.*

Era il 6 novembre 2017. Nella notte, un gommone era partito da Tripoli. Il mare si era alzato, entrava acqua, e le persone, con un Thuraya, hanno contattato la Guardia Costiera italiana. Alle cinque e cinquantatre Sea Watch ha ricevuto un messaggio da Roma, Mrcc purtroppo non era riuscita a rilevare la posizione esatta, ma avvertiva che c'era un'imbarcazione in distress. Suppongo che sulla nave, davanti alla carta, abbiano ragionato sulla rotta, sui venti e sulle correnti. Cosí di solito si fa. Ma il Memorandum era firmato, quindi la Guardia Costiera italiana, che ha nel sangue il salvataggio, sangue che probabilmente ribolliva per gli ordini ministeriali, è stata costretta a chiamare anche la Guardia Costiera libica.

Alle sei di mattina, Roma finalmente è riuscita a dare una posizione esatta. E *Sea Watch 3* ha cominciato a correre, come può correre un rimorchiatore – avanti tutta! – cioè piano. Quando è arrivata sul posto, c'erano già una nave militare francese, l'*Her*, un aereo portoghese di Eunavfor Med (cioè di Frontex) e un pattugliatore Classe Bigliani, non piú italiano: la 648, la *Ras Jadir*. La temibile *Ras Jadir*, sempre lei.

Intanto un tubolare del gommone era scoppiato e molte persone erano cadute fuori bordo. Secondo la testimonianza di uno dei migranti l'aereo era passato tre volte e solo alla terza, quando già molte persone in acqua erano morte, aveva lanciato i salvagenti e una zattera gonfiabile. E altri erano annegati nel tentativo di raggiungere la zattera a nuoto.

La nave militare francese, l'*Her*, ha contattato la 648 per sette volte, senza ricevere risposta. La *Sea Watch 3* era piú vicina, ma la *Ras Jadir* andava molto piú veloce. E in dieci minuti era davanti al gommone, mezzo sgonfio.

Dal bridge, la *Sea Watch 3* si è messa in contatto con la *Ras Jadir*, via radio, attraverso il canale 16, il canale d'emergenza. Ma la 648 ha risposto secca: «Sea Watch, questa è la Guardia Costiera libica, ora siamo noi responsabili del rescue. *Over*». *Over* un cazzo. Ma cosa chiudi? Sea Watch non ci stava: «*Negative*. Abbiamo ricevuto un ordine da Roma, quindi continueremo il rescue. *Over*». E questo era un *over* davvero.

Fin qui, la ricostruzione non è mia e nemmeno di Sea Watch. È stata fatta dalla Goldsmiths University, consiglio di guardare il video, per togliersi ogni dubbio sui comportamenti della Guardia Costiera libica[1].

Da qui in poi, non è mia comunque. Resta storia documentata dall'università inglese, ma io affido la narrazione a chi c'era, *rex tremendae*. A chi l'ha vissuta dal primo rhib, *Delta*: Gennaro Giudetti, volontario di Sea Watch.

«Abbiamo lanciato i rhib, – mi raccontava Gennaro, – quando siamo arrivati abbiamo visto tanta gente in acqua. La prima persona che ho tirato su era una ragazza del Camerun, Merlin. Dov'è mia figlia? Gridava. Si chiamava Divany, aveva tre anni. La mamma era caduta in acqua e, certa di affogare, l'aveva consegnata a un ragazzo ancora sul gommone. Poi era caduto in mare anche il ragazzo e la bambina gli era scivolata di mano. Non l'abbiamo mai trovata.

[1] https://forensic-architecture.org/investigation/seawatch-vs-the-libyan-coastguard

Vedevamo delle mani, le teste erano sotto. *Solo mani*. Mani che la corrente forte portava lontano. Sai, provi rabbia davanti a una mano che passa e non riesci ad afferrare, – diceva Gennaro. – A istinto vorresti buttarti in mare, ma non puoi. Non solo perché è pericoloso e rischi di affogare anche tu, quando la gente si aggrappa. Ma anche per una ragione tecnica: perché il salvagente a gas a contatto con l'acqua si gonfia e diventa enorme, resti bloccato con la testa, non puoi piú muoverti. Rimani stabile in acqua a galleggiare, e non puoi salvare nessuno. Provi rabbia, perché sei costretto a scegliere chi deve vivere e chi deve morire, e non dovresti essere tu a farlo».

Mentre si avvicinava, Gennaro ha visto un salvagente piccolo in cui galleggiava un bambino. Sembrava morto, ma non poteva non fare un tentativo. Anche perché il bambino era finito sotto la prua del *raft*, la zattera galleggiante piena di salvagenti. Non poteva buttarsi, ma neanche lasciarlo lí. Allora è sceso in acqua fino alla vita, aggrappato a una corda, facendo attenzione a non bagnare il salvagente a gas. Ha afferrato il bambino e lo ha consegnato alla dottoressa, che subito gli ha fatto un massaggio cardiaco. «Io l'avevo capito già, che era morto: era troppo pesante per essere cosí piccolo. Era nigeriano, aveva due anni e mezzo, si chiamava Great. Siamo ripartiti. Avevo l'adrenalina a mille, in pochi minuti ero riuscito a prendere un bambino in acqua, a metterlo nel rhib e quasi contemporaneamente a tirare fuori un'altra persona. Gennaro, non pensare, mi dicevo. Si sentivano le grida».

La corrente forte aveva sparso la gente ovunque. Prima di avvicinarsi al gommone, bisognava pensare alle persone già in acqua, quelle portate via dal vento e dal mare, che non avevano niente a cui aggrapparsi.

«Ero in un'altra dimensione, – diceva Gennaro. – Quanto è durato? Poteva essere una giornata intera come due minuti. Non mi ricordo neanche se c'erano delle altre persone sul rhib con me, figurati. Come se non esistesse nessuno, come se fossi solo. Invece non ero solo. C'era il rhib driver, c'era la fotografa, c'era la dottoressa. Fra l'altro è impossibile tirare fuori una persona dall'acqua da soli. Una persona bagnata è pesantissima. Una persona stremata ancora di piú, non ha le forze per darsi la spinta, è un peso morto. Quindi bisognava farlo in tre. Il rhib driver guidava, quindi toccava a me e alle ragazze. *Un, due, tre* – su fino al busto. *Un, due, tre* – dentro».

Dopo avere salvato il salvabile in mare aperto, Gennaro è arrivato davanti al gommone, legato alla *Ras Jadir*. «Tanto per cominciare un rescue non si fa cosí. Perché un gommone, soprattutto con un tubolare esploso, con le onde va a sbattere contro lo scafo e affonda ancora di piú. Bisogna mettere il rhib in acqua, ma il loro rhib era ancora sulla nave e nessuno dei libici era sceso in mare. Stavano sul ponte e dall'alto facevano dei video con il telefonino».

La *Ras Jadir* si era limitata a lanciare una corda. La gente praticamente faceva climbing. È difficilissimo arrampicarsi su una nave in questo modo. Quindi molti scivolavano e ricadevano in acqua. C'era anche una scaletta, ma le persone erano esauste dallo sforzo di stare a galla e non avevano le energie per arrampicarsi. Nessuna donna era riuscita a salire sulla *Ras Jadir*.

In ogni caso, non era un bel traguardo. Non solo perché la destinazione era la Libia. Ma anche perché, una volta raggiunta la prua – la salvezza, almeno dal mare – i libici che non erano impegnati a filmare la strage, erano impegnati a frustare e a picchiare, con corde e bastoni.

«*Aram*, è peccato, gridavo. Fermatevi. *Stop, stop*. Picchiavano le persone a bordo, invece di salvare la gente ancora in acqua. Ma anche per noi era complicato l'avvicinamento, a quel punto. Perché il gommone era mezzo sommerso. E quelle assi e quei chiodi sott'acqua erano pericolosi, non dovevamo finirci sopra, potevano tagliare il nostro rhib e farci affondare tutti, insieme alla gente che avevamo appena salvato. Quindi dovevamo fare dei movimenti esatti, cauti. Però non era facile. Non solo perché intorno a noi c'erano delle persone che stavano affogando. Ma anche perché i libici ci tiravano addosso delle cose. Prima i salvagenti rotondi, quelli rigidi, quelli duri, che se ti arrivano su un braccio o in faccia, fanno parecchio male. Poi è uscito il cuoco e ha cominciato a lanciarci delle *patate*».

In aggiunta, la *Ras Jadir* non aveva mai spento il motore. Mandava un fumo nero che bruciava gli occhi e la gola. Gennaro ogni tanto non vedeva piú niente, gli veniva da vomitare. E in quello stato doveva decidere chi salvare e chi no.

«Da un lato c'erano tre donne, dall'altro ce n'era una sola, – mi raccontava. – Devi scegliere le tre, per forza. E cosí ho visto quella donna morire davanti ai miei occhi. Lei gridava ma restava strozzata, perché l'acqua ti entra in bocca e non riesci piú a urlare, allora sputi e gridi di nuovo. Sputi e gridi. Poi ho visto la mano che andava giú, di lei restava solo quello. Poi qualche bolla. Poco dopo è riemerso il cadavere, galleggiava.

Mi si era bloccata la mano per un crampo, era rigida, non riuscivo piú a piegarla. Le persone si aggrappavano al mio casco, alle mie braccia, per non cadere in mare tenevo il ginocchio premuto contro la prua».

A salvataggio compiuto – con tante famiglie divise (cinquantanove persone sulla *Sea Watch*, quarantasette sulla *Ras Jadir*) e venti morti durante il rescue, piú o meno, diciamo quelli che si possono contare, altri vanno giú e basta, ignoti anche alla matematica, che nel Mediterraneo non ha gli strumenti per essere una scienza esatta – è successo l'impensabile. E qui mandavo indietro il video della Goldsmiths University continuamente, perché non riuscivo a collocare la scena nella mia testa. Come se guardando qualcosa in maniera ossessiva si potesse collocare da qualche parte. Che ingenuità, un'immagine del genere non può avere una collocazione ragionevole, mai. Spartiti i migranti – mentre la gente a bordo della *Ras Jadir*, davanti alla sua ultima, disperata occasione, nonostante le frustate e le bastonate, si infilava sotto la battagliola, strisciava sotto il parapetto, e si buttava in acqua – il magnifico pattugliatore Classe Bigliani è partito in tutta la sua splendida velocità. Con un uomo, ancora a metà strada fra la salvezza e la dannazione, aggrappato alla scaletta.

*Sea Watch* ha afferrato la radio: «Guardia Costiera libica è *Sea Watch 3*, avete una persona ancora in acqua. La state trainando a tutta velocità. State uccidendo una persona. State uccidendo una persona. *Over*». Ma la 648 non si fermava, non rallentava nemmeno. Intanto quell'uomo, aggrappato alla scaletta in mezzo alla schiuma, cercava di resistere, per non finire risucchiato dalle eliche.

Allora, sconcertato, è intervenuto sul canale di emergenza anche un elicottero della Marina Militare italiana, che stava volando sopra la *Ras Jadir* e che prima aveva indicato alla *Sea Watch* la posizione del gommone. Un elicottero che dall'alto aveva seguito tutto. Questo però era troppo. Sí, d'accordo, la Marina è legata al governo, che aveva appena firmato degli accordi con la Libia. Ma lí c'era un uomo *aggrappato alla scaletta*. Mentre la nave correva e schiumava.

Niente, non si fermavano, e quel poveretto stava usando tutti i muscoli a disposizione per tenersi ancora. Ma anche l'elicottero non mollava: «*We want you to stop. Now, now, now!*» Ormai i piloti gridavano.

La scena durava poco, ma un tempo incalcolabile dentro di me. La trovavo piú insopportabile che vedere la gente affogare, nei video o nelle foto che mi avevano mandato, quelli interni, non destinati a un pubblico. Piú del cadavere di un bambino. Piú di cosí. Eppure. Era sempre quella scaletta, la mia tortura mentale.

«Guardia Costiera libica, avete una persona a dritta, – diceva l'elicottero della Marina italiana. – Fermate il motore. Fermate il motore adesso. *Stop your engine, you have a person on your righ side. Stop, please, stop*».

E la Guardia Costiera libica, intimata dalla Marina Militare che la sponsorizzava, finalmente si è fermata. L'uomo disperatamente aggrappato è stato ripreso a bordo. Ufficialmente vivo, almeno davanti agli occhi dell'elicottero, che tanto si era battuto per lui.

Fino a quel punto del video, tu assisti a *un'omissione di soccorso*, piú o meno (non sempre, a dire la verità: si vede chiaramente un libico, con guanti e mascherina, che spinge in acqua un ragazzo che si è seduto sulla plancetta di poppa). Quella scaletta invece è *omicidio volontario*. Che in Libia i *negri* vengano uccisi cosí, anche solo per divertimento, si sa. Ma che succeda in mare dove, per una specie di legge non scritta, rispettata da sempre e da tutti i marinai del mondo, un uomo ha il dovere di aiutare un altro uomo, turba. Quella scaletta infrange un principio secolare, in qualche modo sacro.

«Quando abbiamo visto quell'uomo aggrappato alla scaletta, – diceva Gennaro, – abbiamo accelerato, per cercare di prenderlo. Ma non potevamo avvicinarci troppo a una nave che correva cosí, rischiavamo di finire travolti anche noi. Allora li abbiamo inseguiti a distanza, per andare a recuperarlo nel caso in cui fosse caduto. È caduto bene, senza finire sotto la chiglia. Ma la *Ras Jadir* andava troppo veloce, non le stavamo dietro.

Dopo siamo andati a cercare i cadaveri per ore. Li abbiamo consegnati alla nave militare francese, perché non avevamo celle frigorifere. Loro ci hanno dato i vivi, noi i morti. Abbiamo tenuto solo il bambino, nel congelatore.

La sera ci siamo presentati davanti a Lampedusa, sfiniti, per chiedere un porto. Non ce l'hanno dato. Ci hanno mandati a Pozzallo. Significava altre trentacinque ore di navigazione. Dopo tutto quello che era successo. L'equipaggio era in *burnout*. Molti si erano chiusi nella loro cabina. Ma là fuori, sul deck, c'erano i naufraghi, bisognava fare i turni di guardia e distribuire da mangiare. Fra di noi, non toccavamo l'argomento. Io ho pianto solo al momento dello sbarco, quando ho preso Great dal frigo e l'ho consegnato al medico dell'Usmaf. Ho pianto perché avevo in mano un sacchetto piccolissimo, duro, ghiacciato».

# Target

*Per puro caso.*

In mezzo al Mediterraneo colpisce il vuoto. Miglia e miglia senza avvistare una sola nave. Tanto che, se intravedevo una petroliera da lontano, correvo subito a guardare con il binocolo. Anche se i mercantili non sono attrezzati per i soccorsi, anche se poi restano bloccati con i migranti a bordo esattamente come le navi umanitarie, non si tirano certo indietro quando si trovano davanti un gommone. Un naufrago va salvato. E può capitare eccome, di trovarsi davanti un gommone cosí, all'improvviso, in quel mare *apparentemente* vuoto.

È successo alla *Asso Ventinove* dell'Eni che nel 2020 ha salvato per ben tre volte dei naufraghi intorno alle piattaforme petrolifere, al mercantile *Marina*, al *Cargo Talia*, alla petroliera *Maersk Etienne*, che è rimasta per trentasette giorni senza un porto (il piú lungo standoff della storia marittima europea, finito solo quando la *Mare Jonio* ha preso a bordo i naufraghi, e si sarebbe aperta un'inchiesta per una donazione della compagnia danese a Mediterranea). Tanto per fare qualche esempio.

C'è stato anche chi, come la *Contship Ray*, ha ignorato ottantacinque persone in difficoltà e ha deciso di tirare dritto. O chi, come la *Asso Ventotto*, nel 2018, ha soccorso un centinaio di migranti e li ha riportati a Tripoli (verrà poi processata per respingimento dalla Procura di Napoli due anni dopo).

Non sempre però il Mediterraneo è completamente vuoto: certe notti si vedono flotte di pescherecci, che partono in massa per approfittare di una finestra di bel tempo.

Ho imparato cosí – guardando fuori, dritto in quel nero – a distinguere quando bisogna allarmarsi e quando no. Un gommone viaggia al buio, si nota appena una fievole luce bianca intermittente, la torcia di un cellulare, di solito. Un peschereccio al confronto è una luminaria di Natale: c'è il fanale di testa d'albero, la luce verde di dritta, la luce rossa laterale di sinistra, la luce bianca di poppa. Un peschereccio brilla troppo per essere una barca di disperati che cerca di non farsi notare dalla Guardia Costiera libica e naviga nell'oscurità.

Anche ai pescherecci è capitato di incrociare dei gommoni in mezzo al nulla, come a tutti. È successo al *Nuestra Madre di Loreto*, per esempio, nel novembre del 2018. I pescatori spagnoli hanno salvato i naufraghi, si sono rifiutati di consegnarli ai libici e se li sono tenuti a bordo per dieci giorni perché anche a loro veniva negato un porto. Del resto, cosí si comporta la gente di mare.

Il problema è che le navi commerciali non sono attrezzate per il soccorso e spesso neanche per tenere a bordo centinaia di migranti. E cosí a volte vengono assistite dalle navi Ong, come *Nuestra Madre di Loreto* da Open Arms.

Una volta l'*Aquarius* è corsa in aiuto di un cargo che trasportava banane, lungo centoventi metri. La *Santa Lucia* è una nave enorme, il ponte è alto sei metri. Come prendere a bordo delle persone che stanno a pelo dell'acqua su un gommone? Mica facile. Hanno lanciato una scala di legno. («Era come arrampicarsi su un palazzo, – mi raccontava Alessandro, – come soccorrere dal secondo piano uno che in strada è caduto in bicicletta»). La gente poteva cadere all'indietro e battere la testa. Raggiunto il ponte, i naufraghi avevano un altro problema. Era di metallo, era agosto, quindi era incandescente, la superficie superava i cinquanta gradi. E loro erano scalzi. «Avevano tutti i piedi ustionati. Per portarli via abbiamo costruito un corridoio fatto di coperte e magliette, perché non riuscivano neanche a camminare». Anche farli scendere da lassú era complicato. Allora l'equipaggio di Sos Méditerranée si è inventato una carrucola con delle corde e un nodo per fare attrito, per rallentare la caduta. E cosí, in mezzo al Mediterraneo, si vedevano centinaia di persone calarsi dalle murate, imbracate come alpinisti.

Quando mi chiedono: ma come si trova un gommone in mezzo al Mediterraneo? Rispondo: A volte *per puro caso*. Fra le tante possibilità è l'ipotesi piú inverosimile. Eppure. Succede ai pescherecci, alle petroliere, ai cargo come alle navi umanitarie.

Il radar intercetta un oggetto di metallo, che potrebbe essere un motore, sullo schermo compare un puntino – e menomale, altrimenti una nave grande, nel buio, potrebbe facilmente investire una bagnarola malconcia e neanche tanto galleggiante di pochi metri – tutti sul ponte di comando si guardano intorno, in giro non ci sono luci né verdi né rosse né bianche, si fanno girare i riflettori come dalla torre di una prigione e zac – dal nulla compare un gommone, un barchino o un barcone di legno.

Altre volte capita di giorno, funziona piú o meno come un'apparizione o un'epifania. Sei cosí folgorato, che ci metti qualche secondo a realizzare e te ne servono altri per crederci.

Un target può anche venirti *addosso*, ci puoi perfino sbattere contro, come è successo alla *Ocean Viking* nel dicembre 2019, quando un barchino di legno si è schiantato contro la nave. Durante un turno di notte con la termocamera, che rileva il calore, e il flir, il visore notturno, è comparso all'improvviso qualcosa, che subito è sparito di nuovo. Hanno immediatamente lanciato i rhib, per continuare la ricerca in acqua. «C'erano due metri di onda e a un certo punto me li sono visti sopra le nostre teste, – mi raccontava Alessandro. – Se viaggiano su una barca di legno, è meglio non chiedere di spegnere il motore, perché al motore è collegata la pompa di sentina, in un attimo il barchino può riempirsi d'acqua, affondare o rovesciarsi. Neanche il tempo di ragionare e abbiamo sentito un botto tremendo. Erano andati a sbattere contro la nave. Solo per miracolo non si sono ammazzati». Li hanno salvati con una manovra *a panino*: un rhib di qua e un rhib di là, e il target in mezzo come una fetta di prosciutto.

Altre volte le sorprese però possono rivelarsi tragiche. Succedeva spesso nei primi anni, fra il 2015 e il 2017, quando le navi umanitarie facevano anche dieci soccorsi in un giorno. Roma, che allora coordinava le operazioni, segnalava un'imbarcazione in distress. Le navi Ong correvano in quella direzione ma sulla rotta, *per puro caso*, trovavano un'altra imbarcazione non segnalata. E dovevano fermarsi a soccorrerla, perdendo tempo. E cosí capitava che arrivassero in posizione quando ormai il naufragio c'era già stato. A barcone rovesciato, gommone affondato. Troppo tardi.

*Mrcc: la fine di un amore.*

Il *puro caso* fa paura. Ti chiedi: ma se non fossimo passati di lí proprio in quel momento? E soprattutto: quante altre persone, sempre *per puro caso*, nessuno ha mai incrociato? Il *puro caso* fa rabbia: non dovrebbe esistere.

Infatti, quando il Mediterraneo era ancora un mare civile – prima dell'esternalizzazione delle frontiere, prima del Memorandum, prima che la Libia dichiarasse una sua zona Sar, prima di una precisa decisione politica, italiana ed europea – si faceva di tutto perché non esistesse, o almeno ci si provava. E ci si comportava come ci si comporta in tutti i mari del mondo, in caso di necessità, cioè si segnalavano le imbarcazioni in distress a tutte le navi vicine, perché venissero soccorse il piú in fretta possibile.

Se io, Caterina, sono su una barca che sta per affondare e lancio un mayday, subito vengono diramati i messaggi Navtex o Inmarsat. Attraverso questi messaggi le altre barche scoprono che in giro c'è un'imbarcazione in distress – la mia – e c'è scritta la posizione esatta. Chi è piú vicino, si deve precipitare. Altrimenti è *omissione di soccorso* e io, Caterina, se *per puro caso* sopravvivo, a quella barca vicina che non si è mai presentata posso fare vedere i sorci verdi in tribunale. Ipotesi astratta, naturalmente, perché nessuno, per principio, prima ancora che per legge, ignorerebbe mai il mio mayday. In mare ci si salva a vicenda: è una legge non scritta che precede qualunque convenzione internazionale. È una legge che impone la natura. Stai per morire? Beh, io un tentativo per salvarti lo faccio. Magari non ci riesco, però ci provo.

Cosí funzionava fino alla grande cesura del 2017. La chiave – la chiave che oggi non apre piú niente, perché hanno cambiato la serratura – è l'acronimo Imrcc, che sta per *Italian maritime rescue coordination centre*. Si parla di Guardia Costiera, insomma. Ma non locale. È il grande centro che coordina il Mediterraneo a livello nazionale, da terra, Roma, Eur. È il Comando generale del Corpo delle capitanerie di porto, un corpo della Marina Militare italiana. Insomma le navi Ong, in origine, venivano guidate dalla Guardia Costiera, cioè dalla Marina Militare, che *ringraziava* pure.

Venivano diramati avvisi ai naviganti, messaggi Inmarsat o Navtex di *distress alert*, Imrcc segnalava i casi anche per mail o per telefono, apriva decine di eventi Sar al giorno e li coordinava. Roma conosceva la posizione esatta perché era lo stesso gommone in difficoltà a chiamare la Guardia Costiera italiana, con un satellitare, o perché riceveva la segnalazione da un aereo. Organizzava anche i trasbordi da una nave all'altra secondo una logica. Se una nave umanitaria strapiena di naufraghi era vicina a un'imbarcazione in pericolo, non aveva senso farla correre a nord per uno sbarco e poi di nuovo a sud per soccorrere – si affonda in fretta – quindi Mrcc decideva che era piú ragionevole trasferire i migranti già salvati su una nave militare o su un'altra nave umanitaria, che stava comunque tornando in porto, in modo da lasciare libera quella che doveva precipitarsi dal gommone ancora carico di gente. Ecco il Mediterraneo civile, in cui tutti facevano la loro parte, secondo il diritto del mare. Quando il distress era una *priorità*.

Poi i messaggi di *distress alert* sono spariti. Naturalmente gli avvisi ai naviganti continuavano ad arrivare, via satellite o su onde medie, ma riguardavano solo il meteo, magari un avviso di burrasca, o altri incidenti di percorso, come un container caduto da un mercantile o prove belliche in una certa zona. Piuttosto che segnalare un gommone in avaria, Roma avrebbe preferito diramare nel Mediterraneo l'opzione pirati o iceberg.

E ha cominciato a sfuggire piú o meno elegantemente all'increscioso compito di coordinare le operazioni di soccorso. Per una ragione semplicissima: il primo Mrcc che risponde è obbligato a coordinare le operazioni, quindi anche ad assegnare un porto. Purtroppo, le normative internazionali dicono cosí (è esonerata da questo obbligo solo Malta, che non ha firmato alcune ratifiche al Trattato di Amburgo).

Cosa fai quando vuoi sfuggire a una situazione imbarazzante? Non ti fai trovare. Non rispondi al telefono. Riconosci il numero e collezioni una chiamata persa dopo l'altra. Ops, era silenziato. Scusa, ero in riunione. Non rispondi alle mail, come se per sbaglio fossero finite tutte nello spam, nella speranza che l'altro se ne faccia una ragione. Ecco Mrcc di Roma, da un certo punto in poi. E le amanti indesiderate sono le navi Ong. Che diventano regolarmente delle stalker, anche perché non hanno alternative. Qualcuno deve pure assumere il coordinamento. Sempre per via di quelle normative internazionali, che stanno tanto scomode alle autorità.

Lo stalking delle navi Ong, amanti indesiderate di tutti ormai, non si limita certo all'Italia: dal bridge si attaccano al telefono e chiamano chiunque. Malta, Francia, Spagna, Grecia, perfino Libia e Tunisia. Chiamano gli stati di bandiera, come Olanda, Germania o Norvegia, per quanto problematici visto che si affacciano sull'Atlantico, sui mari ghiacciati del Nord. Ehi, qualcuno per legge ci *dovrebbe* coordinare. Lo stato di bandiera è l'ultima spiaggia, perché è obbligato ad assumersi questa responsabilità, se tutti gli altri rifiutano.

Di solito, la prima a rispondere è la Libia, rapida, efficiente, puntualissima, perfino un po' svizzera. In un inglese formale, cortese, impeccabile. Anche perché ha i suoi suggeritori, i suoi Cyrano de Bergerac. È stato dimostrato da un grande giornalista d'inchiesta come Nello Scavo che il loro centro di coordinamento, Jrcc, in realtà ha sede su una nave militare italiana di base a Tripoli, la *Capri*. In aggiunta, soprattutto all'inizio, le telefonate dei libici comparivano con un numero che cominciava per zero sei. Tripoli con il prefisso di Roma?

E cosí, in qualche modo, per vie contorte e clandestine, si ritorna sempre al primo amore, fra navi Ong e Guardia Costiera italiana – i migliori anni della nostra vita –, quando c'era un ideale comune, o semplicemente un dovere comune, che in fondo è uguale. Peccato che esistano sempre quelle fastidiosissime norme internazionali a rovinare tutto. Perché poi la Libia, la prima che cavallerescamente si offre, con quella maniera italiana bella, con la classe di un Casanova o un Don Giovanni che non ha paura di amare nessuno, nemmeno una nave Ong – segreto e proibito amore del suggeritore nella botola, magari veneto o siciliano –, la Libia poi ti invita nel porto di Tripoli. E non si può fare. Sempre per quelle noiosissime convenzioni che pretendono che un *Place of Safety* non sia un paese in guerra dove non si rispetta la Convenzione di Ginevra e si tortura la gente. E tutta quella libica-veneta cortesia va rifiutata.

Restano solo i soliti supponenti paesi europei, che si negano sempre, e non segnalano piú i gommoni in avaria nemmeno quando i loro aerei, gli aerei di Frontex, li fotografano dall'alto.

*Chiedi alle stelle.*

E allora torniamo alla domanda. Come si trova un target, che sia un gommone o un barchino, in ogni caso un affare di pochi metri, in mezzo all'immenso Mediterraneo Centrale, possibilmente non *per puro caso*? Come si trova senza avvisi di *alert*, perché il distress a quanto pare non è piú una priorità? Senza un coordinamento marittimo, perché nessuno vuole piú coordinare, tranne la Libia, il paese da cui stanno fuggendo? Senza aerei militari europei che te lo indichino, aerei che ti annunciano che l'imbarcazione è *stabile* anche quando è inclinata e solo se ci sei davanti, perchè non possono negare la sua esistenza? Come si trova?

Pochi sanno rispondere in modo articolato. Io stessa posso cercare di spiegarlo solo adesso, dopo avere passato tanto tempo sulle navi. E proprio in questo vuoto, in questa ignoranza generale, si è insinuata la propaganda. Taxisti del mare. Vicescafisti. Pirati. Assassini. Perché la domanda lavora latente e la risposta è piú complessa di un insulto.

È piú facile immaginare un contatto diretto con i trafficanti, un complotto. Invece no. Di nuovo, si immagina sbagliato, come hanno dimostrato tutte le procure che hanno indagato. Nessun contatto con i trafficanti. Le navi Ong odiano i trafficanti piú delle destre europee, perché vedono con i loro occhi come vengono mandate in mare le persone, nessuno lo sa meglio di loro. Non prenderebbero mai accordi con i trafficanti anche per una ragione tecnica: per esperienza sanno che la salvezza è precaria persino durante un rescue, finché la gente non è tutta a bordo può sempre capitare una tragedia, figuriamoci alla partenza, in acque dove non possono nemmeno entrare. Una partenza che le navi Ong considerano già distress. Se potessero, le Ong andrebbero a prendere la gente direttamente in Libia, questo sí, però in aereo. Con un sano corridoio umanitario.

Ogni mattina, alle otto, a bordo della *Ocean Viking* facevamo una riunione. Luisa indicava lo schermo, su cui appariva zyGrib, moderna cartografia. Per prima cosa bisognava controllare il meteo.

Il meteo in Libia, intendo. Per una ragione molto semplice: se davanti a Tripoli o a Misurata il mare è mosso, nessun trafficante riesce a mettere in acqua un gommone o un barchino di legno su una spiaggia buia. Ci pensano le onde a rispedirlo indietro, subito.

Quindi studiavamo i colori sulla costa, dal verde al viola. Significano molto. Un verdino chiaro vuol dire calma piatta e anche una certa tonalità di azzurro, se non si fa troppo intenso, è da considerare. Se il blu tende al viola: brutte notizie per tutti. Quando la mappa diventa viola: bisogna solo correre ai ripari. Oltre il viola, intorno al rosso, è l'inferno. Come pittori, stavamo a guardare le gradazioni.

Ma non era la sola considerazione. Bisognava stare attenti anche alle notizie Sar che uscivano su Twitter. Perché spesso un gommone non viene messo in mare da solo, partono a gruppi. Quindi se già era stato soccorso un gommone partito da Zawiya, occhio alla zona. Da quelle parti poteva essercene un secondo, forse anche un terzo.

Si ragionava anche sulle rotte delle altre navi Ong presenti nel Mediterraneo Centrale in quel momento. Se una pattugliava a est, l'altra lo faceva a ovest. Per aumentare le probabilità che almeno una delle due si trovasse a una distanza accettabile dal target, in caso di segnalazione.

Per finire, si rifletteva intorno alla guerra, da monitorare come gli altri fattori, per i suoi effetti collaterali. Dunque, se oggi hanno bombardato Tripoli, è difficile che qualcuno sia partito da lí. Perché, anche per i trafficanti, diventa complicato muoversi sotto i bombardamenti.

Ma erano solo previsioni, e molto meno attendibili di una previsione meteorologica via satellite. Calcoli umani, per decidere una rotta, in tutta la sua fallibilità. Un po' per deduzione, un po' per esclusione. In questo modo però puoi solo sperare di trovarti dalla parte giusta, possibilmente non davanti alla costa opposta. Un gommone non si trova cosí.

Un target si trova soprattutto grazie ad Alarm Phone, la Ong che riceve le telefonate dei naufraghi, registra la loro posizione e dirama subito l'allarme, oppure grazie agli aerei, *Moonbird* e *Seabird* di Sea Watch o *Colibrí* di Pilotes Volontaires, che volano sul Mediterraneo e segnalano dall'alto le imbarcazioni in distress.

### *Alarm Phone: la fatica di ascoltare.*

Senza Alarm Phone, non esisterebbe la Sar. Sono gli unici che riescono a monitorare il Mediterraneo quando tutte le navi e tutti gli aerei delle Ong vengono bloccati. Funziona cosí: i naufraghi contattano Alarm Phone con il Thuraya che hanno a bordo. Attraverso il satellitare dettano le coordinate (operazione molto tecnica, non facile, soprattutto durante un naufragio). A quel punto, Alarm Phone dirama l'allarme, mandando una mail a tutte le autorità – italiane, maltesi, libiche – e a tutte le navi Ong presenti, per chiedere soccorso. Fanno un lavoro sfibrante: ascoltano voci disperate, grida, suppliche, senza potere intervenire direttamente.

«Guarda, ci andresti anche a nuoto, – mi raccontava Maggie, che oltre a fare la soccorritrice, in certi periodi aveva lavorato come volontaria per loro, fin dalla fondazione. – Io ho provato tutto: le navi, i rhib, gli aerei. Veramente tutto. Ma Alarm Phone, dal punto di vista emotivo, è l'esperienza piú straziante, la piú faticosa. Se sei sul rhib, sei nel loro stesso spazio. Ti assicuro che assistere a un naufragio da lí, anche se li vedi affogare davanti ai tuoi occhi, è meno doloroso. Almeno puoi fare qualcosa, ci provi. Assistere a un naufragio al telefono è peggio. Ti senti impotente. Vorresti rubare una barca, dirottare un aereo, avere un elicottero sul balcone. Invece sei nella tua cucina e non puoi fare altro che ascoltarli, mentre muoiono».

Ho capito meglio quelle parole quando ho conosciuto Deanna Dadusc, una ragazza milanese che insegna criminologia in Inghilterra e nel tempo libero si dedica ad Alarm Phone. Tempo libero, poi. Durante un'emergenza, il Mediterraneo, per quanto apparentemente lontano, divora la sua vita. Deanna non dorme, non mangia, sta sempre lí, incollata al computer e al telefono, ad ascoltare la voce di chi sta per annegare.

Deanna ha un viso intenso, scavato da tutto il dolore di quel mare, gli occhi vivi, intelligenti, gli occhi di una combattente. A volte ho vissuto con lei delle tragedie in diretta, come la strage di Pasquetta del 2020. Uso l'espressione *in diretta*, perché è quella la sensazione quando ascolti le loro chiamate. In quel momento non sai se verranno soccorsi o no. Non li vedi, ma le voci dicono tutto: l'angoscia, la supplica, il terrore di essere abbandonati.

«Noi parliamo con le persone durante il loro viaggio, – diceva Deanna. – Diciamo: *rescue is coming for you my friend.* Ma a cosa serve quando sei in mezzo al mare, al buio, perso. Chiediamo le coordinate e loro ci leggono dei numeri. È difficile essere al telefono con persone che potrebbero annegare da un momento all'altro e chiedere di leggere dei numeri. Loro ci dicono che stanno male, che non ce la faranno, che nella barca c'è acqua, tanta, troppa acqua. Ci chiedono perché non siamo ancora arrivati, perché continuiamo a chiedere numeri. E tu come lo spieghi che non sei in mare ma in Inghilterra o in Francia o in Germania. Che hai chiamato i soccorsi ma le autorità non rispondono».

Se nel Mediterraneo c'è una nave Ong, se non sono tutte bloccate per un motivo o per un altro, allora cambia tutto. Qualcuno che si precipita c'è. E chi, come Deanna, sta al telefono, finalmente può dire: «Fate luce con un telefono, non usate fiamme». E sentirsi sollevata quando loro rispondono: «Vediamo una nave, è rossa». O quando legge una mail di risposta dal bridge (basta una parola sola: «*Visual*», target visualizzato). Poi chi sta al telefono non sa piú niente finché non riceve un secondo messaggio dal ponte di comando: «*Rescue is completed*». «Un secondo prima sei testa e corpo nel Mediterraneo, un secondo dopo sei nel silenzio e ti accorgi che sono passate ore. Dall'altra parte del telefono non sappiamo cosa stia succedendo in questo silenzio, è una sensazione che ti fa sentire completamente distanziato dalla realtà», mi raccontava.

Un giorno Deanna mi ha mandato una foto del suo bridge: uno studio in un appartamento di città. Una parete viola, una piccola scrivania di legno con il computer, una sedia ergonomica, tante piante, uno scaffale pieno di libri, fotografie appese al muro, un sacco di fogli per terra, tutti scarabocchiati. Quanto di piú lontano dal Mediterraneo. Invece è il suo centro. E un naufragio magari si vive in cucina. Deanna che non si allontana un attimo dal computer, seduta per ore di fianco al calorifero, portando la stessa felpa per tre giorni, il frigo che piano piano si svuota, i piatti sporchi che si accumulano, notti insonni e nemmeno una doccia, per paura di non sentire il telefono. E lei che alla fine si sente cosí stanca da non riuscire a tagliare una fetta di pane e scoppia a piangere con il coltello in mano, perché nessuno è andato a soccorrere quella barca, che non risponde da troppe ore.

*Aerei da ricognizione.*

«Stare su un aereo è completamente diverso, – diceva Maggie, che ha volato anche su *Moonbird* di Sea Watch. – Dall'alto vedi una cosa piccolissima in mezzo al mare e non ti sembra neanche che dentro ci siano degli esseri umani. Sei molto piú freddo. Segni le coordinate, fotografi l'imbarcazione in distress, fai tutto quello che devi fare, ma senza provare emozioni. Dal rhib senti le grida, senti l'odore, guardi in faccia le persone, ricordi i loro occhi. Condividi la loro paura, e tutti i tuoi sensi sono coinvolti. Da un aereo no. È troppa la distanza fra te e loro».

Maggie si era anche data una spiegazione, dopo avere letto degli studi scientifici: colpa della visione bidimensionale, che non produce empatia. Gli studi naturalmente non erano stati fatti sui piloti degli aerei da ricognizione nel Mediterraneo, ma sui piloti dell'aeronautica militare che colpiscono un bersaglio senza sentirsi parte del conflitto. Il contrario esatto. Ma lí Maggie aveva trovato la chiave per capire la sua assenza di sentimenti, cosí inspiegabile.

Un giorno, a bordo della *Ocean Viking*, l'ho visto da vicino, *Moonbird*. Molto da vicino. Siamo tutti corsi sul ponte di prua, ci sbracciavamo. L'aereo era passato a salutare. È stato uno dei momenti piú allegri della missione, non avevo mai visto un aereo giocare con una nave.

Scendeva in picchiata come per schiantarsi sul bridge e poi risaliva con una capriola. Sembrava sfiorare con l'ala i vetri e un attimo dopo era dalla parte opposta, cucú. Girava intorno, planava, fingeva di atterrare sul ponte, neanche fosse stata una portaerei. Il comandante norvegese è uscito in vestaglia, con il caffè in mano: «*Japanese kamikaze*?» Il suo umorismo flemmatico, nordico, era sublime.

Noi ridevamo, agitavamo le mani, mandavamo baci al cielo, al vento divino. Del resto, sia sulla *Ocean Viking* che sulla *Mare Jonio*, si diceva: «Oggi abbiamo una buona notizia: vola *Moonbird*». Con questo spirito da Ermes veniva a visitarci il messaggero, la buona notizia in carne e ossa, ali ed eliche. L'allegria è finita quando, dopo ore di ricognizione, *Moonbird* ha comunicato di avere avvistato solo un relitto.

*Il nulla.*

Ma cosa provano *loro* in mezzo al nulla? Senza sapere dove sono, se qualcuno li ha avvistati o no. Quanta paura possono provare al buio o sotto la pioggia, quando montano le onde? È difficile immedesimarsi, stare dalla parte del target.

Un giorno mi sono accorta che la chiave è *il sentimento del vuoto*. Quel sentimento, spiazzante, c'entra anche con la certezza che loro possono vedere te e tu puoi non vedere loro. C'entra con la disuguaglianza, come sempre: tu fai la traversata su una nave, loro in pochi metri di gommone, a pelo dell'acqua.

«Ti ho mai raccontato di quando mi sono persa in mezzo al Mediterraneo?» Anabel rideva. Lei è cosí: profonda e sensibile, molto attenta a quello che possono provare gli altri, ma capace di ridere forte quando le succede qualcosa di tremendo. Cosa vuoi che sia perdersi nel Mediterraneo.

Anabel era sul rhib e a un certo punto il plotter cartografico si è rotto. Allora guidava usando la bussola. Solo dopo molto tempo si è accorta che era smagnetizzata. Era lontanissima dalla nave madre. Tutti i soccorritori a bordo erano un po' nervosi, Anabel cercava di tranquillizzarli. In realtà, era piuttosto preoccupata anche lei. E adesso? «Per noi, rispetto ai migranti, è diverso. Sul rhib abbiamo i razzi segnaletici, le luci di emergenza. Non è una situazione estrema come quella dei gommoni che aiutiamo. Però, in quel momento, ho capito cosa provano loro. Quella precisa sensazione: non hai idea di dove sei, sai solo che sei in mezzo al mare e che possono *non trovarti mai*. L'unico modo per cavartela è sapere un po' di navigazione. Pensavo: okay, è inverno, siamo a questa latitudine, sono le dodici e il sole è lí, quindi il sud è di là. E noi non vogliamo andare in Libia. I migranti vedono il mare per la prima volta quando salgono su un gommone, non sono navigatori e questi calcoli per la sopravvivenza *non li sanno fare*».

Quando parlavo con i soccorritori, a volte mi sembrava di entrare in un romanzo d'avventura. Solo che, nel Mediterraneo, la tragedia ti aspetta al varco – a rovinare qualunque romanzo e qualunque avventura. E io continuavo a chiedermi cosa provassero loro.

Ho trovato la risposta all'improvviso, leggendo un'intervista sul «Times of Malta» a Mohammed Adam Oga, etiope, unico sopravvissuto di un gommone in avaria soccorso dalla Marina maltese il 12 agosto 2019. I maltesi avevano trovato Mohammed svenuto e di fianco a lui il cadavere di Ismail, morto di fame, di sete e di stanchezza. E tutti gli altri?

Erano partiti in quindici da Zawiya, il 1 agosto. A un certo punto, è finita la benzina. Poi il cibo. Poi l'acqua. Erano giorni caldissimi e tutti si sono messi a bere l'acqua di mare. Dopo cinque giorni, sono morti i primi due. E da lí in avanti, sarebbero morte un paio di persone al giorno. «Abbiamo visto passare tante navi», diceva Mohammed, «gridavamo Aiuto! Aiuto! Agitavamo le braccia e le navi passavano oltre. È arrivato anche un elicottero e se ne è andato».

Con il caldo i cadaveri si decompongono in fretta, i sopravvissuti non potevano fare altro che buttarli in mare. Dopo undici giorni alla deriva, Mohammed aveva visto morire tutti, uno dopo l'altro, piano piano. Compresa una donna incinta. Erano rimasti in due: Mohammed e Ismael. Come unica speranza, avevano i telefoni degli altri e un Gps. Ma Ismael ormai era impazzito. «Adesso sono morti tutti, – gridava, – perché dovremmo vivere noi?» E in un attimo, fuori controllo, ha lanciato tutti i telefoni in acqua. Cosa ha provato Mohammed in quel momento? Rabbia? Disperazione? Ha sentito il desiderio di buttare Ismael in mare come i telefoni e i cadaveri? So solo che quando ha visto i telefoni affondare, è svenuto.

# Body bag

*La linea.*

Juan Matias Gil è stato uno dei primi a navigare nel Mediterraneo Centrale, era capo missione a bordo della *Dignity* di Medici Senza Frontiere nel 2015 (oggi lavora per la *Geo Barents*). In quegli anni partivano ancora i grandi barconi di legno, con cinquecento o mille persone sopra. I peggiori naufragi succedevano cosí. La dinamica era quasi sempre uguale. Una nave umanitaria riceveva una segnalazione dalla Guardia Costiera italiana, sulla rotta incontrava per caso un altro gommone, si fermava a salvare le persone e arrivava sul posto troppo tardi.

E questo era capitato anche alla *Dignity* il 5 agosto 2015: ci avevano impiegato solo quaranta minuti a soccorrere il gommone incrociato per caso, ma erano stati fatali. Quando era arrivata davanti al barcone di siriani, trecento persone erano già annegate e altre trecento erano ancora in acqua.

«D'istinto, vorresti tirarli fuori subito oppure vorresti buttarti in acqua anche tu. È un istinto fortissimo, ma sbagliato, – mi raccontava Juan. – Bisogna solo fare in modo che galleggino, nient'altro. Se perdi un paio di minuti a tirare dentro al rhib qualcuno, qualcun altro a pochi metri da lí affogherà. Quindi giravamo fra la gente come pazzi, lanciando lifejacket, salvagenti rotondi, raft, zattere gonfiabili, tutto quello che si poteva. Quando sei in acqua, non puoi infilarti un salvagente, ma ti ci puoi aggrappare. E basta questo, in quel momento. Basta che le persone galleggino».

Quando ascolti storie di naufragi, ti rendi conto che in una situazione esagerata non bisogna esagerare. Juan, argentino, non si ricordava il verbo *galleggiare*, usava lo spagnolo *flotar*. Il problema è che per fare *flotar* trecento persone cadute in mare servirebbe una flotta. E i loro rhib erano due. Ce n'era poi un terzo, lanciato da una nave militare irlandese che aveva assistito al capovolgimento. Probabilmente, vedendo quella nave, tutti si erano riversati su un lato – il lato della salvezza, che invece era il lato della morte – e il barcone si era rovesciato.

Juan era rimasto molto colpito dalla storia di una famiglia palestinese. Solo il padre aveva il salvagente perché in braccio teneva la figlia ma, quando erano caduti in acqua, la bambina gli era sfuggita di mano. Lui, con grande prontezza, si era tolto il salvagente, lo aveva consegnato alla moglie, aveva nuotato sott'acqua e aveva riportato la figlia in superficie. Erano sopravvissuti tutti e tre.

I superstiti del naufragio erano stati affidati alla nave irlandese, perché li portasse subito a terra e a bordo della *Dignity* erano rimasti i naufraghi del gommone incontrato per caso insieme a un equipaggio molto scosso. E i ruoli si erano ribaltati. «Erano loro che davano forza a noi». Quelle novantaquattro persone avevano vissuto la tragedia insieme alla crew di Medici Senza Frontiere, e si comportavano di conseguenza. Davano una mano in tutto: a distribuire il cibo, a pulire, a tenere su il morale. E lo facevano con estrema naturalezza, come se fosse stata casa loro, come fra amici.

Medici Senza Frontiere, a terra come in mare, li chiama *incidenti critici*. In casi del genere, al ritorno, è previsto un supporto psicologico per tutti gli operatori. Ma, in alto mare, tocca al capo missione fare fronte al trauma collettivo.

«Su una nave succede che tutti sono troppo su o troppo giú, e io non mi potevo permettere di contribuire a questa instabilità perché ero responsabile degli altri. Sono morte trecento persone, dicevo, ma se fossimo arrivati mezz'ora dopo ne sarebbero morte seicento. Abbiamo fatto tutto il possibile, non è stata colpa nostra. In mare mi sono accorto che a volte le persone che sembrano piú fragili sono quelle che durante una tragedia non perdono il controllo. Quelli che si sentono invincibili, invece, entrano nel panico».

Juan è stato in paesi in guerra, sotto i bombardamenti, fra gruppi armati: in Siria, in Yemen, in Afghanistan. In Africa ha visto tanti bambini morire davanti ai suoi occhi. «Ma il Mediterraneo è diverso, *ti viene dalla pancia*. In altri contesti ho perso la pazienza, la calma, la freddezza o la fermezza. In mare mai. Nel Mediterraneo *vedi la linea fra la vita e la morte*. E l'attraversi.

Io non dormivo mai in nave. La stanchezza la senti solo alla fine, quando torni a terra. Dopo quella missione, quando siamo arrivati in porto, avevo fame e sono andato in cucina. Mentre affettavo il pane, mi sono tagliato il dito con un coltello. Un taglio piccolo, niente di drammatico. Sono svenuto».

*Dispersi.*

Sulla *Ocean Viking* scrivevo i pezzi per «L'Espresso» sul ponte rialzato di prua, in piedi, all'aria aperta, davanti al mare, direttamente sul telefonino. Il ponte rialzato di prua, *il mio ufficio*, era soprannominato *Amsterdam corner* perché di notte era illuminato da una lampadina rossa, traballante. Era un angolo perfetto anche per le chiacchierate serali, seduti sulle bitte, sul pallet o su una cima arrotolata. E cosí avevo preso l'abitudine di fumarmi un'ultima sigaretta lí prima di andare a dormire, con Massimo o con Viviana.

In mare, di notte, si parla molto bene. Sembra che il vento tiri fuori tutte le parole, anche quelle dimenticate. A volte, quel vento sollevava ricordi lontani e risate, come quando Massimo mi raccontava la sua incredibile vita sui mercantili, prima della Sar. Mi divertivo talmente che poi crollavo addormentata dopo due pagine a bordo di una baleniera dell'Ottocento. Altre volte, il vento tirava fuori grandi dolori. E cosí, una sera, Viviana mi ha raccontato la sua prima missione a bordo dell'*Aquarius*: il tremendo naufragio.

Era il 27 gennaio 2018, Viviana era sul ponte di coperta, all'imbarco: sole e mare calmo. L'*Aquarius* aveva perso tempo perché era intervenuta la Guardia Costiera libica, che aveva ordinato alla nave di allontanarsi. Quando la Guardia Costiera italiana l'aveva autorizzata a tornare, era troppo tardi.

«Ricordo le comunicazioni concitate alla radio. Dicevano che c'erano molte persone in acqua e in stato di incoscienza –. Poi ha fatto una pausa: – Scusa, faccio un po' fatica a tornare lí. Mentre li prendevamo a bordo, pensavo che fossero tutti morti. Ero quasi in uno stato di incoscienza anch'io. Ogni tanto mi voltavo e vedevo una fila di corpi sdraiati sul ponte».

I dottori di Medici Senza Frontiere facevano la rianimazione cardio polmonare a tutti, ma le persone da rianimare erano troppe, allora erano stati chiamati anche gli ufficiali e i marinai. Tutti inginocchiati a dare colpi sul petto.

Viviana ha due figli e pensava a loro mentre prendeva in braccio quei bambini nudi, spogliati dal mare, con la schiuma alla bocca. La linea fra la vita e la morte ha un suo peso specifico e lei la scopriva sollevando una donna bellissima, di pietra. Pesava piú degli altri, pesava troppo per essere viva.

Tutti i sensi sono coinvolti in un naufragio. Gli occhi vedono la distesa di corpi sul deck, le braccia sentono la differenza fra chi c'è e chi non c'è piú. E poi c'è il sonoro: le urla.

«La situazione era cosí drammatica che hanno lanciato anche il terzo rhib, e toccava a me guidarlo. Dovevo scendere in mare anch'io. Era un po' come buttarsi con il paracadute: chiudi gli occhi e vai. Dovevamo recuperare le persone aggrappate ai salvagenti, alle zattere e ai centifloat. Uno dei nostri raft si era capovolto e tutti erano finiti di nuovo in acqua. Il mare nel frattempo si era alzato, c'erano onde di due metri».

Appena è tornata a bordo, ha chiesto quanti erano i morti. Nessuno sapeva risponderle. Nel Mediterraneo vengono chiamati *dispersi*. Piú di quaranta *dispersi*, si dice. *Circa*. Sono le persone che non puoi infilare in un sacco da cadavere. La loro tomba è piú profonda. Puoi ricostruire la loro esistenza solo attraverso le parole degli altri. Ci sono bambini senza genitori. Dispersi. Mamme senza i loro neonati. Dispersi. Mogli senza mariti, mariti senza mogli. Dispersi, dispersi. E poi c'è chi parte da solo. Tanti adolescenti, che allo sbarco faranno parte della categoria *minori-non-accompagnati*. Loro sono quel *circa*. Chi può dire chi erano, se c'erano? Le famiglie si ricostruiscono, anche nelle perdite, loro spariscono e basta.

I naufragi però non finiscono quando si recupera tutto il recuperabile dal mare. Hanno una coda sul ponte. «Sono arrivati gli elicotteri militari per evacuare i casi piú gravi. Stavano per svenire anche i piloti davanti a quella distesa di corpi. L'*Aquarius* era diventata un ospedale da campo in mezzo al mare».

L'elicottero aveva portato via una donna che riusciva a respirare solo con l'ossigeno. Insieme a lei erano saliti due dei suoi bambini, il terzo figlio invece era rimasto con il marito sulla nave. La madre era morta durante il trasbordo, in volo. Dall'*Aquarius* cercavano di capire dove erano finiti i bambini. E avevano scoperto troppo tardi che erano stati portati in Tunisia, lontano dal padre ancora a bordo, irraggiungibili. Dispersi, anche loro.

«C'era un bambino di sei mesi, la mamma era morta in mare. L'ho tenuto in braccio tutta la notte. Poi si è preso cura di lui un uomo che nel naufragio aveva perso la moglie e i figli. Io non piango mai, ma quella volta sí. Ho pianto quando ho pensato che si poteva lanciare prima il terzo rhib».

Mesi dopo ne ho parlato anche con Alessandro, di quel naufragio, perché c'era anche lui. Era sul rhib. All'inizio sembrava un soccorso normale. Ma quando è arrivato il gommone era già rotto in due e c'erano almeno una ventina di corpi in acqua. E alcuni non si muovevano.

«Ricordo un uomo che teneva per la testa una donna, che era già sott'acqua e continuava ad andare giú, – mi raccontava Alessandro. – Distanza dai miei occhi? Due metri? Io so come recuperare una persona fino a cinque metri. Menomale che i nostri protocolli ce lo impediscono. Ci sarebbe voluto troppo tempo. E in quelle situazioni tu devi fare il massimo per piú persone possibile. Quindi a me è rimasta l'immagine di quella ragazza, dei suoi capelli che salivano. Un'immagine che mi ha perseguitato per mesi. L'estate successiva, sono andato al mare a fare il bagno. Intorno a me c'era gente in vacanza, che stava in acqua tranquillamente, magari con il mare fino alla vita. Io mi voltavo e vedevo quella donna ovunque, la donna che non ero riuscito a salvare».

Di cadaveri Alessandro ne ha visti tanti, durante le missioni in mare. Ma, come sempre, è il dettaglio inaspettato che ti inchioda alla sofferenza degli altri.

Sull'*Aquarius* non c'erano celle frigorifere, quindi i cadaveri venivano chiusi nelle body bag e sistemati in un posto isolato, all'ombra. Ma c'era un problema: bisognava mantenerli freschi. E cosí l'equipaggio doveva bagnarli con una pompa di acqua fredda ogni due ore («Come un giardino»). Un giorno toccava a Alessandro «innaffiare i cadaveri» e, per sbaglio, ha messo il piede su un angolo del sacco che sembrava vuoto. Ha sentito uno scricchiolio. Aveva appena pestato un osso. «Scusa», ha detto. A voce alta. «Scusa». Nessuno, in tutta Europa, chiede scusa ai cadaveri del Mediterraneo. Forse solo chi li pesta a bordo di una nave.

*Il mio cuore è pieno.*

Mi ha molto incuriosita la lettura di Riccardo, laureato in psicologia. Una considerazione frutto di esperienza, missione dopo missione, per niente legata a studi accademici, che fra l'altro non esistono. Chi mai si mette ad analizzare i traumi di quelli che attraversano il Mediterraneo. Se sono migranti, poco importa. Se sono soccorritori, se la sono cercata.

Eravamo in un hotel di lusso di Barcellona, perché era l'unico posto vicino alla *Open Arms* e a bordo era impossibile parlare, stavano facendo dei lavori di manutenzione, il rumore era troppo forte. Era parecchio straniante essere lí. Eravamo seduti su divani di design, molto chic, a parlare di sacchi da cadavere. Si è presentato un cameriere sorridente. Abbiamo ordinato due caffè. Sono arrivati su un vassoio dalle linee essenziali, elegante. Di fianco, c'era un biscotto. E quel biscotto mi turbava. Non riuscivo a mangiarlo, mentre parlavamo di cadaveri. Forse perché non ero ancora salita su una nave. Su una nave, fai fuori anche un pacco intero di biscotti dopo un'emergenza. Semplicemente perché hai bisogno di energie. Dei turbamenti te ne sbatti, come dei biscotti. Non fanno parte delle priorità.

Ma è qui che il discorso cadaveri diventa complesso, qui che s'infila il senso di colpa. Qui si fa cattivo, insidioso. Diciamolo pure: la Sar è splendida, lucente, vitale. Finché non tiri su la morte.

«Ho notato che le dinamiche a bordo sono sempre uguali, – diceva Riccardo. – Il primo giorno tutti stanno un po' come in un limbo, non sembra reale. Il secondo giorno sembra che non sia successo niente, l'equipaggio è allegro. Rientra nel sistema omeostatico del corpo per tornare all'equilibrio: il primo giorno sei talmente sotto stress che il secondo sei su di giri. Il terzo arriva il crollo».

E come si manifesta? Secondo lui, cercando un responsabile. «La rabbia di solito si canalizza contro il capo missione. Magari per una frase banale come: oggi bisogna pulire i bagni. E tutti lo aggrediscono. Trovare delle persone morte in mare quando sai che si possono salvare, ti sconvolge. Chi è responsabile? La politica? I governi? L'Europa? Troppo astratto. Hanno bisogno di qualcuno con cui prendersela. Qualcuno che sia lí».

Riccardo si era accorto che il crollo arriva davanti a un dettaglio che non ti aspetti. E mi ha raccontato la storia di un ragazzo, che era rimasto colpito perché sui pantaloni del cadavere di un bambino qualcuno aveva scritto un numero di telefono con un pennarello. All'inizio, pensava che i genitori lo avessero fatto per evitare di perderlo, come in spiaggia. Poi gli hanno spiegato che i genitori scrivevano sui pantaloni dei figli il numero di telefono per essere avvertiti *in caso di morte*. Sui pantaloni e non sulla maglietta, perché il mare spoglia. La maglietta può andare persa, i pantaloni no. «E lui questo particolare non è riuscito a sopportarlo».

Riccardo parlava di queste cose terribili con estrema calma. Solo alla fine è uscito il Riccardo vero, quello che brucia. La frase è esplosa: «Tutte le morti nel Mediterraneo sono evitabili. *Quindi sono omicidi*».

«Cadaveri? Io adesso non voglio vedere cadaveri mai piú, – diceva Anabel. – Non so se è peggio vedere un cadavere la prima volta o vederne troppi. Cadaveri, cadaveri, cadaveri. Arrivi a un punto che dici: basta, basta per favore».

Per difendersi, Anabel fa meditazione. Ma per lei la cura migliore è parlare. Del resto, Anabel sa farsi Mediterraneo, sa dire cos'è. «La cosa piú importante è essere coscienti che non è colpa nostra. Se fossimo arrivati prima. Se avessimo seguito un'altra posizione. Invece no. Non esiste colpa. Né mia, né tua, né della nave. La rabbia è solo una conseguenza del senso di colpa».

«Sai, a volte *il mio cuore è pieno*, – mi diceva, – e allora devo smettere». La trovavo un'espressione bellissima. Anabel che svuota il mare e si riempie di quello che ci sta dentro. *Il mio cuore è pieno* è la storia di una donna che si cala nelle profondità del Mediterraneo e lo drena con tutta sé stessa.

«Era il 2017 e avevo fatto quattro missioni di seguito. Subito dopo, sono stata un mese a terra, con il cellulare staccato, perché non ce la facevo piú. Parliamo di un periodo in cui si salvavano mille persone al giorno. Ma non era una questione di numeri o di stanchezza».

Lei era sul rhib con la sua migliore amica, una sorella. Dopo il rescue, erano salite sul gommone per prendere i cadaveri. Erano tredici. Ma non era il numero, non sono mai i numeri. Loro fissavano due amiche, che erano morte abbracciate. «Potevamo essere noi, – diceva. Poi hanno sollevato il cadavere di un'altra donna, girata di schiena: era incinta. – Dopo quel salvataggio, ho detto basta. Avevo bisogno di ripensare a tutta la mia esistenza».

Ma c'è qualcosa di peggio che raccogliere cadaveri: è non raccoglierli. Guardarli e basta, mentre galleggiano. È capitato all'equipaggio di Sos Méditerranée, a bordo della *Ocean Viking*, nella primavera del 2021.

Il 21 aprile avevano cercato un target segnalato da Alarm Phone, a ovest, verso la Tunisia, per dieci ore. Durante il pattugliamento, erano venuti a sapere che la Guardia Costiera libica aveva intercettato il gommone. Dalle notizie, però, sembrava che ne fossero partiti due. Ma del secondo non c'era traccia. I libici avevano preso entrambi? O l'altro era ancora in giro?

Poi il secondo gommone ha chiamato Alarm Phone: erano alla deriva. Allora Luisa ha girato la prua, verso Tripoli. E la nave ha fatto la sua corsa, anche se c'era cattivo tempo. Molto cattivo.

Sei metri di onda, vento a quarantacinque nodi, un gommone al largo e i libici che non escono mai quando il mare è grosso, a differenza di tutte le altre Guardie Costiere del mondo. «Anche per noi, su una nave da settemila tonnellate, era pesante, – mi raccontava Alessandro. – Ho passato la notte a vomitare, non ho chiuso occhio. Continuavo a pensare: se troveremo qualcuno, saranno dei morti, e mi veniva da piangere. Tra l'altro, non potevamo neanche lanciare i rhib». Alla ricerca si erano aggiunte una petroliera e due navi commerciali, in un pattugliamento autogestito perché nessun Mrcc aveva preso in mano il coordinamento e tutte le richieste di aiuto erano rimaste senza risposta.

Il giorno dopo non c'era piú burrasca, ma il mare era ancora molto agitato. Le quattro navi continuavano a cercare senza risultati. Poi, in tarda mattinata, la svolta. Un aereo, probabilmente di Frontex, ha lanciato il mayday, dando le coordinate esatte, ma senza identificarsi. Un po' come si spedisce una lettera anonima. E cosí, il 22 aprile, la *Ocean Viking* è arrivata sulla scena. «Ci siamo trovati davanti un gommone spezzato e abbiamo cominciato a vedere i primi cadaveri. Erano ragazzi e stavano a galla perché avevano attorno alla vita delle camere d'aria. Erano circa una dozzina, le altre novanta persone erano colate a picco. Eravamo pronti a recuperarli. Ma siamo stati chiamati sul ponte».

«Io non metto a rischio i miei per dei morti, lo faccio solo per i vivi» ha detto Luisa. In aggiunta, stava per arrivare la *Ubari*, una motovedetta libica (che in realtà non si è poi mai presentata, perché il mare era troppo agitato, appunto) e poteva diventare un problema. Se i libici avessero preteso la consegna dei cadaveri al porto di Tripoli, la *Ocean Viking* si sarebbe trovata in una situazione difficile. In ogni caso, libici o non libici, con tredici corpi in una cella frigorifera, Sos Méditerranée non avrebbe piú potuto continuare a fare soccorsi. E Luisa, di nuovo, sceglieva la vita. Se avesse scelto i cadaveri, nei giorni successivi duecento persone non si sarebbero salvate.

*Cadaveri e delfini.*

Era l'inverno del 2019 e io ero con Giorgia in un bar di Campo dei Fiori, stavamo per raggiungere mio marito in un ristorante a due passi da lí, per cenare tutti insieme. Giorgia, portavoce di Sea Watch, affrontava impassibile e impeccabile emergenze, dibattiti in tv, conferenze. Conoscevo la sua fatica perché in quel periodo lavorava spesso nella mia cucina e poi cenavamo insieme. Era sempre in giro e non aveva mai i vestiti adatti alla stagione, era capace di portare un cappotto di pelliccia sintetica comprato a Helsinki in primavera come di presentarsi con i sandali a gennaio. Da un lato, questa perenne sfasatura mi faceva simpatia, dall'altro mi faceva riflettere. La Sar è la cosa piú stancante che conosco, fisicamente e mentalmente. Tanto che ti chiedi quanto possano resistere le persone che la scelgono come vita. Vedi delle ragazze e dei ragazzi logorati. Poi sono giovani, belli e forti, fisicamente si riprendono abbastanza in fretta. Ma nell'anima mica tanto. Appena li conosci meglio, te ne accorgi: hanno qualcosa dentro che li rende diversi dagli altri. Come se andassero in giro con una ferita sempre aperta sotto la maglietta.

«Era il maggio del 2016. Io ero sul flybridge con il binocolo, – mi raccontava davanti a un bicchiere di vino. – A un certo punto ho avvistato delle cose in acqua. All'inizio non capivo. Erano pezzi dell'imbarcazione? Accumuli di roba? Poi ho guardato meglio: erano corpi. Vedevo delle schiene che affioravano a pelo d'acqua, dei piedi. In alcuni punti si ammassavano e mi sono resa conto che la nave stava andando diritta contro i cadaveri». Era a bordo della *Sea Watch 2*. La capitana era Carola Rackete, che nessuno ancora conosceva. In corsa verso il target, la nave aveva incrociato per caso un gommone e cosí era arrivata troppo tardi.

Giorgia ha sceso di corsa le scale e si è messa a gridare: «Virate subito! Stiamo per investire i cadaveri!» In quel momento sono arrivati i delfini. Da un lato della nave c'erano i cadaveri, dall'altro i delfini. Le cento persone appena soccorse si sono riversate sul lato dei delfini. Erano vivi e facevano quello che fanno tutti i vivi: cercare di non pensare alla morte. Ma di piú, perché erano dei vivi che erano stati troppo vicini alla morte.

Subito *Sea Watch 2* ha lanciato i rhib e ha salvato i sopravvissuti. Poi toccava tirare fuori dall'acqua i cadaveri. È cominciata l'operazione spaventosa. «Abbiamo iniziato legando i salvagenti ai corpi, perché non andassero a fondo. Li annodavamo a un piede, a un polso. Siamo andati avanti dalla mattina al tramonto. Erano troppi. A un certo punto i militari di una nave da guerra vicina hanno iniziato a metterli dentro a una rete da pesca molto grande, che veniva issata a bordo con una gru. Una rete da pesca piena di cadaveri, vedevo le mani e i piedi che uscivano dalle maglie».

Avevano prestato ai militari la loro zattera gonfiabile e la usavano per raccogliere i corpi. «Quando ce l'hanno restituita, sul fondo c'era uno strato di acqua rossiccio, pieno di sangue. L'abbiamo disinfettata e nei giorni successivi l'abbiamo usata per fare il bagno. Perché quando non c'erano soccorsi, usavamo le zattere per giocare in mare. Era impressionante salirci sopra, ma necessario».

Mentre parlava, Giorgia mangiava nervosamente un sacco di noccioline. Avevo davanti una ventenne che aveva già sperimentato tutto il vivibile e anche l'invivibile. E cercava di essere una ragazza normale lo stesso. «Avevo un grande bisogno di contatto fisico, anche se i tedeschi in questo non danno tanta soddisfazione. Io avevo la cabina sott'acqua e quando dormi sott'acqua ogni tanto senti dei colpi di cose che sbattono. Sai di essere in quel mare e ti fa impressione. Quella notte ho fatto un incubo, non me lo ricordo tanto bene, so solo che dovevo andare a fare il mio turno, invece sono rimasta lí, a mangiarmi le unghie in maniera ossessiva. Fissavo un punto sulla parete e avevo paura della vita. Mi chiedevo: come farò a scendere da questa nave? Come potrò raccontarlo? Come farò a crescere e a confrontarmi con gli altri? Come farò a ritornare alla mia vita? In quella bolla di stanza sentivo un senso di completa immobilità, un'ansia ingovernabile, una paura tremenda di sbarcare».

Dopo un'esperienza cosí traumatica, le strategie sono tante. Giorgia si aggrappava a Rainer («Lui era olandese e abbracciava»), cercavano di ridere insieme, mettevano la musica, giocavano in acqua con la zattera usata per raccogliere i morti. «Poi mi sono fatta lasciare in mezzo al Mediterraneo».

Questa storia me la sono fatta raccontare due volte, come i bambini una favola dell'orrore. Io non lo farei per nessuna ragione al mondo. Ho paura degli squali.

Sea Watch all'inizio faceva dei training abbastanza estremi: prendevano una persona, le facevano indossare un salvagente arancione e la mollavano in mezzo al mare. Poi si allontanavano per un'oretta. Lo scopo dell'esercizio era *ritrovarla*. Giorgia si era offerta volontaria. «Ovviamente sei un po' in mezzo al niente, con trecento metri di fondale sotto, e incominci a pensare a tutto quello che hai visto. Però mi è servito. Faceva un po' paura, ma in realtà era proprio quello che mi piaceva. Salvo una creatura strana che esce e ti dà un morso, non correvo troppi rischi, sapevo che i ragazzi prima o poi sarebbero tornati. È stata una catarsi».

Il cameriere ci ha interrotte. Era passato un sacco di tempo e non ce ne eravamo neanche accorte. «Ti dispiace se smettiamo di parlare di queste cose? Sono un po' provata». Ci siamo alzate e abbiamo raggiunto mio marito al ristorante, che ci stava aspettando chissà da quanto. E per tutta la cena abbiamo parlato di amore.

Dalla *Mare Jonio* e dalla *Ocean Viking*, ogni volta che arrivavano i delfini, pensavo a Giorgia. Delfini e cadaveri. Cadaveri e delfini. Come possono convivere? Eppure succede. Forse bisogna accettarlo. Il Mediterraneo non è fatto solo di delfini come non è fatto solo di cadaveri. Esistono entrambi, e questa è la sua insopportabile complessità.

*Dieci centimetri d'aria.*

In mare aperto, dove l'ossigeno quasi stordisce, si può morire soffocati. I posti in stiva costano meno, di solito là sotto finiscono i subsahariani. La botola resta aperta, ma il fumo del motore riempie quello spazio di pochi metri e uccide lentamente. Sei nel Mediterraneo sterminato e ti mancano dieci centimetri cubi d'aria.

La mattina del 16 novembre 2021 Fulvia, diventata coordinatrice dei soccorsi a bordo della *Geo Barents* di Medici Senza Frontiere, aveva alla spalle una notte di salvataggi. Navigava sul rhib verso il target e già a distanza sentiva un forte odore di fumo e di benzina. Quando si è trovata davanti il barchino, completamente sbilanciato da un lato, le è mancato il fiato.

«È stato il crowd control piú difficile della mia vita perché erano tutti intontiti dalle esalazioni. Erano lí da quattordici ore e sembravano drogati, – mi raccontava. – Ricordo un bambino siriano di undici anni che stava in piedi e parlava con calma, un lunghissimo discorso. Tutti gli altri invece erano agitati e urlavano. C'era gente in acqua perché erano appena passati i libici, alcuni si erano buttati in mare o erano caduti. Ancora non sapevamo che c'era un doppio fondo».

Il barchino era troppo inclinato a destra, quindi si sono avvicinati a poppa sul lato opposto, per dare un po' di stabilità. «Di colpo qualcuno si è mosso e il barchino si è ribaltato a sinistra, sono cadute otto persone in acqua, – diceva Fulvia. – Abbiamo lanciato gli *horseshoe buoy*, quei salvagenti a forma di ferro di cavallo che vanno piú lontano, un po' come un frisbee. Due li tenevo per le braccia perché non andassero alla deriva. Il barchino continuava a sbilanciarsi da un lato e dall'altro, con un movimento lento, perché all'interno c'erano dieci cadaveri che pesavano troppo».

Dal bridge si sono accorti che qualcosa non andava quando la barca ha cominciato a svuotarsi. Quelli che erano rimasti a bordo continuavano a fissare due botole aperte sul deck. Erano quadrate e strette, larghe non piú di settanta centimetri. Dall'alto, sulla

*Geo Barents*, Riccardo vedeva delle cose che Fulvia non poteva notare dal rhib. I naufraghi avevano capito che i loro compagni erano morti perché da quelle botole non emergeva nessuna testa.

«Alla fine a bordo era rimasto un ragazzo solo, e non voleva scendere. Stava fermo, guardava sotto e piangeva disperatamente. Tu sei vivo, devi venire con noi, gli gridavo, salvati, ti prego».

Finito l'imbarco, è salito sul relitto il medico di bordo. Ha confermato che all'interno c'erano dei cadaveri. Ma il fumo era tossico e bisognava entrare nella stiva con le bombole.

«Sono complicate le bombole, quindi si sono calati dei professionisti, capaci di usarle. Io e Riccardo stavamo sul ponte e mettevamo i corpi nelle body bag. Chiudevamo gli occhi ai ragazzi, prima di tirare su la cerniera del sacco. A uno ho fatto una carezza. Li avrei accarezzati tutti, ma non c'era tempo, perché le bombole hanno una durata di mezz'ora e i morti erano troppi. Non c'era neanche spazio, il ponte del barchino era troppo piccolo per distenderli tutti in modo decoroso, dovevamo metterli uno sopra l'altro. Ogni tanto io e Riccardo ci scambiavamo un'occhiata. Com'erano giovani. Guarda questo com'era bello. Molti cadaveri avevano la pelle ustionata. L'odore del fumo che li aveva soffocati era fortissimo. Un odore violento, acre. È rimasto nella testa e nel naso di tutti noi per giorni. Anche se eravamo in mare aperto, ogni tanto dovevamo voltarci per prendere una boccata d'aria perché non riuscivamo a respirare. Avevamo i guanti di plastica a brandelli, tanto erano impregnati di benzina.

A quel punto l'integrità fisica non ci interessava piú. Per la fretta eravamo costretti a storcere un braccio ai cadaveri per infilarli nel sacco e ci trovavamo a pestare i piedi ai morti. Poi si è strappata la maniglia di una body bag non ancora chiusa, un corpo è caduto, ha sbattuto la testa e il ponte si è coperto di sangue. Scusateci, ho pensato. Era uno scusateci politico, storico. Scusateci tutti».

Questo è lo spartiacque nella vita di chi sale sulle navi Ong: prima o poi ti trovi davanti i cadaveri. È il confine che deve attraversare chi vuole andare incontro ai confini degli altri.

E cosí quella notte di novembre, quando Fulvia mi ha scritto che aveva appena tirato fuori da una barca di legno dieci corpi, ho pensato: ecco, è successo. La linea è attraversata. Lei era in mare e io ero a terra. Eravamo lontane, eppure la sentivo vicinissima. Lei era a bordo della *Geo Barents* di Medici Senza Frontiere e io nella cucina in cui parlavamo di queste cose insieme. «Tanto succederà anche a me, – mi diceva. Ne parlavamo cosí, con questa semplicità, fra amiche intime, davanti a un bicchiere di vino. – Se vai avanti, ti tocca. Per forza». Non scomodavamo neanche il destino, era qualcosa di piú vicino alla statistica.

Era stata anche un po' sua, quella cucina, perché Fulvia aveva abitato per mesi in casa mia. Prima di andarsene, come regalo, mi aveva lasciato una caccia al tesoro. Aveva seminato per le stanze le fotografie fatte in nave, e dietro aveva scritto dei messaggi a mano. «Vai nella stanza delle nostre chiacchierate». L'indizio numero due era facile. Aveva incollato sotto al tavolo la foto del nostro attacco di ridarella sul bridge, quella tutta sfocata.

Mentre cercavo di dare un nome al sentimento tremendo che provavo, senza riuscirci, mi guardavo intorno. Fissavo il frigo, il forno, la lavastoviglie. Di colpo, ho avuto un'illuminazione. La chiave è *il sentimento della separazione*. Lo scopri quando si ammala qualcuno che ami. Puoi anche tenere per mano quella persona fino all'ultimo minuto, ma fra te e lei a un certo punto si crea una distanza irreparabile. Cosí è il Mediterraneo: fra te e la morte degli altri c'è un confine che non si può attraversare. Forse solo la morte è l'unica vera frontiera.

# Epilogo

Una sera mi ha scritto Ammar, un amico egiziano a cui tengo molto. Mi diceva che era ad Amsterdam, che stava facendo l'università, ingegneria. Mi ha mandato un selfie insieme a un ragazzo biondissimo, probabilmente olandese, suppongo un compagno di corso. (*Articolo 14. Diritto di asilo. Ogni individuo ha il diritto di cercare e di godere in altri paesi asilo dalle persecuzioni*).

Mi diceva di salvare il nuovo numero e io lo prendevo in giro perché ogni mese cambia scheda telefonica. Ci siamo mandati un paio di emoticon con le lacrime dal ridere. Ma io ricordavo le sue lacrime vere, quando sul ponte di coperta era scoppiato in un pianto convulso, fra le mie braccia. Un pianto nervoso, liberatorio, disperato, addosso a me.

Non dirò quando e su quale nave l'ho incontrato, e nemmeno come si chiama davvero, Ammar è un nome di fantasia che abbiamo scelto insieme. (*Articolo 12. Diritto alla privacy*). Quando ero a bordo, anche se lui mi aveva chiesto espressamente di pubblicare tutto quello che mi aveva raccontato, mi ero rifiutata di scrivere una sola riga. *Per proteggerlo*. Sarebbe stato troppo riconoscibile. «Ti metterei in pericolo, meglio di no. Parlerò di te e di tutto quello che ti è successo un'altra volta, quando sarò certa che non potranno risalire alla tua identità». Ammar è un perseguitato politico.

Ma adesso che lui finalmente è al sicuro, adesso che è passato del tempo e sono passate diverse navi, voglio raccontare la sua storia, una storia che incarna la *Dichiarazione universale dei diritti umani*, articolo dopo articolo.

Ammar è un ragazzo colto, della buona borghesia egiziana.

Educato, impegnato. Era stato proprio il suo impegno – cosí precoce – a rovinargli la vita. Aveva solo sedici anni quando si è trovato a essere un nemico del governo al-Sisi. E non ha potuto fare altro che scappare. La Libia è stata il prezzo per le idee di un adolescente.

Due suoi compagni di classe, i suoi due migliori amici, probabilmente nel frattempo sono morti. O sono ancora chiusi in un carcere di massima sicurezza, per prigionieri politici. In ogni caso, nessuno ne sa piú niente. Il terzo del gruppo era lui.

E cosa facevano di *tanto pericoloso* tre sedicenni? Andavano in giro per le classi e per le scuole a parlare. Tenevano delle piccole conferenze davanti ai banchi, per raccontare, discutere i problemi dell'Egitto. Per aprire gli occhi ai loro coetanei. Tutto qui.

«Un giorno siamo stati convocati dal preside, non era per niente contento delle nostre conferenze, ci ha ordinato di fermarci. Noi abbiamo protestato. Ma non facciamo niente di male. Parliamo solo. Non immaginavamo le conseguenze». (*Articolo 18. Libertà di pensiero. Articolo 19. Libertà di espressione. Articolo 20. Diritto di pubblica assemblea*).

Poi una notte di ottobre, una jeep si è fermata davanti alla casa di uno dei tre. Un paio di poliziotti, armati di pistole, hanno suonato alla porta. Hanno preso il ragazzo, era in arresto. La madre non ha piú saputo niente di lui. (*Articolo 9. Nessuna detenzione ingiusta. Nessun individuo potrà essere arbitrariamente arrestato, detenuto o esiliato*).

«Io non capivo, non immaginavo che fosse per la nostra attività a scuola. Com'era possibile? Eravamo solo dei sedicenni. Siamo andati a chiedere informazioni in varie prigioni e in tribunale. Nessuno sapeva niente, il mio amico sembrava scomparso nel nulla». (*Articolo 8. Tutti i tuoi diritti sono protetti dalla legge. Ogni individuo ha diritto ad un'effettiva possibilità di ricorso a competenti tribunali nazionali contro atti che violino i diritti fondamentali a lui riconosciuti dalla costituzione o dalla legge*).

Un mese dopo, una notte di novembre, è toccato all'altro ragazzo. Stessa dinamica: è arrivata la polizia, armata, e l'ha portato via.

Lo zio di Ammar, poliziotto al Cairo, preoccupato come tutta la famiglia, ha deciso di fare delle indagini. E ha scoperto che i due compagni di suo nipote erano stati portati in una prigione speciale, destinata a persone *pericolose per la sicurezza nazionale*. Una prigione sottoterra, forse a Nasr City, ma nessuno lo sapeva di preciso. (*Articolo 10. Diritto al giudizio. Ogni individuo ha diritto, in posizione di piena uguaglianza, a una equa e pubblica udienza davanti a un tribunale indipendente e imparziale. Articolo 11. Innocente fino a prova contraria. Ogni individuo accusato di un reato è presunto innocente sino a che la sua colpevolezza non sia stata provata legalmente in un pubblico processo nel quale egli abbia avuto tutte le garanzie necessarie per la sua difesa*).

Era il 15 novembre. Lo zio poliziotto, dopo avere ricevuto le informazioni sugli altri due, ha telefonato ad Ammar. Erano le nove di sera. Doveva scappare subito, sarebbero andati a prendere anche lui.

Ammar però non aveva il passaporto. In Egitto te lo consegnano solo dopo che hai fatto il servizio militare per tre anni. (*Articolo 6. Hai i tuoi diritti ovunque tu vada. Ogni individuo ha diritto, in ogni luogo, al riconoscimento della sua personalità giuridica*). Ma lo zio poliziotto aveva pensato a tutto. In poche ore gli aveva organizzato la fuga in Libia. Da lí, via mare, avrebbe raggiunto l'Europa. Non c'erano alternative.

I suoi genitori erano molto spaventati, non volevano che Ammar partisse cosí. Lo zio però, dopo avere saputo che fine avevano fatto gli altri due, sosteneva che non c'era un minuto da perdere. (*Articolo 3. Diritto alla vita. Ogni individuo ha diritto alla vita, alla libertà ed alla sicurezza della propria persona*).

E cosí, la sera stessa, Ammar ha preso un treno per il Cairo. Lo zio lo aspettava alla Ramses Station. Gli ha consegnato un biglietto dell'autobus e gli ha detto di andare a Matruh. Qualcuno lo avrebbe portato in Libia. Arrivato a Matruh, Ammar ha preso un taxi e ha raggiunto l'indirizzo che gli aveva dato lo zio.

Alle dieci di mattina, dopo la notte insonne, lo hanno chiuso in una stanza, dove c'erano altre venti persone. Stavano tutti rannicchiati. Ammar ha aspettato, con le ginocchia al petto, fino alle quattro di pomeriggio. Poi finalmente sono venuti a prenderlo e lo hanno portato nel deserto. Viaggiavano in venti dentro un pick-up, tutti schiacciati, nascosti da un telo di plastica. Ma era solo l'inizio.

Quando ascolti una storia di fuga, capisci che la gente viene trasferita continuamente da un posto all'altro. Cosí si muovono i trafficanti: a tappe. E a ogni tappa il numero delle persone aumenta, insieme al pericolo. Poi ci hanno portati lí, poi ci hanno portati là. Poi ci hanno trasferiti in un altro posto ancora. Senza tregua. Da una casa in periferia a un hangar, da una stalla a un container. Fino a una moschea.

Erano partiti in venti e, alla fine, dentro la moschea, erano in duecento. Ammar si trovava al confine fra Egitto e Libia, davanti a una montagna. A mezzanotte hanno cominciato ad attraversarla, *a piedi*.

«Abbiamo camminato fino alle otto di mattina. Piú precisamente, abbiamo corso. Perché i trafficanti ci costringevano a *correre*. Al buio. Due persone sono precipitate davanti ai miei occhi e sono morte. Una cinquantina sono sparite, penso che abbiano fatto la stessa fine, nessuno ci ha dato spiegazioni. La montagna era vicina al mare e noi dovevamo raggiungere il mare. Correvamo senza mai fermarci. Senza acqua, senza cibo, non ci davano niente di niente».

Alle sei di sera, Ammar aveva faticosamente raggiunto la prima meta: un capannone. «Ci hanno messi lí insieme agli animali, una bottiglia d'acqua da un litro costava dieci euro». Stavano aspettando un gommone che li avrebbe portati in Libia. Sarebbe stato il suo primo assaggio di Mediterraneo. E il suo primo confine superato.

Ma nessuno – né Ammar, che a sedici anni aveva affrontato la sua prima frontiera illegalmente, né i suoi genitori, che lo amavano tanto e non sapevano se avere piú paura per lui in Egitto o per il viaggio, né lo zio che aveva organizzato tutto, come lo può organizzare un poliziotto del Cairo, consapevole, cinico, molto affezionato al nipote – nessuno poteva immaginare cosa avrebbe vissuto *quel ragazzino* in Libia.

Anche perché a loro Ammar non lo ha raccontato mai. «Tu sai delle cose che la mia famiglia non sa e non saprà *mai*».

La Libia è cominciata con un hangar, dentro c'erano altre ottocento persone. Ammar ha chiesto di essere mandato a Tubruq, come gli aveva detto lo zio, che in quella città aveva un contatto. Anche quel passaggio era già organizzato dall'Egitto.

Lo hanno scaricato in periferia, davanti a una casa. Lo hanno fatto entrare e subito c'è stata una discussione. Sostenevano che lo zio non aveva mai pagato l'alloggio. Ma ormai Ammar era in Libia, dove i trafficanti pensano solo ai soldi, li vogliono anche due volte, se ne fregano se qualcuno ha già pagato. Bisogna pagare di piú, ancora e ancora, per qualsiasi cosa. Anche solo per sopravvivere.

«Volevano mille euro, ma a me ne erano rimasti solo cinquecento. Allora mi hanno mandato a lavorare da un tizio per recuperare gli altri cinquecento. Era una prigione privata. Sono entrato in quella casa e il tizio mi ha detto: adesso sei il mio schiavo. No, gli ho risposto, io sono un uomo libero. Mi ha picchiato con il calcio di un fucile. Mi faceva dormire in macchina, la macchina che gli dovevo lavare tutti i giorni. Sono stato schiavo per due mesi». (*Articolo 4. Nessuna schiavitú. Nessun individuo potrà essere tenuto in stato di schiavitú o di servitú; la schiavitú e la tratta degli schiavi saranno proibite sotto qualsiasi forma*).

Un giorno Ammar non ce l'ha fatta piú. E ha deciso di provare a scappare. Ha aspettato la mezzanotte. Buio, silenzio. Magari dormono. Si è messo a correre. Ha corso per cinque ore. Fino a quando non è stato fermato da un uomo per strada, a cui ha detto che stava andando dal fratello in ospedale, con un forte accento libico.

Non mi era difficile immaginare come sapesse imitare, a orecchio, un accento libico. Un suo talento: le lingue, le pronunce, le intonazioni. Infatti il libico ci è cascato. E Ammar ha corso ancora, per altre cinque ore e mezzo. Fino a una moschea. È entrato, si è guardato intorno e ha preso da parte un vecchio egiziano. Gli ha raccontato la sua storia. Il vecchio stava andando a Bengasi, Bengasi è piena di egiziani che si aiutano a vicenda.

Non gli sembrava vero. Il vecchio lo ha ospitato, gli ha dato dei vestiti, del cibo, un letto. Finalmente poteva riposare.

Per un po', Ammar ha lavorato con lui, regolarmente pagato. Poi il vecchio ha deciso di trasferirsi a Tripoli. Un'occasione straordinaria nell'edilizia, sosteneva. Ammar l'ha seguito, si fidava di lui. Per altri due mesi è andata bene. Lui e il vecchio lavoravano, avevano uno stipendio.

Finito quell'incarico, sono subito stati assunti in un altro cantiere. Quando hanno chiesto la paga, dopo un mese, il datore di lavoro ha scosso la testa. Niente soldi. E non potevano andarsene. Ammar, senza accorgersene, era finito in un'altra prigione privata. (*Articolo 23. Diritti dei lavoratori. Ogni individuo che lavora ha diritto a una remunerazione equa e soddisfacente che assicuri a lui stesso e alla sua famiglia una esistenza conforme alla dignità umana*). E cosí, una notte, è scappato ancora. In fondo era la cosa che sapeva fare meglio.

«Mi sono infilato in un bosco, mi cercavano, sentivo le voci, sparavano in aria. Ho iniziato a correre e ho corso per sette ore di seguito. Sono arrivato in una superstrada, cercavo di fermare la gente in macchina agitando le braccia. Solo un uomo si è fermato. Andava a Zawiya. Voleva sessanta euro. Mi ha portato da un amico egiziano che poi lo ha pagato e mi ha dato anche i soldi per tornare a Tripoli».

«Quando sono arrivato a Tripoli, ho chiamato mio zio e la mia famiglia, senza raccontare quello che mi era successo. Volevo tornare a casa, ero tanto stanco. Non ce la facevo piú. Ma loro sostenevano che tornare in Egitto era troppo pericoloso, non potevo. (*Articolo 13. Diritto di libertà di movimento. Ogni individuo ha diritto di lasciare qualsiasi paese, incluso il proprio, e di ritornare nel proprio paese*). Allora ho lavorato ancora un po', ho guadagnato mille euro e li ho dati ai trafficanti. Ero pronto per attraversare il Mediterraneo. Basta».

Ma le cose non sono andate come sperava. Ammar è stato portato ad Al-Khums, in una prigione. Gli davano da mangiare soltanto pane secco e maccheroni scotti. C'era un solo bagno per novecento persone, nessuna doccia. Era vietato parlare. Se qualcuno parlava, gli sparavano. Durante la notte, i carcerieri prendevano le ragazze eritree e le violentavano. Ammar sentiva le urla.

«Una mattina hanno riportato una ragazza eritrea mezza morta. Dopo l'ennesimo stupro, lei ha preso un coltello e si è suicidata. Aveva una figlia di due anni che si chiamava Fiora. Il marito non apriva piú bocca, annientato. Sono rimasto lí per due mesi. Ci chiamavano *asini*». (*Articolo 1. Siamo tutti liberi e uguali. Tutti gli esseri umani nascono liberi e uguali in dignità e diritti. Essi sono dotati di ragione e di coscienza e devono agire gli uni verso gli altri in spirito di fratellanza*).

Poi, un giorno Ammar è stato caricato su una macchina e dopo su un gommone. I trafficanti hanno costretto un ragazzo qualsiasi a guidarlo. Quel ragazzo non voleva, diceva che non era capace, non aveva mai guidato un gommone, non aveva mai visto il mare prima. Allora lo hanno minacciato con una pistola. E cosí Ammar è partito, su un gommone pieno di gente, guidato da un ragazzo che non aveva mai visto il mare, che non sapeva come accendere o spegnere un motore, dove andare. «L'Europa è di là», con un gesto della mano. Piú o meno come si indica il bagno.

Ma sono stati intercettati dalla Guardia Costiera libica. «Ci hanno coperti di benzina, – mi raccontava Ammar, – e tenevano l'accendino in mano. Se non venite con noi, se fate resistenza, vi diamo fuoco. Un ragazzo si è buttato in mare, è morto davanti ai nostri occhi».

«Quando siamo saliti sulla nave, la Guardia Costiera libica ci ha picchiati. E poi ci ha portati nella prigione di Zawiya –. E cosí Ammar è finito nelle mani di Ossama. – Sai che sono *fratelli*? Il comandante della nave e il capo della prigione, intendo. Chi vuole uscire di lí deve *fare baksheesh*, pagare una mancia. E loro fanno a metà». «Sono *cugini*, – gli ho risposto, – se ti riferisci a Bija e Ossama, non fratelli». Ammar sembrava stupito che in Europa si sapesse qualcosa. Gli ho spiegato che dopo le inchieste di Nello Scavo non c'erano piú dubbi. *Sappiamo tutto*. Solo che all'Europa fa molto comodo fare finta di non sapere.

«Beh, in ogni caso, – diceva lui, – fratelli o cugini, era *tutto in famiglia*, te lo dico io che ci sono stato. Quando siamo arrivati, non ci hanno dato niente, né cibo, né acqua, né qualcosa per cambiarci, abbiamo dormito con i vestiti bagnati, ancora pieni di carburante. Forse volevano ricordarci quell'accendino.

Il giorno dopo è arrivato Ossama e ci ha chiesto: Volete stare qui o andare via? Tutti hanno gridato: Andare via. E lui: bene, allora dovete *fare baksheesh* e darci mille euro. Se volete raggiungere l'Europa, andate da mio cugino, che è un buon trafficante».

Un altro cugino? Stavolta Ammar mi aveva spiazzata. Un parente che mi mancava. Fatto sta che questo cugino, questo bravo e serio trafficante, poco dopo è comparso davvero. Si è scelto alcuni uomini e se li è portati a casa. Sulla porta c'era scritto: se entri, non puoi uscire. Era un'altra prigione privata.

«Non mangiavo niente da tre giorni. Alcuni ragazzi chiusi lí dentro mi hanno dato del riso in bianco. Il miglior riso della mia vita. Ma che buono, che buono».

Il presunto cugino di Ossama voleva millesettecento dollari a persona. Ammar non li aveva e non voleva chiedere soldi alla sua famiglia. Era disposto a lavorare, a fare qualsiasi cosa, ma non a parlare con la mamma, il papà o lo zio. *Non voleva che loro sapessero*. Soprattutto sua madre, operata al cuore. Saperlo lí l'avrebbe uccisa.

Ma gli aguzzini se ne fregano delle madri altrui. Le famiglie devono pagare, punto e basta. È questo il loro compito. Poi, *dopo*, possono avere tutti gli infarti che vogliono. E cosí hanno cominciato a picchiarlo a sangue, a spegnergli le sigarette addosso. Volevano che mandasse il video ai parenti. Uccidetemi pure, pensava, ma io non voglio ammazzare mia madre. Questi video non li manderò mai, fottetevi.

Quindi lo hanno chiuso in una stanza speciale. Una stanza in cui tutti dovevano stare in ginocchio, per giorni e giorni, senza muoversi mai. Se qualcuno cercava di cambiare posizione o cadeva, veniva selvaggiamente picchiato o ucciso. Ammar, in ginocchio, li guardava. «No. Ho detto di no». (*Articolo 5.*

*Nessuna tortura. Nessun individuo potrà essere sottoposto a tortura o a trattamento o a punizioni crudeli, inumane o degradanti*).

Il sadismo dei torturatori libici però ha un limite, almeno secondo tutti i racconti che mi hanno fatto: è *retributivo*. Quindi a un certo punto, se una persona non ha niente da offrire, la lasciano andare. La mettono in mare e addio, se ne sbarazzano, oppure cercano di giocarsela meglio, come una carta.

E cosí Ammar è stato mandato ai lavori forzati, visto che dalle torture non se ne cavava niente. Pomodori e arance, piú redditizi. Non avevano calcolato che quel ragazzino era ormai un esperto nell'arte della fuga. «Pesavo quaranta chili, ho scavalcato il muro e ho camminato, ero troppo debole per correre».

Camminando e camminando, i suoi quaranta chili hanno raggiunto un posto che si chiama Agelat. Ho controllato la mappa, non sapevo dove fosse: quarantatre chilometri da Zawiya. Un chilometro per ogni suo chilo, piú o meno.

E lí Ammar ha trovato una prima salvezza: un barbiere sudanese. Non so come ci sia capitato, non so cosa abbia detto. So solo che quella famiglia di sudanesi lo ha accolto: gli ha dato del cibo, dei vestiti, e soprattutto un letto. Dove lui finalmente ha potuto dormire. (*Articolo 25. Un letto e cibo per tutti*). I sudanesi gli hanno dato anche dei soldi, per raggiungere alcuni amici egiziani a Tripoli, che sicuramente lo avrebbero aiutato.

Ma arrivato a Tripoli, Ammar ormai era sfinito. E in questo passaggio il suo sguardo cambiava. Per come lo avevo conosciuto sulla nave, era un ragazzo incapace di sorridere, ma capace di ridere, ogni tanto. Per esempio quando giocavamo a carte (*Articolo 24. Diritto di giocare. Ogni individuo ha diritto al riposo e allo svago*). Invece in quel momento avevo davanti a me un ragazzo troppo adulto, che mi teneva la mano, mi guardava negli occhi a volte sí e a volte no come se si vergognasse a dire qualcosa. «Sai, ho cercato di uccidermi. Ma non ci sono riuscito».

Non sapevo come, non sapevo in che momento esatto era arrivato a tentare il suicidio, e nemmeno chi lo aveva salvato, cosa aveva sbagliato. Non volevo chiederglielo. Intuivo solo che l'abisso per lui era molto diverso. Mi stava parlando un ragazzo che aveva passato il suo tempo e usato tutte le sue energie per non essere ucciso.

«Poi ho ricominciato a lavorare, – un'alzata di testa furiosa, improvvisa, – non volevo piú stare in Libia. Non ci volevo stare».

E Ammar, lavorando, ha incontrato quello che lui definisce l'unico libico buono conosciuto in vita sua, un certo Hashim. Che gli ha dato anche i soldi per la traversata. Vai, vai. Scappa.

Ammar mi ha fatto una promessa solenne: «Ti dirò sempre dove sono e come sto». Una promessa mantenuta, una promessa per me abbastanza scomoda, a volte. Perché chi cresce fuggendo, non riesce piú a smettere di fuggire.

«Sono scappato dal centro, vado in Francia». «Oh, no. Aspetta. Puoi avere lo status di rifugiato, sei un perseguitato politico, hai diritto alla protezione internazionale». «Senti, lí non mi facevano studiare neanche l'italiano, io mi voglio laureare». «Oh, no, ti prego no, la frontiera di Ventimiglia è troppo pericolosa, non provarci». «Ce la farò, invece».

Stacco. Nessuna notizia.

(*Articolo 26. Diritto all'istruzione. Ogni individuo ha diritto all'istruzione. L'istruzione deve essere indirizzata al pieno sviluppo della personalità umana ed al rafforzamento del rispetto dei diritti dell'uomo e delle libertà fondamentali*).

Poi, di colpo, una foto: Ammar su una montagna, non so quale, al confine fra Italia e Francia. «Ti ricordi quando ho attraversato le montagne fra Egitto e Libia correndo? Sono arrivato in Francia, ciao».

Tempo quindici giorni e già voleva essere altrove. «Come stai?» «Non bene qui, voglio andare in Inghilterra». «Ma sei matto? Calais? C'è la Brexit, c'è il Coronavirus, dove pensi di andare? Stai lí, ti scongiuro». «Non ti preoccupare, ti darò sempre notizie, promesso».

Per un mese ho risposto anche ai call center, sperando fosse lui. Poi è riapparso, con l'ennesimo numero nuovo. «Sono io. Come va?» Come stai tu, cazzo. Ma sono riuscita a moderare emozioni e parolacce. «Ho vissuto cose terribili, – mi ha risposto,

– che un giorno ti racconterò. Tu e tuo marito tutto bene?» «Sí, noi benissimo –. In lockdown a Milano. – Benissimo, grazie».

Un giorno invece non gli ho risposto. «Sono io», ha insistito dopo la chiamata rifiutata. *It's me*. Il nome non serviva. Però non avevo voglia di parlargli. «Scusa, non posso rispondere, sono in viaggio». Non era vero, ero alle prese con un'altra fuggiasca come lui. Con un altro viaggio, anche se non era il mio. E due fuggiaschi insieme mi sembravano troppi. «Vuoi andare in Germania? Ma sei pazza? Non hai i documenti». «Io ci vado lo stesso». Come fai a spiegare a una ragazza che ha passato la sua vita a fuggire, dai quindici anni in su, che esistono anche altre modalità di esistenza? Non lo capisce, non lo può capire, è un concetto che non le appartiene. Ma lei aveva due bambini, dovevo provarci. «Scusa se ti ho disturbato», mi ha risposto Ammar. E poi è sparito per qualche mese.

Fino a quando non mi ha annunciato che era in Olanda, iscritto all'università, futuro ingegnere. Che aveva un avvocato e tutti i documenti in regola. Forse non è cosí sbagliato fuggire: in Italia lo avrebbero trasferito da un centro all'altro, un po' come i trafficanti trasferiscono da un hangar a una stanza in periferia, da una stalla a una moschea. O da una prigione all'altra. Allora gli ho fatto una promessa io: «Quando finirà la pandemia, io e mio marito verremo a trovarti ad Amsterdam». «Vi aspetto qui», mi ha risposto. E per lui non era una frase qualsiasi. (*Articolo 30. Nessuno può toglierti i tuoi diritti*).

*Breve storia della Sar*
di Valerio Nicolosi

*Mare Nostrum.*

Scrivere la recente storia del soccorso in mare non è semplice. Per lavoro sono abituato all'azione, a stare sul campo, ma prima cerco di studiare, di documentarmi.

In qualsiasi storia serve sempre una data d'inizio e nel nostro caso è il 3 ottobre 2013, a Lampedusa, nel centro del Mar Mediterraneo. Sono le prime ore del mattino quando un peschereccio con circa cinquecentoquaranta persone a bordo si trova a ottocento metri dalle coste dell'isola. È ancora buio e da lontano vedono le luci di una grossa nave. Le testimonianze che ha raccolto Alessandro Leogrande nel libro *La frontiera* (Feltrinelli, 2015) raccontano che quella nave fa un giro intorno al peschereccio partito dalle coste libiche e poi tira dritto. La delusione deve essere stata grande perché, scrive Leogrande, pensavano che sarebbe andata a prenderli. Succede quasi la stessa cosa con una seconda imbarcazione e loro continuano a restare lí, a largo della Spiaggia dei Conigli, a pochi metri dall'Europa.

Alle sei e trenta del mattino a bordo si accorgono che il sistema di drenaggio si è inceppato e il peschereccio, già carico ben oltre le sue possibilità, sta imbarcando acqua. Cresce il panico. Il comandante fa un gesto strano: prende una coperta e le da fuoco. Vuole sedare gli animi ma anche farsi vedere da alcune imbarcazioni che stanno passando nelle vicinanze. Le persone che sono a poppa si spostano a prua e in pochi secondi il peschereccio si capovolge in mare, insieme alle numerose taniche di gasolio che erano ancora a bordo.

Chi è in stiva non ha possibilità di sopravvivere: quando

un'imbarcazione di questo tipo si capovolge infatti le decine di persone ammassate sotto il ponte muoiono affogate. Altri cadono in mare, alcuni non sanno nuotare, altri ancora nel panico bevono acqua salata mista al gasolio che si è rovesciato. La conta dei morti nei giorni successivi fa impressione: trecentosessantotto accertati, venti dispersi e centocinquantacinque sopravvissuti, tra cui quattordici minori.

Le urla delle persone che stanno affogando arrivano all'imbarcazione di Vito, il proprietario di una gelateria in via Roma a Lampedusa, che la sera prima è uscito in mare con degli amici per passare una notte a largo della bellissima Isola dei Conigli. Vito, Marcello, Grazia e tutti gli altri lanciano l'allarme alla Guardia Costiera di Lampedusa e intanto iniziano a soccorrere le persone. Ne salvano piú che possono, fino a quando la loro piccola barca rischia anch'essa di affondare per il peso.

L'evento è talmente drammatico che il lavoro di recupero dei corpi va avanti a lungo e il 6 ottobre, quindi tre giorni dopo, uno dei sommozzatori impegnati nelle operazioni dichiara alla stampa:

> Sono tutti attaccati uno con l'altro, ognuno avrà non piú di trenta centimetri di spazio, ci sono pile di uomini e donne nella stiva del peschereccio. Una buona parte sono stipati nella stiva, sono bloccati lí dentro e li dobbiamo tirar fuori uno a uno[1].

Nei giorni successivi si diffondono il dolore e la commozione e il governo italiano arriva rappresentato dal presidente del Consiglio Enrico Letta e dal ministro dell'Interno Angelino Alfano. Vola a Lampedusa anche il presidente della Commissione europea Manuel Barroso, che dopo aver visto le bare allineate dichiara:

> L'immagine delle centinaia di bare non andrà mai via dalla mia mente. È un'immagine che non si può dimenticare. C'erano bare di bambini, madri e figli: è qualcosa che mi ha scioccato e rattristato. L'Europa sta con la gente di Lampedusa. Il problema di uno dei nostri paesi, come l'Italia, deve essere percepito come un problema di tutta l'Europa.

[1] https://www.ansa.it/web/notizie/photostory/primopiano/2013/10/06/__9418862.html

Insieme possiamo agire in modo piú adeguato. L'Europa non può girarsi dall'altra parte[2].

Barroso parla di un coinvolgimento dell'Europa nella gestione del fenomeno migratorio, un sostegno che tutti i paesi membri e le istituzioni di Bruxelles dovrebbero dare all'Italia. Nelle stesse ore il presidente francese Hollande definisce una strategia in tre fasi: prevenzione, solidarietà, protezione.

La «prevenzione» che l'Europa vuole organizzare è una grande operazione di salvataggio nel Mediterraneo: «Da Cipro alla Spagna», dice la commissaria Malmström ai ministri dei ventotto paesi membri[3].

Passano pochi giorni, otto per la precisione, e un'altra strage in mare arriva alle cronache italiane: duecentosessantotto persone, sessanta dei quali bambini, muoiono dopo ore di attesa dei soccorsi che non arrivano mai. È stata poi chiamata «la strage dei bambini» ma potremmo chiamarla anche «la strage delle famiglie siriane e palestinesi». A bordo infatti erano tutte famiglie provenienti da Siria e Palestina. Lampedusa si trova a sessantuno miglia, Malta a centodiciotto e nonostante le numerose richieste d'aiuto da parte di un aereo maltese la nave italiana *Libra* non interviene. A bordo il comando è del tenente di vascello Catia Pellegrino, prima donna comandante di una nave della Marina Militare italiana, alla quale la Rai dedicherà poco tempo dopo un documentario dal titolo *La scelta di Catia*, proprio sulle missioni di soccorso in mare. Fabrizio Gatti, inviato de «L'Espresso», ha ricostruito la vicenda anche grazie a delle fonti della Armed Forces of Malta, che mostrano come *Libra* non sia intervenuta per cinque ore nonostante si trovasse tra le dieci e le diciannove miglia nautiche, una distanza facilmente percorribile al massimo in un'ora[4].

La ricostruzione di Gatti evidenzia come l'Italia non sia volu-

[2] https://www.blogo.it/post/501313/naufragio-a-lampedusa-si-incendia-barcone-di-migranti-recuperati-i-corpi-di-111-vittime

[3] https://www.repubblica.it/cronaca/2013/10/09/news/lampedusa__ultime__ricerche__nel__relitto__proteste__prima__dell__arrivo__di__letta__e__barrosa-68216559/

[4] https://www.marina.difesa.it/noi-siamo-la-marina/mezzi/forze-navali/Pagine/Libra.aspx

ta intervenire e come abbia passato la palla a Malta, senza mai dare informazioni precise e puntuali[5]. E nel gennaio 2021 viene condannata per questa strage dal Comitato dei diritti umani dell'Onu.

L'inchiesta e la condanna però arrivano molto tempo dopo, in quei giorni si parla del naufragio, dei sessanta bambini e dei loro genitori. L'opinione pubblica è emotivamente colpita da quello che sta accadendo poco a sud delle nostre coste, ed è in questo clima politico che nasce l'operazione *Mare Nostrum* una «missione militare e umanitaria» per usare le parole del presidente del Consiglio Enrico Letta che il 14 ottobre, quindi appena undici giorni dopo la strage, annuncia che sarà l'Italia a farsi carico del «rafforzamento del dispositivo di sorveglianza e soccorso in alto mare per incrementare il livello di sicurezza delle vite umane»[6].

Le operazioni iniziano ufficialmente il 18 ottobre 2013 e si concludono il 31 ottobre 2014. I costi totali sono alti: piú di nove milioni di euro al mese, di cui sette per il funzionamento e la manutenzione dei mezzi e poco piú di due per gli oneri relativi al personale. Dall'Unione Europea per il controllo delle frontiere vengono stanziati meno di due milioni, il resto è tutto a carico del governo italiano. Nonostante questo Letta difende l'operazione pubblicamente e alla Camera dei deputati l'11 dicembre 2013 dichiara:

> (*Mare Nostrum*) In questi due mesi ha evitato che ai trecentocinquanta e piú migranti che drammaticamente sono morti a Lampedusa, se ne aggiungessero altri – secondo le nostre stime – 2000: 2000 persone che sono state salvate mentre stavano per annegare in mare. Questa è l'Italia, al di là di tutte le differenze[7].

Alla fine della missione i numeri dimostrano, da un punto di vista umanitario, che l'azione è stata un successo:

> I migranti soccorsi nell'ambito dei cinquecentosessantatre interventi sono stati 101 000, di cui 12 000 minori non accompagnati; sono stati rin-

[5] https://espresso.repubblica.it/attualita/2017/09/13/news/indagine-negli-abissi-1.309437

[6] https://www.ilfattoquotidiano.it/2013/10/14/immigrazione-al-via-loperazione-mare-nostrum-alfano-tre-livelli-per-affrontare-emergenza/743674/

[7] https://www.camera.it/leg17/410?idSeduta=136&tipo=stenografico

venuti 499 cadaveri, mentre i dispersi, sulla base della testimonianza dei sopravvissuti, potrebbero essere piú di 1800; sono stati arrestati settecentoventotto scafisti e sequestrate otto imbarcazioni[8].

*Svuotiamo il mare.*

«L'ha spiegato molto bene il ministro Alfano che l'operazione *Mare Nostrum* viene sostituita da un intervento complessivo dell'Unione Europea»[9] dice Matteo Renzi il 10 ottobre 2014 alla trasmissione *Virus* di Rai Due.

Renzi giura da presidente del Consiglio dei ministri il 22 febbraio 2014, subentrando a Enrico Letta, e per molti mesi difende *Mare Nostrum* dagli attacchi dell'opposizione di destra che chiede il blocco immediato. Quando però si avvicina la scadenza dell'operazione in mare decide, anche a seguito di pressioni interne al governo provenienti proprio da Alfano, che *Mare Nostrum* è *rottamabile* e che la missione *Triton* dell'Agenzia Frontex prenderà il suo posto. Quello che non dice, però, è che le regole d'ingaggio di *Triton* sono completamente diverse.

A far chiarezza su questo ci pensa Arias Fernandez, direttore esecutivo di Frontex, che dichiara:

> L'Agenzia e l'Ue non possono sostituire gli stati membri nella responsabilità di controllare le loro frontiere: da noi ci sarà un supporto. *Triton* partirà l'1 novembre indipendentemente da quello che accadrà a *Mare Nostrum*: la decisione se ridurre o terminare quest'ultima spetta al governo italiano. Salvare vite umane è sempre una priorità assoluta, ma il mandato dell'Agenzia è quello di controllare le frontiere, non facciamo ricerca e soccorso[10].

Da «missione militare e umanitaria» a «controllo delle frontiere», un cambiamento importante soprattutto negli aspetti

[8] https://www.senato.it/japp/bgt/showdoc/17/DOSSIER/0/912705/index.html?part=dossier__dossier1-sezione__sezione11-table__table7

[9] https://www.ilpost.it/2014/10/20/mare-nostrum-triton-migranti-mar-mediterraneo-sbarchi/

[10] https://www.rainews.it/dl/rainews/articoli/Triton-e-Mare-Nostrum-le-caratteristiche-delle-due-operazioni-4faa7431-f919-4f18-ab52-d0ed89765e0f.html?refresh__ce

tecnici, che prevedono l'arretramento del pattugliamento dalle coste libiche. Ogni nave, infatti, è obbligata dalle leggi internazionali a intervenire nel caso in cui un'altra imbarcazione fosse in distress, ovvero in pericolo imminente. Le regole d'ingaggio della missione *Triton* non possono sostituire il diritto internazionale, quindi l'Unione Europea e l'Agenzia stessa decidono che il pattugliamento e la «difesa delle frontiere» avverrà a trenta miglia dalle coste italiane e maltesi. La volontà è di svuotare il Mediterraneo Centrale di navi che possano fare soccorso. Rispetto al 2012 i numeri sono cresciuti esponenzialmente, dalla Libia in guerra cercano di partire tutti, libici e non. Nel 2012 la Marina Militare italiana partecipa a ventiquattro eventi Sar e soccorre complessivamente 2586 persone. Nel 2013, quando inizia *Mare Nostrum*, gli eventi Sar sono novantacinque e le persone salvate 11 499. Poi dal 1° gennaio 2014 al 31 ottobre dello stesso anno interviene in quattrocentotrentanove eventi Sar soccorrendo 156 362 persone[11].

La volontà è quella di tornare al 2012, o comunque a prima del 3 ottobre 2013[12]. E il 1° novembre 2014 parte *Triton*, il budget è ridotto a poco meno di tre milioni di euro e i mezzi navali e aerei sono esigui.

*Se lasci un vuoto, qualcuno lo riempirà.*

*Mare Nostrum* ha quindi lasciato un vuoto di decine e decine di miglia nautiche tra Lampedusa, Malta e la Libia. L'emergenza umanitaria non è finita, è finita l'emotività dell'opinione pubblica e la politica ne ha approfittato per ristabilire l'ordine delle priorità dei governi: frontiere chiuse e militari schierati.

Nell'agosto 2014 arriva nel Mediterraneo la prima Ong che si occupa di Sar ed è Moas, acronimo di *Migrant offshore aid station*. I fondatori sono Christopher e Regina Catram-

[11] https://www.marina.difesa.it/cosa-facciamo/per-la-difesa-sicurezza/operazioni-in-corso/Documents/Dati%20statistici%20Mare%20Nostrum.pdf

[12] https://www.rainews.it/dl/rainews/articoli/Triton-e-Mare-Nostrum-le-caratteristiche-delle-due-operazioni-4faa7431-f919-4f18-ab52-d0ed89765e0f.html?refresh_ce

bone, due giovani imprenditori maltesi. Tra agosto e ottobre 2014 intervengono in dieci eventi Sar e assistono circa tremila persone.

Regina Catrambone racconta come è nata Moas:

> Eravamo in mare due anni fa. In rotta per la Tunisia dove ci stavamo dirigendo per affari. Tra le onde abbiamo scorto una giacca beige. Mi sembrava quasi un fantasma, con le braccia che fluttuavano scendendo giú nel blu scuro del mare. Sapevamo che c'erano tante persone che morivano nel Mediterraneo, ma in quel momento, la morte di quelle persone si materializzava davanti a noi[13].

È solo l'inizio di quella che nel 2015 diventerà una vera e propria flotta civile di soccorso.

Nella primavera del 2015 è Medici Senza Frontiere a iniziare una partnership con Moas. «Abbiamo capito che dovevamo lavorare con loro, perché la nostra missione ormai non ha senso piú soltanto a terra», spiega Will Turner, emergency coordinator di Msf[14], mentre presenta il loro nuovo progetto. Cinque operatori di Medici Senza Frontiere salgono a bordo della *Phoenix*, nave di Moas e inizia cosí uno dei primi sodalizi tra Ong a bordo delle navi.

Per Msf il quadro clinico è chiaro, ogni soccorso è diverso dagli altri e tutti sono complicati per le varie patologie che potrebbero incontrare:

> Dobbiamo essere preparati a qualsiasi condizione medica troveremo a bordo dei vascelli dei migranti. Questa è la prima volta che Msf opera in mare con queste modalità, per cui possiamo solo prevedere quello che troveremo in base a ciò che abbiamo osservato nei centri d'accoglienza, dove le persone presentano bruciature chimiche dovute alla perdita di carburante all'interno delle barche utilizzate dai trafficanti, malattie croniche che possono essere già presenti prima del viaggio, ferite di guerra, stress post-traumatico, ferite e traumi dovuti alle torture subite nelle prigioni libiche[15].

[13] https://www.corriere.it/esteri/15_maggio_12/moas-a-bordo-phoenix-nave-che-salva-migranti-mare-malta-9b012140-f891-11e4-ba21-895cc63d9dac.shtml

[14] Ibid

[15] Ibid

Le Ong nascono in modo spontaneo. In Germania nella primavera del 2015 viene fondata Sea Watch, grazie all'idea di un commerciante che investe i suoi risparmi e inizia a raccogliere soldi per comprare una nave.

> Se non faccio niente adesso me ne pentirò per tutta la vita. Per me quelle persone che fuggono dai paesi africani in guerra e che rischiano la vita attraversando il mare per raggiungere le coste europee sono come quei miei connazionali che al tempo delle due Germanie fuggivano dalla Ddr per arrivare in Occidente: molti di loro sono morti tentando di superare quel muro di cemento e di filo spinato tra Berlino Est e Berlino Ovest[16].

Racconta cosí Harald Höppner, lui e altri volontari comprano una barca del 1917, progettata per pescare gamberetti ma ormai da anni in disuso nei canali di Rotterdam e utilizzata come casa galleggiante. La barca viene ribattezzata *Sea Watch*, si sposta nel Mediterraneo e nel maggio del 2015 inizia le operazioni di soccorso. Al tempo stesso Sea Watch inizia un progetto a Lesbo, dove in quel momento arrivano centinaia di persone ogni giorno.

La mattina del 2 settembre 2015 la storia delle migrazioni cambia o almeno cambia il modo di raccontarla. Per noi potrebbe essere una sorta di «secondo inizio», quello che ha mobilitato per mesi migliaia di persone in Europa per sostenere i profughi siriani, iracheni e afghani che dalla Turchia cercavano di arrivare prima in Grecia e poi verso l'Europa del Nord. Il 2 settembre 2015 inizia infatti a circolare una foto che tutti ricordiamo: Alan Kurdi, un bambino di appena tre anni, giace sulla spiaggia di Bodrum, in Turchia, dopo essere annegato durante la traversata. La maglia rossa, i pantaloncini, le scarpette ai piedi come se fosse il primo giorno di scuola, la posizione prona con la testa verso il mare che onda dopo onda, quello lo possiamo immaginare, fa su e giú toccandolo e ritirandosi.

Ancora oggi si fa fatica a guardare quella foto, ma quel giorno è uno spartiacque. Tra quelli che restano colpiti c'è Oscar

[16] https://www.repubblica.it/cronaca/2015/04/23/news/ho__ppner__pago__io__una__nave__per__salvare__i__profughi__in__mare__-112635323/

Camps, un imprenditore catalano che ha una società che si occupa di soccorso in mare.

Nel settembre 2015, come tante altre persone allora, segue i notiziari che parlano di ciò che accade a Lesbo e nelle altre isole greche di fronte alle coste turche. Quando alla tv appare la foto di Alan Kurdi la figlia piccola di Camps gli chiede perché non va ad aiutare i bambini. Quello è il suo lavoro, gestisce centinaia di bagnini sulle coste catalane e soprattutto Camps è un uomo di mare, che nessuno muoia in mare è nel suo Dna[17].

Decide di partire per Lesbo insieme a Gerard Canal, amico fidato che lavora nella sua società. Fanno base a Skala Sikamineas, a nord dell'isola dove ogni giorno arrivano centinaia di persone.

Iniziano i soccorsi e in poche settimane nasce una nuova Ong: Proactiva Open Arms. Camps investe parte dei suoi risparmi e il resto dei soldi arrivano sotto forma di donazioni. Lui e gli altri studiano procedure sempre migliori per il soccorso perché, nonostante le miglia che dividono le coste turche da quelle greche siano pochissime, gli scogli a pelo d'acqua e le forti correnti rendono pericolosissima la traversata.

I numeri degli arrivi in quel momento sono impressionanti: in pochi mesi, da settembre 2015 a marzo 2016, Proactiva Open Arms soccorre 10 273 persone alla deriva e complessivamente dà supporto a 143 358 persone arrivate sulla costa dell'isola greca[18]. L'attenzione mediatica è tutta sulle isole greche e su quella che viene chiamata la «rotta balcanica», ovvero il lungo cammino che centinaia di migliaia di profughi stanno percorrendo per andare verso la Germania, la Svezia o il Regno Unito. Nell'estate del 2015 l'Ungheria ha chiuso il confine con la Serbia causando quello di cui tutti avevano paura, un effetto domino nel quale i profughi restano imprigionati tra una frontiera e l'altra: Ungheria, Serbia, Macedonia e Grecia.

Idomeni e Horgoš, due piccole località di frontiera abbastanza anonime, diventano centrali nei racconti della stampa europea

[17] *Óscar Camps, una brújula ante los migrantes en el Mediterráneo*, in «El País», 23 agosto 2018.

[18] https://www.openarms.es/it/missioni/lesbos

e intanto il flusso di persone dalla Turchia non cessa, mettendo a dura prova il sistema di accoglienza greco.

A fine 2015 si registra il record di arrivi in Europa: un milione di persone quell'anno riescono a entrare nei paesi membri, passando soprattutto dalla Grecia. Sono oltre ottocentomila infatti le persone che passano la frontiera ellenica ma che poi proseguono verso nord[19].

Nel marzo 2016 arriva un'altra svolta, in questo caso istituzionale, ossia l'accordo tra Unione Europea e Turchia per il quale «dal 20 marzo 2016 tutti i nuovi migranti irregolari in viaggio dalla Turchia verso le isole greche dovranno tornare in Turchia»[20]. L'Unione Europea quindi decide di esternalizzare la frontiera pagando un paese terzo, che in passato non era stato ritenuto idoneo di farne parte soprattutto per lo scarso, per non dire nullo, rispetto dei diritti umani fondamentali.

Le trattative iniziano a fine novembre 2015: i governi dei singoli stati sono preoccupati dal flusso di siriani in fuga dalla guerra che sembra non finire mai. Erdogan chiede soldi, tanti soldi, per bloccare quel flusso. Il suo paese è fondamentale per le rotte migratorie. Non solo siriani ma anche iracheni e afghani, in fuga dalle guerre iniziate dall'Occidente e mai davvero concluse, passano per la Turchia: una porta verso il vecchio continente che i ventotto stati membri vogliono chiudere al piú presto. Sul tavolo mettono sei miliardi di euro, una cifra che permetterebbe di accogliere e distribuire i profughi in viaggio verso l'Europa. Il presidente della Commissione europea, Jean-Claude Juncker, in una dichiarazione sottolinea che l'accordo «è conforme a tutte le norme dell'Ue e internazionali. Le domande dei rifugiati e dei richiedenti asilo saranno trattate singolarmente e si potrà presentare ricorso. Il principio di non respingimento sarà rispettato»[21].

[19] https://data2.unhcr.org/en/situations/mediterranean

[20] https://ec.europa.eu/italy/node/1184_it#:~:text=Il%20principio%20di%2non%20respingimento,greche%20dovranno%20tornare%20in%20Turchia

[21] https://ec.europa.eu/italy/node/1184_it#:~:text=Il%20principio%20di%20non%20respingimento,greche%20dovranno%20tornare%20in%20Turchia

Quest'ultimo passaggio sul diritto d'asilo e il trattamento delle singole richieste si riferisce solo alle persone già in territorio europeo. Sono quattromila i funzionari europei che in Grecia e in altri paesi si occuperanno delle domande e dei ricollocamenti. Per tutti quelli fuori dall'Europa non c'è possibilità di chiedere asilo o nessun'altra protezione.

La Serbia non è membro dell'Unione Europea e quindi le migliaia di persone accampate lungo la frontiera con l'Ungheria sono tecnicamente fuori, anche se sono transitate in Grecia. Il problema è il Trattato di Dublino che impone ai richiedenti asilo di poter fare domanda nel paese dove sono stati registrati per la prima volta. La Grecia, cosí come l'Italia, è un paese di transito, gli obiettivi dei profughi sono la Germania, la Svezia, il Regno Unito, dove ci sono maggiori possibilità di integrazione e soprattutto di lavoro. Nel paese ellenico quindi non si registrano, ci rimangono le ore strettamente necessarie per poter proseguire il viaggio. Cosí è come se non fossero mai stati all'interno dell'Unione Europea. In questo nuovo clima di chiusura a difesa delle frontiere greche arriva Frontex e, come era successo nel Mediterraneo Centrale, l'Europa si barrica alzando muri che una massa di persone disperate prima o poi aggirerà o abbatterà.

*Il Mediterraneo torna «centrale».*

Le rotte si possono spostare ma è impossibile chiuderle. La storia ci ha insegnato che quando una massa di persone si muove per necessità, non è possibile fermarla. L'esternalizzazione della frontiera con la Turchia rallenta il flusso lungo i Balcani, in alcuni momenti lo ferma anche, ma di fatto lo sposta solamente.

Chi è bloccato in Serbia, e non può andare in Ungheria, si dirige verso la Bosnia e prosegue verso la Croazia. Chi è in Macedonia, e non riesce a passare in Serbia, passa per il Kosovo. Chi è in Grecia, e non è in grado di arrivare la Macedonia, va in Albania. Chi è in Turchia, non potendo arrivare in Grecia, trova una strada, spesso in aereo, per raggiungere l'Egitto e da lí proseguire per la Libia e prendere un gommone o una barca verso l'Italia.

Cosí, dopo un anno e mezzo il Mediterraneo Centrale è tornato a essere la via principale per l'Europa.

Nella primavera del 2016 a sud di Lampedusa troviamo le navi di Moas e Sea Watch, ed è arrivata anche Sea-Eye, una piccola Ong che ha comprato un peschereccio di ventisei metri e l'ha attrezzato per il soccorso in mare.

In poche settimane si presenta poi dalla Grecia Proactiva Open Arms prima con la *Golfo Azzurro*, alla quale si aggiungeranno il veliero *Astral* e il rimorchiatore *Open Arms*. Arriva anche *Lifeline*, dell'omonima Ong tedesca che già si occupava di accoglienza dei profughi a terra. Medici Senza Frontiere inizia a navigare con la nave *Dignity*, dopodiché anche con la *Bourbon Argos* e la *Vos Prudence*. Dal settembre 2016 poi arma la *Aquarius*, gestita insieme alla neonata Sos Méditerranée, piattaforma che racchiude organizzazioni e associazioni italiane, tedesche, francesi e svizzere.

Nel 2016 un'altra grande Ong si affaccia nel Mediterraneo: Save the Children, che noleggia la *Vos Thalassa* e la *Vos Hestia*, due imbarcazioni *supply offshore* da sessanta metri che garantiscono spazio a centinaia di persone, cosí come la *Aquarius*.

Nel luglio 2016 a Malta arriva una nuova nave tedesca: si chiama *Iuventa* e l'armatore è la piccola Ong Jugend Rettet, fondata da alcuni studenti con una raccolta fondi online. *Iuventa* è un'imbarcazione di dimensioni modeste, e come per Sea-Watch, Sea-Eye, Proactiva Open Arms e Lifeline a bordo sono tutti volontari e volontarie.

In pochi mesi il Mediterraneo Centrale si riempie di navi umanitarie, una flotta civile coordinata di fatto nei soccorsi dalla Guardia Costiera italiana. A fine 2016, nonostante questo enorme dispiegamento di mezzi, gli arrivi non sono molti di piú rispetto all'anno precedente: 181 439 con 4578 morti o dispersi accertati[22]. Le persone soccorse dalle Ong sono 46 796[23]. L'anno

[22] https://data2.unhcr.org/en/situations/mediterranean
[23] Cfr. Annalisa Camilli, *La legge del mare*, Rizzoli, Milano 2019.

precedente, quello dopo la chiusura di *Mare Nostrum*, gli arrivi erano stati 153 842 mentre i morti accertati 2913[24].

*La retorica degli eroi: il ruolo dei media nella Sar.*

I media come sempre hanno un ruolo cruciale. Quando un fenomeno diventa «notiziabile» su svariati fronti mediatici, la narrazione che si fa di quel fenomeno rischia di cambiarne la percezione.

Nel 2016 tutte le trasmissioni e i telegiornali si occupano delle Ong, della Guardia Costiera italiana e di quello che accade in mare. Anche nelle trasmissioni generaliste della Rai se ne parla, e addirittura i conduttori si lanciano in appelli e ringraziamenti: «Be', il nostro applauso va davvero agli uomini della Guardia Costiera che stanno facendo ormai da tanto, tanto tempo, questo lavoro importantissimo, rischioso, insomma pieno di coraggio», afferma Cristina Parodi durante una puntata della *Vita in diretta*[25].

*Le Iene* il 17 marzo 2016, quindi un giorno prima della firma dell'accordo tra Unione Europea e Turchia, dedicano un servizio ai soccorritori della CP 322 della Guardia Costiera, un'imbarcazione veloce specifica per le operazioni Sar, di base nel Mar Egeo. Il racconto che fa «la iena» Gaetano Pecoraro è quello di un gruppo di italiani che ogni notte prende il mare per salvare vite. Il tono è enfatico: «Che dicono i vostri figli che andate in giro per mare a salvare la gente?» «Loro sono proprio orgogliosi di questo» «E come non esserlo!»

In un clima di sovraesposizione mediatica diventa facile cadere nella retorica degli eroi, anche perché come abbiamo visto in poche settimane le navi civili si moltiplicano e questo accade proprio mentre Frontex e Eunavfor Med, le due missioni militari europee nel Mediterraneo Centrale, iniziano a fare sempre meno soccorsi.

[24] https://data2.unhcr.org/en/situations/mediterranean
[25] https://www.osservatorio.it/wp-content/uploads/2017/05/Report__SAR__NDA.pdf

Nel rapporto molto contestato di Frontex del febbraio 2017, *Risk Analysis for 2017*, l'Agenzia di controllo delle frontiere dell'Unione analizza i soccorsi effettuati nel 2016, dividendoli nel primo e nel secondo semestre.

Da gennaio a giugno solamente il cinque per cento dei soccorsi è stato svolto dalla Guardia Costiera italiana e dalle Ong. Come abbiamo visto i primi mesi del 2016 sono quelli in cui iniziano ad arrivare le navi civili, gran parte dei volontari però sono ancora impegnati nel Mar Egeo. Dopo gli accordi con la Turchia e lo spostamento della rotta verso la Libia, anche le Ong si spostano e nel secondo semestre, sempre stando al rapporto di Frontex, i soccorsi svolti dalle Ong e dalla Guardia Costiera italiana sono il quaranta per cento.

I volontari e le volontarie delle Ong diventano «angeli», la retorica del racconto sulla Guardia Costiera ingloba anche loro, e cosí organizzazioni fondate poche settimane prima da studenti o piccoli imprenditori conquistano il centro dell'attenzione. La Guardia Costiera ne riconosce pubblicamente l'importanza, tanto da citarle nelle trasmissioni tv, come ad esempio il 1° settembre 2016 a *La vita in diretta*, su Rai Uno, dove il capitano di vascello Filippo Marini dichiara:

> «Ci sono tante persone che stanno operando in mare, lo ricordo, non c'è solo la Guardia Costiera, insieme con noi ci sono le missioni internazionali Mare Sicuro, Eunavfor Med, c'è Frontex, quindi ci sono le unità della Marina Militare italiana che sono impegnate in queste operazioni, e ci sono le organizzazioni non governative che stanno dando un importantissimo contributo e aiuto».
>
> «Voi coordinate il tutto?»
>
> «Certo, io faccio spesso l'esempio del direttore d'orchestra. Il direttore d'orchestra ha a disposizione degli strumenti, questi strumenti io li chiamo le risorse in mare. Essendo il tratto di mare in cui avvengono questi soccorsi, venti, trenta miglia a nord della Libia uno spazio estremamente importante e vasto, è chiaro che la disponibilità di tanti soggetti in mare ci permette di essere tempestivi in qualche modo e di poter dare delle risposte immediate»[26].

[26] https://www.osservatorio.it/wp-content/uploads/2017/05/Report__SAR__NDA.pdf

La Guardia Costiera come un direttore d'orchestra dove violini, violoncelli, pianoforte e fiati sono gli assetti militari e civili, tutti impegnati a eseguire un'unica sinfonia: non far morire le persone in mare.

I servizi televisivi a bordo delle navi civili si moltiplicano, le richieste dei giornalisti per imbarcarsi sulle navi umanitarie aumentano sempre piú. Ragazzi e ragazze, giovanissimi, volontari con una patente nautica o un corso da soccorritore diventano «eroi». L'autunno 2016 è quello dell'epopea delle Ong ma in mare la corrente cambia velocemente, cosí come l'orientamento e la narrazione dei media.

*I taxi del mare e la criminalizzazione delle Ong.*

Gli eroi possono essere trafficanti? Secondo il sito xenofobo olandese Gefira sí. Lo scrive il 15 novembre 2016, con il titolo assai esplicativo *Colte sul fatto: le Ong trafficano migranti*:

> Diverse organizzazioni umanitarie o Ong coinvolte sono un elemento indispensabile per la rotta di traffico per l'Europa. Abbiamo notato come la Guardia Costiera, le Ong e i trafficanti locali coordinano le proprie operazioni. Indipendentemente da come le vogliano chiamare, queste operazioni non possono essere classificate come semplici salvataggi in mare.

Un attacco diretto che in quel momento resta quasi inascoltato. Gefira è un piccolo sito complottista di estrema destra e l'articolo viene ripreso solamente da realtà analoghe. Però la prima pietra, seppur silenziosa, viene lanciata e la seconda fa molto piú rumore: il 15 dicembre 2016 esce un articolo sul «Financial Times» dal titolo inequivocabile: *EU border force flags concerns over charities' interaction with migrant smugglers* nel quale si riportano stralci di un documento interno di Frontex dove si parla di contatti tra trafficanti e Ong.

È una mossa politica piú che giudiziaria: il sospetto dell'Agenzia è che le Ong facciano da *pull factor*, fattore di attrazione, perché, a differenza delle navi militari, quelle civili operano in prossimità dalle dodici miglia dalla costa libica, ovvero subito fuori le acque territoriali. Questo, secondo Frontex, incentiverebbe le persone a partire. La stampa italiana non dà particolare risalto alla notizia, solamente «Avvenire» titola in prima pagina *Colpa di soccorso*, schierandosi dalla parte delle Ong.

Frontex dopo pochi giorni smentisce i documenti pubblicati dal «Financial Times» ma la seconda pietra è stata lanciata.

Il terzo e molto piú decisivo attacco arriva a fine febbraio 2017, quando la stessa Frontex pubblica il suo rapporto annuale, dove in forma molto piú formale ribadisce le accuse contro le Ong.

> Da giugno 2016, un numero significativo di barche sono state intercettate o salvate da navi delle Ong senza alcuna segnalazione e senza informazioni ufficiali sul luogo del salvataggio. La presenza delle Ong e delle loro attività vicine e, occasionalmente, all'interno delle acque territoriali libiche, sono quasi raddoppiate rispetto all'anno precedente, per un totale di quindici assetti non governativi (quattordici marittimi e un aereo). Parallelamente il numero complessivo di incidenti è aumentato drammaticamente[27].

A questo punto la stampa italiana prima e la magistratura poi iniziano quella che può essere definita la «criminalizzazione delle Ong». *Contatti con scafisti, indagine sulle Ong* titola «la Repubblica» il 17 febbraio riportando le parole della persona che sarà al centro della caccia alle streghe per oltre due anni, Carmelo Zuccaro, procuratore di Catania:

> Vogliamo capire chi c'è dietro tutte queste associazioni umanitarie che sono proliferate in questi ultimi anni, da dove vengono tutti questi soldi che hanno a disposizione e soprattutto che gioco fanno.

Nell'articolo, a firma di Francesco Viviano e Alessandra Ziniti, si parla ovviamente del rapporto di Frontex e i giornalisti citano il dato di cui abbiamo detto in precedenza: nel primo semestre 2016 le Ong hanno operato il cinque per cento dei soccorsi mentre nel secondo semestre il quaranta per cento. Questo dato, secondo Frontex, dimostrerebbe un canale diretto tra le organizzazioni umanitarie e quelle criminali.

Basterebbe andare per deduzione, analizzando il contesto di cui si parla: come abbiamo visto le prime navi sono operative dalla

[27] https://frontex.europa.eu/assets/Publications/Risk__Analysis/Annual__Risk__Analysis__2017.pdf

seconda metà del 2015 ma la gran parte arriva a sud di Lampedusa nella primavera/estate del 2016. Quindi l'incremento della presenza umanitaria nel Canale di Sicilia c'è stato nei mesi in cui sono aumentati i soccorsi da parte delle stesse navi delle Ong. Inoltre, fatto non trascurabile, nel secondo semestre ci sono luglio, agosto, settembre e ottobre, che sono mesi perfetti per la navigazione in quella parte di Mediterraneo e quindi ottimi per la partenza di piccole imbarcazioni. Sommando la maggiore presenza di navi al maggior numero di partenze, il dato del rapporto Frontex non è cosí straordinario. L'intento però era quello di gettare ombre sulle Ong, fermare il soccorso civile in mare e riportare la situazione a prima del 2011, quando l'Europa aveva diversi accordi con paesi di transito per fermare le rotte migratorie.

In Italia, in aiuto di Frontex, arriva anche la rete, in particolare un blogger che si dichiara «indipendente»: Luca Donadel. Il 6 marzo 2017 Donadel pubblica un video su Facebook dove dice di voler superare gli slogan di destra e sinistra andando al fondo della notizia. «Qual è la realtà?», si chiede, e parla in maniera vaga «di dati e fatti concreti», ma soprattutto di un noto sito di tracciamento delle navi, marinetraffic.com, a suo dire «un potentissimo servizio». Usa parole come *mendace*, *fake news* e *bufale* perché mentre il «Corriere della Sera» e altri giornali parlano genericamente del Canale di Sicilia, secondo lui andava specificato che le operazioni venivano effettuate a nord della Libia.

Donadel parla anche della Convenzione Sar e di quella che sarà una delle grandi battaglie della destra negli anni successivi: la Tunisia come porto sicuro. A suo avviso infatti le navi, dopo aver effettuato un soccorso, dovrebbero dirigersi verso la Tunisia, nonostante lí non si rispettino le leggi per il diritto d'asilo e non sia un porto sicuro riconosciuto dalle leggi internazionali. Definisce Malta il secondo porto per distanza, nonostante Lampedusa sia piú vicina. Dice: «Perché andarli a prendere a dieci miglia dalla costa». Alludendo cosí al fatto che le operazioni avvengano in acque libiche e non internazionali, che partono dal dodicesimo miglio.

Poi smentisce sé stesso rispetto alla definizione del Canale di Sicilia (a un certo punto anche per lui è a nord della Libia) e parla di morti in mare aumentati negli ultimi due anni. A suo dire a causa delle navi da soccorso (non solo umanitarie), che spingerebbero i trafficanti a tentare la traversata «sicuri che dopo poche decine di miglia ci sia qualcuno a soccorrerli, usando le peggio bagnarole gonfiabili»[28].

Confonde le navi umanitarie e quelle militari, dopodiché, prima di suggerire l'acquisto del libro di Mario Giordano, mette in un unico calderone i soldi per l'accoglienza e quelli per le missioni Sar. Idee confuse ma che diventano virali nel giro di pochi giorni anche grazie alle condivisioni sui profili social di Salvini e grazie a *Striscia la Notizia* che realizza un servizio sul video dal titolo *Profughi take away*[29].

Quando Donadel sostiene di essere un blogger indipendente omette che quello che sta per dire è preso dal sito di estrema destra Gefira.

Il 21 aprile del 2017 è la volta di Luigi Di Maio, che in un post su Facebook scrive: «Chi paga questi taxi del Mediterraneo? E perchè lo fa? Presenteremo un'interrogazione in Parlamento, andremo fino in fondo a questa storia»[30].

Di Maio l'espressione «taxi del mare» probabilmente la riprende da una dichiarazione di Maurizio Gasparri di esattamente tre anni prima. Il 21 aprile 2014 l'allora vicepresidente del Senato disse: «Bisogna bloccare subito l'operazione *Mare Nostrum*, diventata ormai "Taxi Loro"». Di Maio in qualche modo parafrasa Gasparri ma il clima politico non è quello del 2014 e l'emotività della strage di Lampedusa è scemata da tempo, cosí come quella per la morte di Alan Kurdi.

L'espressione «taxi del mare» diventa di uso comune, nei social network si diffonde velocemente quanto il video di Donadel. Le ombre sulle Ong sono state gettate e l'idea che ci siano

[28] https://www.youtube.com/watch?v=dP4rYgJKo__w

[29] https://www.wired.it/attualita/politica/2019/07/17/luca-donadel-video-ong-metodo-manipolazioni/?refresh__ce=

[30] https://www.facebook.com/LuigiDiMaio/posts/1328205963882613/

contatti tra i trafficanti e le organizzazioni umanitarie è ormai opinione comune nella società. E anche se non ci fossero i taxi c'è sempre il *pull factor*, il fattore di attrazione.

*La tenuta democratica del paese.*

Dopo il referendum costituzionale del 4 dicembre 2016 si apre una crisi di governo e Matteo Renzi si dimette. Paolo Gentiloni, ministro degli Esteri, riceve l'incarico dal presidente Mattarella per formare un nuovo governo. La maggioranza che lo sostiene è la stessa ma le poltrone girano e cosí Angelino Alfano passa agli Esteri al posto di Gentiloni, mentre all'Interno arriva un uomo d'esperienza, che nei precedenti due governi aveva avuto la delega ai servizi segreti: Marco Minniti.

Il 12 dicembre 2016 il nuovo governo giura e il neo ministro Minniti si mette subito all'opera: il 2 febbraio 2017 firma il «Memorandum d'intesa sulla cooperazione nel campo dello sviluppo, del contrasto all'immigrazione illegale, al traffico di esseri umani, al contrabbando e sul rafforzamento della sicurezza delle frontiere tra lo Stato della Libia e la Repubblica Italiana», mettendo un tassello importante in Libia dopo la caduta di Gheddafi.

Minniti stringe rapporti con lo stato libico, ma di fatto parla con una sola delle fazioni in campo, quella legata a Fayez al-Sarraj, presidente del governo di riconciliazione nazionale, che controlla soltanto parte della Tripolitania. Il nome dell'accordo parla chiaro ma per arrivare a dei risultati «positivi» Minniti e il premier Gentiloni ricorrono alla «cooperazione nel campo dello sviluppo», ossia alla fornitura di assetti navali e all'addestramento di personale per una nuova Guardia Costiera, nonché all'elargizione di fondi per la gestione di centri di detenzione per migranti. In Libia infatti essere migrante è un reato e si tratta inoltre di un paese in guerra: a far quindi parte della sedicente Guardia Costiera libica sono le milizie che sostengono il presidente al-Sarraj.

L'accordo nel dettaglio prevede oltre a un ingente stanziamento di fondi pari a ottocento milioni di euro, un po' finanziato da Bruxelles (duecento milioni) un po' dal Fondo per l'Africa, la donazione di dieci navi da soccorso, dieci motovedette, ventiquattro gommoni, dieci ambulanze, trenta jeep, quindici automobili e diversi altri equipaggiamenti. La Marina italiana poi si impegna ad addestrare l'equipaggio della Guardia Costiera libica sulla penisola[31].

Alcune delle motovedette consegnate ai libici erano già state donate a Tripoli dopo l'accordo tra Berlusconi e Gheddafi del 2008, volto allo stesso modo a fermare il flusso migratorio verso l'Italia. Minniti si ispira proprio a quel precedente, oltre che all'accordo tra Europa e Turchia del 2016: pagare un paese terzo ed esternalizzare la frontiera.

Nonostante ciò la rotta non sembra chiudersi anche se i numeri iniziano a rallentare: nel 2017 gli arrivi in Italia sono complessivamente 119 396, meno rispetto all'anno precedente, in cui erano stati 181 436, e al 2015, quando ancora *Mare Nostrum* era operativa, e sono giunte 153 842 persone.

Le prime motovedette arrivano nel giugno 2017, proprio mentre dalla Libia c'è un flusso costante di persone.

> A un certo momento ho temuto che, davanti all'ondata migratoria e alle problematiche di gestione dei flussi avanzate dai sindaci, ci fosse un rischio per la tenuta democratica del paese. Per questo dovevamo agire come abbiamo fatto non aspettando piú gli altri paesi europei. Quando il 29 giugno sono arrivati 12 500 migranti in sole trentasei ore su venticinque navi diverse, la situazione era davvero difficile e io quel giorno sono dovuto tornare subito dall'Irlanda. Non potevamo continuare a gestire in questo modo i flussi migratori e abbiamo agito in modo nuovo. Ora l'Europa ci ringrazia per questo. Il Mediterraneo Centrale è tornato al centro dell'attenzione dell'Unione Europea[32].

A parlare è lo stesso Minniti, che usa parole pesanti per una democrazia occidentale: «Ho temuto ci fosse un rischio per la tenuta democratica del paese». Il titolare del Viminale sembra

[31] https://formiche.net/2017/05/motovedette-guardia-costiera/

[32] https://www.repubblica.it/politica/2017/08/29/news/minniti__sui__migranti__ho__temuto__per__la__tenuta__democratica__paese__-174164861/

stia parlando di un colpo di stato o di rivoluzione, e invece parla di flussi migratori. La sua gestione allarmistica e securitaria ha contribuito all'ascesa della destra, in particolare del segretario della Lega Matteo Salvini. Quando l'elettorato deve scegliere tra l'originale e la copia perché dovrebbe scegliere la copia?

A fine luglio 2017 Minniti tira fuori dal cilindro il «codice di condotta», un elenco di comportamenti che le navi delle Ong devono applicare se vogliono continuare a operare nel Mediterraneo Centrale. Il codice di condotta non ha valenza legislativa e per di piú fa riferimento a una serie di norme internazionali che le navi sono già obbligate a rispettare, sia che svolgano missioni Sar sia che non le svolgano. C'è un passaggio, il punto dieci per la precisione, che crea malumori tra le organizzazioni non governative; riguarda la possibilità che le autorità di polizia giudiziaria italiane salgano a bordo in qualsiasi momento e armati.

«In nessun paese in cui lavoriamo accettiamo la presenza di armi, ad esempio nei nostri ospedali», dichiara a «la Repubblica» il direttore generale di Msf, Gabriele Eminente. La sua organizzazione non firmerà il codice di condotta mentre altre lo faranno, alcune con riserve e molti malumori. Il codice di condotta ha l'effetto di continuare a far passare il messaggio che Frontex, Donadel e Di Maio avevano iniziato a insinuare: le Ong non rispettano le regole, non sono trasparenti e quindi il loro operato va regolamentato.

*«Io so ma non ho le prove».*

In un articolo che parla del procuratore di Catania Carmelo Zuccaro, Luciano Capone su «Il Foglio» usa il pasoliniano «Io so ma non ho le prove» per dare l'idea di come lo stesso Zuccaro abbia un teorema non dimostrabile da nessuna prova[33].

Zuccaro è un procuratore che parla molto, è spesso sui giornali e lancia accuse di contatti o collusioni tra trafficanti e Ong,

[33] https://www.ilfoglio.it/giustizia/2017/04/28/news/ma-non-ho-le-prove-il-pasolinismo-di-zuccaro-132271/

o di finanziamenti illeciti. In una puntata di *Agorà*, su Rai Tre, il procuratore si spinge anche oltre:

> A mio avviso alcune Ong potrebbero essere finanziate dai trafficanti, sono a conoscenza di contatti. Forse la cosa potrebbe essere ancora piú inquietante. Si perseguono da parte di alcune Ong finalità diverse: destabilizzare l'economia italiana per trarne dei vantaggi[34].

Una lunga caccia alle streghe che porterà avanti personalmente, tanto che l'impianto sul quale si regge tutto prenderà il nome di «teorema Zuccaro».

Il 1° agosto 2017 viene sequestrata *Iuventa* nel porto di Pozzallo con l'accusa di favoreggiamento dell'immigrazione clandestina. È il primo atto di una guerra giudiziaria lenta che, parallelamente a quella politica, è volta a criminalizzare le Ong. Il decreto di sequestro parla di tre casi specifici nei quali l'equipaggio della *Iuventa* avrebbe avuto contatti diretti con gli scafisti.

Nel marzo 2018 il secondo atto di questa guerra si svolge sempre a Pozzallo, dove la *Open Arms* arriva dopo un salvataggio effettuato in acque internazionali. In questo caso alla nave spagnola viene contestata la scelta di non consegnare i naufraghi ai libici dopo che la Guardia Costiera italiana li aveva ritenuti responsabili del coordinamento del soccorso[35]. L'Italia riconosce cosí per la prima volta la legittimità della Libia come paese in grado di gestire un soccorso, nonostante sia in guerra e nonostante le drammatiche condizioni nei centri di detenzione libici per i migranti siano note a tutti.

La lotta senza quartiere alle Ong si sposta anche a Malta dove in pochi giorni vengono sequestrate prima la *Lifeline* e poi la *Sea Watch 3* delle omonime Ong. Il 27 Giugno la *Lifeline* entra nel porto di La Valletta dopo giorni in cui i gover-

[34] https://www.rainews.it/archivio-rainews/media/Migranti-ad-Agora-Rai3-il-procuratore-di-Catania-Carmelo-Zuccaro-Alcune-Ong-finanziate-dai-trafficanti-e44f464e-fb75-4124-acfc-61851f6152cd.html

[35] https://www.rainews.it/dl/rainews/TGR/media/sic-Ong-salvataggi-migranti-soccorsi-Open-Arms-migranti-rifugiati-fermo-Pozzallo-sequestro-immigrazione-0d9680df-aca5-4595-a327-9867aad4ab91.html

ni europei si sono rimpallati le responsabilità sullo sbarco. Il premier maltese Muscat dichiara che «Malta deve accertarsi che le operazioni di queste navi siano conformi alle norme nazionali e internazionali»[36].

Poco tempo dopo, il 2 luglio, anche la *Sea Watch 3* viene bloccata in porto. Non ci sono motivazioni tecniche o indagini in corso ma solo il divieto di lasciare il porto da parte delle autorità maltesi. «Abbiamo appreso oggi che la nave è trattenuta a Malta senza nessun motivo legale fornito dalle autorità», denuncia la Ong tedesca che aggiunge: «L'assenza del permesso di salpare da Malta non è una questione legata alla registrazione della nave ma una campagna politica per fermare i soccorsi in mare»[37].

Nel novembre 2018 Zuccaro sequestra un'altra nave, la *Aquarius* di Medici Senza Frontiere e Sos Méditerranée. Le accuse sono diverse rispetto alle volte precedenti, ma sempre pesanti:

> Smaltivano scarti e vestiti infetti dei migranti come rifiuti normali. Scabbia, tubercolosi, meningite, Hiv, questo il variegato elenco di malattie infettive portate dai migranti soccorsi dalla Aquarius che non avrebbe smaltito come rifiuti pericolosi gli indumenti dismessi e i materiali utilizzati a bordo per il primo soccorso delle persone[38].

La stampa italiana e la società civile sembrano ormai assuefatti al clima di odio contro le Ong e le voci a sostegno del premio Nobel per la pace Medici Senza Frontiere sono poche.

### *Da eroi a trafficanti: il veloce cambio di percezione delle Ong.*

Com'è possibile che in pochi mesi i volontari e le volontarie delle Ong siano passati da essere eroi a essere trafficanti collusi con gli scafisti?

[36] https://www.ansa.it/sito/notizie/cronaca/2018/06/26/migranti-aquariusnegato-sbarco-a-malta_f3d019c8-51bb-4ac5-9208-8c4890799d97.html

[37] https://www.ilmessaggero.it/primopiano/cronaca/migranti_seawatch_malta_ong_sequestro-3831699.html

[38] https://www.repubblica.it/cronaca/2018/11/20/news/nave_aquarius_sequestrata_per_un_inchiesta_sulla_gestione_dei_rifiuti_indagata_msf-212106685/

Come già sottolineato la comunicazione ha avuto un grosso peso in questo ribaltamento. I politici di destra in tutta Europa hanno iniziato a rilanciare sempre piú spesso fake news e meme a sfondo razzista, ottenendo una viralità sui social network che non ha avuto invece chi era solidale con i volontari e le volontarie[39]. La destra europea è riuscita cosí a sbilanciare il dibattito politico, portandolo esclusivamente sui migranti, riuscendo a conquistare un'ampia fetta di elettorato e facendo spostare su posizioni sempre piú conservatrici i partiti socialdemocratici europei, impauriti dall'avanzata delle fazioni xenofobe. Di fatto ciò che è avvenuto in Italia con Minniti è parte di un fenomeno europeo.

A questa battaglia politica fatta di slogan le Ong non erano preparate: avevano troppe poche frecce al proprio arco per difendersi. L'accusa che piú ha colpito la loro immagine, dalla quale poi è derivato in qualche modo anche il «teorema Zuccaro», è quella di essere un *pull factor*, un fattore di attrazione, come abbiamo accennato in precedenza.

Già *Mare Nostrum* era stata accusata di essere un fattore di attrazione da Frontex, ma era un'operazione governativa e gli attori coinvolti erano la Marina Militare e la Guardia Costiera, dunque anche i detrattori sollevavano soltanto un vago sospetto. Quando però nel febbraio 2017 esce il rapporto di Frontex l'accusa è specificamente diretta contro le organizzazioni non governative. Nel rapporto sono citati casi precisi durante i quali, secondo l'Agenzia europea, gli umanitari si sarebbero spinti entro le dodici miglia dalla costa libica. Da questo momento politica e magistratura iniziano il loro attacco diretto e la reputazione delle Ong viene intaccata a ogni dichiarazione o uscita pubblica.

L'accusa di essere un *pull factor* viene smentita da piú voci del settore ma questo non basta a fermare le insinuazioni. Il Direttore dell'Ufficio di Coordinamento per il Mediterraneo dell'Oim, Federico Soda, dice:

[39] Cfr. *I fili dell'odio* (Valerio Nicolosi, 2020).

Non solo la presenza di navi nel Mediterraneo non rappresenta un fattore di attrazione, ma parlare di *pull factor* è fuorviante, perché i migranti sono spinti da tanti altri fattori tra cui il principale è il deterioramento delle condizioni di vita in Libia, e sono sempre di piú le persone che scappano in quanto vittime di violenze e abusi[40].

L'ammiraglio Enrico Credendino, comandante di Eunavfor Med – operazione *Sophia*, racconta di un incontro a New York con cinque ambasciatori di paesi del Sahel:

Quando ho detto che noi probabilmente come Unione Europea non spieghiamo ai loro cittadini i rischi dei viaggi nel Mediterraneo, tutti e cinque mi hanno risposto che mi sbagliavo, e che chi parte sa esattamente quello a cui va incontro: sa che molti moriranno nel deserto, che le donne verranno abusate durante il viaggio, che le famiglie saranno distrutte. Ciononostante scelgono di partire e accettano i rischi piuttosto che restare a casa loro[41].

Uno studio di Matteo Villa, ricercatore dell'Ispi, ed Eugenio Cusumano, assistente alla cattedra di Relazioni Internazionali e Studi sull'Unione Europea dell'Università di Leida, dimostra come il rapporto tra la presenza delle navi umanitarie e le partenze dei migranti non abbia nessuna relazione[42]. I dati che i due ricercatori utilizzano sono quelli dell'Unhcr, dell'Organizzazione Mondiale per le Migrazioni e della Guardia Costiera italiana. Dati ufficiali quindi, che intrecciati tra loro restituiscono un quadro inconfutabile. Il problema però sta nella comunicazione: è facile per Donadel diventare virale con pochi semplici numeri che parlano alla pancia, mentre è molto piú difficile riuscire a diffondere i rapporti di ricercatori che hanno bisogno di razionalità e analisi per essere compresi.

Magistratura, politica e parte della stampa accusano le Ong, molte delle quali sono piccole e nate da poco, hanno a malapena dei profili sui social network, e certo non dispongono di un ufficio stampa in grado di rispondere a ogni attacco.

[40] https://www.valigiablu.it/ong-migranti-trafficanti-inchieste/.
[41] Ibid.
[42] https://cadmus.eui.eu/handle/1814/65024.

*Miliziani, trafficanti, guardiacoste: i molti volti della sedicente Guardia Costiera libica.*

Non è facile definire un corpo che ha molte anime all'interno e che spesso agiscono in concorrenza. Quella che è stata chiamata Guardia Costiera libica, come già detto in precedenza, non è che un insieme di milizie che hanno giurato fedeltà al governo di Tripoli, guidato da al-Sarraj, armate e finanziate dal governo italiano ed europeo. Uno dei capi è Abdul al-Rahman al-Milad, conosciuto come Bija, arrestato nell'ottobre 2020, sul quale pende un mandato di cattura internazionale della Corte dell'Aja per crimini contro i diritti umani.

Bija comanda la Guardia Costiera di Zawiya, sua città natale, dove la sua tribú ha conquistato il controllo del porto dopo la rivoluzione[43]. Nato nel 1989, alla morte del Ràis lascia l'accademia navale per unirsi ai ribelli. La sua ascesa è veloce, e nel 2017 fa parte di una delegazione del governo libico presso il Cara di Mineo, la struttura di prima accoglienza siciliana, dove incontra una delegazione del governo italiano. Che Bija fosse a capo di una milizia coinvolta nel traffico di esseri umani non è una novità: la prima a scriverne in Italia è Nancy Porsia, giornalista freelance che ha vissuto in Libia. Porsia, in un reportage pubblicato nel dicembre 2016 su «Panorama» e in uno pubblicato il mese successivo su «The Post Internazionale», riporta delle testimonianze di persone che conoscono bene Bija:

> Bija è il capo indiscusso del traffico dei migranti. Dall'inizio del 2015 Bija ha preso in mano il controllo del traffico dei migranti dettando le sue regole dalla costa a ovest di Tripoli fino al confine tunisino[44].

L'intelligence italiana, però, nel maggio 2017 non segnala il ruolo di Bija ai dirigenti del ministero dell'Interno che lo incontrano nel Cara di Mineo, dove mostrano alla delegazione libica il «modello di accoglienza».

Nello Scavo, inviato del quotidiano «Avvenire», che attraverso

[43] https://espresso.repubblica.it/inchieste/2019/10/25/news/chi-e-bija-1.340267.
[44] https://espresso.repubblica.it/inchieste/2019/10/25/news/chi-e-bija-1.340267.

alcune fonti è riuscito a dimostrare la presenza del criminale libico a quella riunione, racconta un dettaglio avvenuto il giorno stesso:

> Quel giorno però accade un imprevisto. Un migrante libico ospitato nel Cara finisce per errore nei pressi del prefabbricato dove erano attesi Bija e alcuni delegati del premier Serraj e del ministero dell'Interno tripolino. Quando dal minibus di una azienda di servizi turistici della provincia di Catania sbarcano i libici (almeno sei), l'immigrato si allontana spaventato: «Mafia Libia, Mafia Libia», dice in italiano[45].

Nonostante questo l'Italia continua ad avere rapporti privilegiati con il governo di Tripoli e di conseguenza con il comandate Bija. Le prime motovedette della Guardia di Finanza sono inviate dopo poche settimane dall'incontro.

Sempre Nello Scavo su «Avvenire» scrive:

> Lo pagano per attrezzare la cosiddetta Guardia Costiera, e se anche deve bloccare i barconi, incassa comunque dalle estorsioni a danno dei migranti. Le malelingue della vicina Zuwarah, dove le alleanze e le inimicizie si alternano al ritmo delle fasi lunari, dicono che Bija quando cattura migranti in mare, di solito si tratta di disgraziati messi in acqua dai clan nemici[46].

La Corte Penale Internazionale tra i documenti riporta che «le sue forze erano state destinatarie di una delle navi che l'Italia ha fornito alla Lybian Coast Guard» e che «alcuni uomini della sua milizia avrebbero beneficiato del programma Ue di addestramento nell'ambito delle operazioni navali Eunavfor Med e operazione *Sophia*»[47].

Nello Scavo nel suo articolo dell'ottobre 2019 cita le numerose inchieste di Nancy Porsia, e Bija, il giorno successivo, fa un post su Facebook minacciando lei, il suo compagno originario di Zuwarah e suo figlio piccolo. In quei giorni Nello Scavo riceve messaggi in privato da Bija stesso, e viene messo sotto scorta su decisione del ministero dell'Interno.

Trafficante, comandante, capo di una milizia, politico e intimidatore, Bija è la sintesi delle molte anime della sedicente Guardia

[45] https://www.avvenire.it/attualita/pagine/dalla-libia-al-mineo-negoziato-boss-libico.

[46] https://www.avvenire.it/attualita/pagine/migranti-trafficante-libico-pagato-da-europa.

[47] https://www.avvenire.it/attualita/pagine/migranti-trafficante-libico-pagato-da-europa.

Costiera libica che l'Italia ha contribuito a costruire. Alcune navi militari italiane si sono addirittura insediate nel porto di Tripoli dal settembre 2017 per «l'attività di supporto logistico e tecnico-manutentivo dei battelli della Marina e della Guardia Costiera libica»[48]. La *Tremiti*, la *Capri* e la *Caprera*. Una missione ufficiale che però, oltre al supporto logistico e tecnico, sembra talvolta funzionare da postazione di comando per le attività della Guardia Costiera. Sempre Nello Scavo pubblica sul quotidiano «Avvenire» delle trascrizioni di scambi telefonici tra l'Mrcc di Roma e il Jrcc di Tripoli e tra Roma e la *Capri*, ormeggiata nel porto di Tripoli, dalle quali si intuisce che durante un soccorso un ufficiale libico sta per firmare l'assunzione di coordinamento[49]. L'articolo di Scavo è dell'aprile 2019 e pochi mesi dopo proprio il governo libico annuncia con grande enfasi la costituzione della zona Sar libica, ossia una distesa molto ampia di mare dove Tripoli dovrebbe essere competente per le operazioni di ricerca e soccorso.

Per registrare una zona Sar non c'è una procedura con la quale si dimostra di avere mezzi e capacità per operare, basta pagare l'iscrizione al registro dell'Imo, l'Organizzazione marittima internazionale. La zona Sar libica si estende da Zuwarah a Tubruq e sfiora le cento miglia nautiche verso nord: vasta e difficile da gestire senza adeguati mezzi e preparazione. La registrazione della Sar è un passaggio fondamentale per far sí che l'Unione Europea, Italia e Malta possano interloquire con la Guardia Costiera libica e possano passare ufficialmente a loro i soccorsi in acque internazionali[50].

Questo riconoscimento ufficiale, seppur autoproclamato, arriva dopo una lunga serie di episodi di violenza, il primo registrato il 17 agosto 2016, dalla *Bourbon Argos*, di Medici Senza Frontiere, che viene raggiunta da alcuni spari partiti da un gommo-

[48] http://www.difesa.it/OperazioniMilitari/op__intern__corso/Libia__Missione__bilaterale__di__supporto__e__assistenza/notizie__teatro/Pagine/Nave__Caprera__sostituisce__la__Capri__nella__missione__bilaterale__di__assistenza__e__supporto__in__Libia.aspx

[49] https://www.avvenire.it/attualita/pagine/esclusivo-la-verita-sui-respingimenti-in-mare

[50] https://www.repubblica.it/cronaca/2018/11/13/news/la__farsa__della__sar__libica-211531369/

ne. L'equipaggio si chiude nella stanza di sicurezza, i cosiddetti guardacoste, successivamente identificati come fedeli al comandante Bija, salgono a bordo e vanno via dopo cinquanta minuti circa, senza rubare nulla. Il fatto avviene in acque internazionali. Nell'ottobre dello stesso anno la *Sea Watch 2* vede dei libici prendere a bastonate alcuni migranti su un gommone, facendoli cadere in acqua, alla fine i soccorritori tedeschi riusciranno a salvare centoventi persone delle centocinquanta totali.

L'anno successivo gli attacchi aumentano, sono sette i casi registrati di intimidazioni, spari e violenze. Le navi che vengono attaccate o minacciate sono la *Sea Watch 2, Open Arms, Golfo Azzurro, Aquarius* e *Sea Watch 3*.

La *Aquarius*, nave di Msf e Sos Méditerranée, il 31 ottobre di quell'anno assiste a un evento mai visto prima: da Roma segnalano due imbarcazioni a circa trenta miglia nautiche dalle coste libiche ma l'Mrcc chiede alla stessa *Aquarius* di non intervenire e di rimanere a distanza, in modo da far assumere il coordinamento del soccorso ai libici e di respingere le duecento persone avvistate.

Pochi giorni dopo avviene il piú drammatico episodio di cui abbiamo testimonianza. Il 6 novembre in acque internazionali a intervenire c'è la *Sea Watch 3*, che arriva mentre i libici stanno già effettuando un respingimento. La scena che si trovano davanti è qualcosa di simile all'apocalisse. La nave umanitaria si fa strada tra i morti mentre i libici picchiano e cercano di prendere a bordo i migranti. Uno di loro racconta che: «Quando i libici sono arrivati hanno fatto una manovra pericolosa e hanno preso il gommone, gettando le persone in mare»[51]. Da quel momento i guardacoste iniziano a picchiare i naufraghi per costringerli a salire a bordo della motovedetta 648, una di quelle donate dal governo italiano a Tripoli.

Dopo ore di soccorsi e violenze, la *Sea Watch 3* salva cinquantotto persone, quarantasette restano in mano libica. I morti sono almeno cinquanta, di cui cinque recuperati dagli operatori umanitari.

[51] https://www.instagram.com/tv/CHQOAFiqRWV/?igshid=m4l9p3pecdno

Altri episodi avvengono nel 2018, prima dell'istituzione della zona Sar. Il 15 marzo 2018 la *Open Arms* effettua un soccorso e successivamente arrivano i libici, sempre con la motovedetta 648, e minacciano di sparare se la Ong non consegna le persone soccorse. La *Open Arms* continua la sua rotta verso nord nonostante il pressante invito a raggiungere il porto di Tripoli. All'arrivo a Pozzallo viene sequestrata e mesi dopo la capo missione Anabel Montes e il comandante Marc Reig sono accusati di «favoreggiamento dell'immigrazione clandestina» e «violenza privata nei confronti del presidente del Consiglio», perché non obbedendo agli ordini hanno costretto il governo italiano ad assegnare il porto. Un anno e mezzo dopo, all'udienza preliminare, vengono prosciolti per entrambi i capi d'accusa.

*#Portichiusi.*

Proprio nel marzo 2018 in Italia si svolgono le elezioni legislative che vedono il Movimento Cinque Stelle imporsi come primo partito e la Lega di Matteo Salvini in forte ascesa. Il 1 giugno dello stesso anno Conte e i ministri giurano al Quirinale, Salvini ha la delega all'Interno e il primo caso di «porti chiusi» tanto invocati in campagna elettorale non tarda ad arrivare.

Pochi giorni dopo il giuramento, il 10 giugno, la nave *Aquarius* ha a bordo seicentoventinove persone soccorse in diverse operazioni nei giorni precedenti, tra loro ci sono centoventitre minorenni. Chiede un porto in Italia, visto che il mare in poche ore diventerà agitato. La nave di Sos Méditerranée è grande, in quel momento la migliore per le operazioni di salvataggio, ma piú di seicento persone a bordo sono comunque tante. Per alcuni giorni il governo appena insediato nega lo sbarco e rimpalla a Malta la questione. Il mare diventa pericoloso e alla fine è la Spagna a concedere il porto di Valencia, ma nella lunga traversata devono intervenire degli assetti della Guardia Costiera italiana per scortare la *Aquarius* e per alleggerirla del carico di centinaia di persone.

Il 17 giugno 2018 la *Aquarius* entra nel porto di Valencia dove centinaia di persone aspettavano l'arrivo cantando *Bella ciao*, riconoscendo quindi ai migranti e alla Ong una forma di resistenza contro il primo di una serie di atti di cui il governo italiano si renderà protagonista.

Le navi operative nell'estate 2018 sono poche, molte Ong si sono ritirate strada facendo, e alcune imbarcazioni sono ferme sotto sequestro. Il 17 luglio la *Open Arms* soccorre Josefa, una donna abbandonata in mare dai libici insieme a un'altra donna e un bambino. Quando i soccorsi arrivano solo Josefa è viva, i soccorritori spagnoli recuperano i corpi, nonostante la nave non sia equipaggiata per trasportare cadaveri per molti giorni. Italia e Malta negano lo sbarco con solo tre persone recuperate: una viva e due morte. Ancora una volta è la Spagna a concedere il porto: la *Open Arms* arriva a Mallorca conservando i corpi della donna e del bambino nei secchi della spazzatura, cambiando bottiglie d'acqua ghiacciate in continuazione.

Nella missione successiva sempre la nave spagnola soccorre ottantasette persone in acque internazionali e la Spagna concede di nuovo il porto, la risposta però arriva tardi: la nave è in prossimità di Mallorca ma la destinazione assegnata è Algeciras. La comunicazione a bordo lascia tutti di sasso, perché Algeciras è il porto spagnolo sullo Stretto di Gibilterra e dista tre giorni di navigazione dal punto in cui si trova la nave umanitaria. È il primo segnale che arriva dal governo socialista di Sánchez che pochi mesi dopo, esattamente il 23 dicembre, assegna di nuovo Algeciras come porto di sbarco nonostante la *Open Arms* abbia a bordo trecentoundici persone soccorse la sera prima. Dopo quella missione la nave verrà bloccata perché, dice Riccardo Gatti, in quel periodo capo missione della Ong spagnola:

> Nero su bianco, si dice che noi violiamo le normative internazionali in materia di soccorso in mare, perché le persone soccorse devono essere portate prima in un porto sicuro. Il problema è che per la terza volta salviamo le persone e dobbiamo arrivare fino in Spagna perché Italia e Malta ci chiudono i porti. È un discorso vergognoso, è come dire che gli ospedali funzionano male e quindi non facciamo uscire le ambulanze[52].

[52] https://www.tpi.it/migranti/riccardo-gatti-open-arms-20190114232838/

Quindi anche la Spagna si unisce al fronte dei paesi che vogliono impedire alle Ong di operare, tanto che Gatti aggiunge: «Non so se direttamente o indirettamente ma credo che le pressioni arrivino dall'Unione Europea»[53].

Nell'agosto 2018 Gibilterra toglie la bandiera all'*Aquarius* dopo che per giorni è rimasta a largo di Malta in standoff con centoquarantuno persone. Lo sbarco a La Valletta viene concesso solo dopo che Francia, Germania, Lussemburgo, Portogallo e Spagna danno la disponibilità ad accogliere i migranti a bordo. Nei giorni in cui l'*Aquarius* rimane in mare sembra farsi concreta anche la possibilità che la nave sia obbligata dalle regole internazionali a sbarcare i naufraghi nel paese di cui batteva bandiera. Ovvero Gibilterra, territorio della Spagna meridionale, afferente però al Regno Unito. Il governo di Gibilterra ritira cosí la bandiera dall'*Aquarius* per evitare di sobbarcarsi l'accoglienza delle persone salvate[54].

L'*Aquarius* si dirige poi a Marsiglia per uno scalo tecnico e intanto effettua le procedure per ottenere la bandiera panamense. «La soluzione piú pratica e veloce che siamo riusciti a trovare», dichiara Marco Bertotto di Msf Italia[55]. La bandiera panamense dura poco: il piccolo stato centroamericano riceve pressioni da parte del governo italiano, che sporge denuncia perché le cinquantotto persone soccorse in mare non sono state riportate nei paesi d'origine. Panama dopo queste pressioni decide di ritirare la bandiera perché «la nave non rispetta le procedure internazionali». È un duro colpo, la *Aquarius* a questo punto resta ferma nel porto di Marsiglia, dove verrà lasciata da Msf e Sos Méditerranée.

Nel Natale del 2018 invece, la *Sea Watch* e la *Sea Eye* effettuano dei soccorsi ma per le due navi, che battono rispettivamente bandiera olandese e tedesca, non c'è un porto di assegnazione. Inizia un lungo standoff, prima fuori dalle acque maltesi

[53] Ibid.

[54] https://www.instagram.com/tv/CHQOAFiqRWV/?igshid=m4l9p3pecdno

[55] https://www.ilmattino.it/primopiano/cronaca/salvataggi__ritorno__aquarius-3978149.html

e poi a ridosso del porto di La Valletta. Dopo giorni di crisi diplomatica tra gli stati europei, per la distribuzione dei migranti, solo il 10 gennaio 2019 le navi ottengono l'autorizzazione a far sbarcare tutti.

Sul fronte italiano le cose vanno ancora peggio: nei mesi precedenti viene approvato il primo decreto «Sicurezza», voluto dal ministro dell'Interno Salvini, che prevede il divieto di sbarco per le navi delle Ong e multe in caso di ingresso in acque territoriali italiane. La società civile si mobilita per protestare contro la scelta di chiudere i porti e criminalizzare il soccorso in mare. E nell'estate del 2018 nasce la prima nave italiana umanitaria: la *Mare Jonio* della piattaforma Mediterranea Saving Humans. Il 3 ottobre 2018, esattamente cinque anni dopo la Strage di Lampedusa, esce dal porto di Augusta per la sua prima missione. Salvini reagisce a modo suo su Twitter e dice: «La nave Ong dei centri sociali. Buon viaggio ragazzi! In Italia ovviamente niente sbarchi».

Nell'estate 2019 arriva il secondo decreto «Sicurezza» che inasprisce le multe, prevede il sequestro della nave e l'arresto del comandante. Viene approvato l'11 giugno 2019 e nelle stesse ore la *Sea Watch 3*, capitanata da Carola Rackete, effettua un soccorso e chiede all'Italia, porto sicuro piú vicino, la possibilità di sbarcare. L'Italia nega il porto, invitando la Ong tedesca ad andare in Libia o in Tunisia, e inizia cosí uno standoff di diciassette giorni che si conclude con il famoso ingresso della nave umanitaria nel porto di Lampedusa, dopo aver dichiarato lo stato di necessità. La capitana viene arrestata, la nave posta sotto sequestro e la Ong multata. In poche ore, attraverso una serie di raccolte fondi online, si raccolgono molti piú soldi di quelli che servono per pagare la multa. Nei mesi successivi il processo contro la capitana si smonta e l'ultima archiviazione arriva il 23 dicembre 2021. Nelle motivazioni si legge: «Rackete ha agito nell'adempimento del dovere di salvataggio previsto dal diritto nazionale ed internazionale del mare».

Il gesto di Rackete diventa un simbolo per tutte quelle persone che si oppongono alla politica dei porti chiusi e dello spettacolo salviniano sui migranti.

La scena si ripete pochi giorni dopo ma con una piccola imbarcazione a vela di Mediterranea Saving Humans. La *Alex* ha soccorso quarantasei migranti a bordo di un gommone in difficoltà. Prima che arrivassero i libici, i volontari italiani sono riusciti a trasbordarli sul veliero, che però fa fatica a portarli tutti. Dopo appena poche ore la *Alex* entra prima in acque italiane e successivamente dichiara lo stato di necessità ed entra in porto. Sequestro della nave, multa e denuncia per il capo missione e il comandante.

> Rifiutano acqua per poter dichiarare lo stato di necessità a bordo e forzare il blocco: cosí sperano nell'impunità. Chiedono soldi per pagare le multe previste dal decreto sicurezza bis: cosí aumentano le donazioni e il business. Sono tornate davanti alla Libia: cosí incentivano le partenze e il rischio di naufragi e fanno felici gli scafisti. Queste sono le Ong. Non ci faremo intimidire, non ci piegheremo ai ricatti, difenderemo l'Italia[56].

Cosí dichiara Salvini in risposta allo sbarco della *Alex*.

A fine agosto, è la volta di *Open Arms*. Stessa dinamica. Quella missione resta nella mente di molti perché durante i diciannove giorni di standoff a bordo sale Richard Gere, attore statunitense e attivista. «Queste persone non possono tornare indietro, hanno sofferto troppo. Né nei paesi d'origine né in Libia. Dobbiamo farcene carico noi che siamo stati piú fortunati»[57]. È la magistratura a intervenire, mettendo fine a quell'attesa, facendo sbarcare le persone a Lampedusa e sequestrando la nave. L'inchiesta porterà al rinvio a giudizio del ministro Salvini per sequestro di persona.

Un'accusa, quelle di sequestro di persona, già mossa in precedenza per i due soccorsi effettuati dalla Guardia Costiera italiana. Il primo nell'agosto del 2018 dalla *Diciotti*, rimasta ferma fuori Lampedusa per piú di una settimana. Da bordo le testimo-

[56] https://www.adnkronos.com/salvini-libia-porto-sicuro-orano_2yrFOoU2PBCKoX6ionFbow

[57] https://www.tpi.it/cronaca/richard-gere-open-arms-dolore-migranti-20190810391914/

nianze parlano di morale a terra, soprattutto dopo che i minori vengono fatti sbarcare:

> Fisicamente stanno abbastanza bene, ci sono dei casi di scabbia che vengono trattati, mentre i casi piú gravi sono già stati affrontati. Ora c'è solo tristezza, non fanno piú domande. Ieri sera sono scesi i minori ora aspettano il loro turno, ma alcuni non ce la fanno piú[58].

Il Senato della Repubblica, di cui Salvini è membro, nega l'autorizzazione a procedere. Il secondo episodio è quello della *Gregoretti* e avviene tra i casi appena citati della *Alex* e della *Open Arms*. I migranti a bordo della nave sono stati salvati da un peschereccio nella notte tra giovedí 25 e venerdí 26 luglio, dopo il naufragio della loro imbarcazione. Il centro di coordinamento che dipende dal ministero dell'Interno invia quindi la *Gregoretti* a recuperare i centotrentacinque naufraghi dal peschereccio e successivamente la indirizza verso il porto militare di Augusta. Fino alla mattina del 31 luglio il ministero dell'Interno si è però rifiutato di dare l'autorizzazione necessaria per far sbarcare le persone a bordo[59]. Per Salvini è un altro rinvio a giudizio per sequestro di persona.

*La zona grigia: Lamorgese, gli accordi di Malta e i cavilli burocratici.*

L'estate del 2019 è anche quella del *Papeete* e della crisi di governo: la Lega sceglie di togliere il suo sostegno all'esecutivo e all'Interno arriva la ministra Luciana Lamorgese, già prefetto di Milano. Il cambio è prima di tutto di stile: Lamorgese non ha profili sui social network e parla poco. I porti sono assegnati alle navi, senza annunci o proclami. La maggioranza è composta per metà dai Cinque Stelle e per il resto dal Partito Democratico, +Europa e LeU, che negli ultimi mesi hanno cavalcato le proteste contro i porti chiusi.

[58] https://www.redattoresociale.it/article/notiziario/nave__diciotti__l__operatrice__a__bordo__morale__a__terra__persone__stanche__

[59] https://www.ilpost.it/2019/07/31/gregoretti-salvini-sbarco/

Taranto, Crotone, Salerno, Palermo. I porti assegnati non sono quelli che storicamente hanno visto gli sbarchi e soprattutto sono quelli con meno pressione mediatica.

Il nuovo governo apre i porti ma intanto lavora per il ricollocamento delle persone in arrivo. In questa chiave «l'accordo di Malta» tra Italia, Francia, Germania e Malta stessa, va nella direzione della redistribuzione europea dei richiedenti asilo arrivati a bordo di assetti governativi o non governativi. Sono esclusi quindi gli sbarchi spontanei; si tratta di tutta la rotta tunisina, che non si è mai fermata e che nel caso di arrivo a Lampedusa può durare anche meno di dodici ore.

La strategia del governo italiano cambia con la pandemia. Prima dichiara i porti italiani «non sicuri» e poi con cavilli burocratici legati alla registrazione delle navi inizia a fermare una nave dietro l'altra. Nelle motivazioni dei divieti di uscita c'è anche quella che le navi hanno «troppi giacchetti di salvataggio a bordo» in rapporto al numero di persone per le quali sono omologate.

Senza urlare e senza usare Twitter Lamorgese riesce in quello che non è riuscito a Salvini: bloccare le navi umanitarie e fermare il soccorso civile nel Mediterraneo Centrale. In questa prima fase solo la *Open Arms* è libera di uscire dal porto, per via della registrazione ottenuta tempo prima di nave *Search and Rescue*, categoria che non esiste in altri stati. Le altre Ong riescono a uscire dal porto soltanto ogni tre o quattro mesi, e quando effettuano i soccorsi devono attendere molti giorni prima che venga assegnato il porto di sbarco.

### *La strage di Pasquetta e il silenzio mediatico.*

In questo nuovo contesto di silenzio mediatico, nell'aprile 2020, si consuma una strage che è stata chiamata «la strage di Pasquetta». Un gommone con sessantatre profughi a bordo, quasi tutti eritrei, parte la sera di giovedí 9 aprile 2020 dalla costa di Garabulli, a est di Tripoli, puntando verso nord. Il giorno dopo si trova in difficoltà e lancia richieste di aiuto attraverso la piattaforma Alarm Phone, che avverte le autorità italiane e maltesi. Il gommone, inoltre, viene avvistato da un aereo da ricognizione di Frontex, che a sua volta ne segnala la presenza sia a La Valletta sia a Roma. Le eventuali operazioni di soccorso sono di competenza delle autorità nazionali, l'Agenzia europea si limita a fare monitoraggio. È Sergio Scandura, giornalista di Radio Radicale che da anni segue le rotte migratorie, a tracciare la rotta dell'aereo di Frontex, che però verrà resa segreta poche ore dopo.

Il gommone è vicino a Lampedusa, l'ultima segnalazione lo situa ad appena venticinque o trenta miglia di distanza, un tragitto che una motovedetta può coprire in una cinquantina di minuti. Passano i giorni, arriviamo a lunedí 13 aprile, Pasquetta, quando Alarm Phone comunica che dalle quattordici e venticinque circa ha perso ogni contatto con i naufraghi. La prima segnalazione dell'emergenza comunicata dalla centrale Mrcc di Malta a tutte le navi in transito nella zona arriva solo intorno alle ventidue e trenta e il mercantile *Ivan*, che batte bandiera portoghese, avvista il gommone e inizia il monitoraggio. La nave *Ivan* ha le paratie troppo alte per effettuare il soccorso e il mare mosso rende impossibile ogni tipo di approccio con il piccolo gommone.

Dopo alcune ore Malta dà il via libera al cargo portoghese, che inizia ad allontanarsi. A questo punto, secondo i racconti riferiti dai sopravvissuti agli operatori umanitari presenti nel porto di Tripoli, tre migranti si sono tuffati in acqua per tentare di raggiungere a nuoto «una grande nave», altri quattro, vedendo la *Ivan* allontanarsi, si sono gettati tra le onde in preda alla disperazione. Forse, sostengono i superstiti, anche per farla finita dopo lunghi giorni senza acqua né cibo e oramai senza piú speranza[60]. Dopo altre ore di nulla arriva il peschereccio libico *Maye Yemanja*, che sui bordi però non riporta scritte e non espone nessuna bandiera. Nel frattempo due migranti sono morti di stenti e ipotermia e altri tre appaiono in condizioni critiche. I cadaveri vengono caricati sulla nave insieme ai superstiti[61].

[60] https://www.avvenire.it/attualita/pagine/controinchiesta-strage-di-pasquetta-libia-malta-scavo

[61] https://www.ilmattino.it/primopiano/cronaca/salvataggi__ritorno__aquarius-3978149.html

Un giornalista maltese, Manuel Delia, ricostruisce la dinamica, riportata da Nello Scavo su «Avvenire». Durante il fine settimana di Pasqua, il *Maye Yemanja* si trovava nel Grand Harbour, il principale porto maltese, ed è uscito al largo nella serata di martedí 14 apparentemente senza destinazione. Dopo aver manovrato in uscita dal porto ha spento il suo localizzatore. Riappare poi sulla scena a Tripoli, nella tarda mattinata di mercoledí 15 aprile, con il carico di cinquantuno superstiti e cinque migranti morti durante la navigazione[62].

Le indagini sul peschereccio portano a Carmelo Grech, uomo d'affari che a La Valletta tutti conoscono come Charles. Nel recente passato Grech è uscito indenne da accuse di contrabbando, cavandosela anche in Libia, dove nel 2015 è stato trovato con trecentomila euro in contanti[63]. Ma tutto si risolve con un nulla di fatto, e anche di questa strage non si saprà piú niente; nessun colpevole.

### *Il ritorno dei barconi e la rotta dei tunisini.*

L'estate del 2020 è segnata da due novità: il ritorno delle barche di legno con a bordo molte persone, che non si vedevano cosí in massa da anni, e la nuova rotta che dalla Tunisia porta a Lampedusa.

Il cambio di strategia sulle imbarcazioni che prendono il mare dipende da due fattori: la disponibilità immediata di quel tipo di natanti e la possibilità di stiparci piú persone a bordo, aumentando quindi i profitti dei trafficanti. I gommoni hanno una portata di persone limitata, e spesso hanno ben poche chance di arrivare a Lampedusa: i motori si rompono molto prima e spesso iniziano a perdere aria dai tubolari. Sia dalla Libia sia dalla Tunisia i trafficanti hanno cosí cominciato a far partire piccoli pescherecci che probabilmente convincono piú facilmente i migranti a salire a bordo e fanno crescere i guadagni dei clan. Il problema maggiore

[62] https://www.ilmattino.it/primopiano/cronaca/salvataggi__ritorno__aquarius-3978149.html
[63] Ibid.

di queste imbarcazioni è ovviamente di sicurezza: se i gommoni possono sgonfiarsi, i barconi di dieci metri con piú di duecento persone a bordo si sbilanciano in pochi secondi, lasciando morire chi si trova sotto coperta, ma anche chi non ha un giacchetto di salvataggio e in generale chi resta in mare per troppo tempo prima del soccorso. Il bilanciamento è tutto, lo sanno bene le Ong che negli anni hanno imparato che con i barconi non si approccia mai un soccorso lateralmente, ma sempre a prua o a poppa: il rischio è quello che si spostino tutti verso un lato dell'imbarcazione facendola capovolgere.

Dall'estate del 2020 iniziano dunque a rivedersi le prime barche di legno, ma è in quella del 2021 che la situazione si fa piú preoccupante: la notte tra il 27 e il 28 settembre arriva a Lampedusa un vecchio peschereccio con a bordo seicentottantasei persone, partite dalla Libia un paio di giorni prima e intercettate dalla Guardia di Finanza a sole quattro miglia dalle coste lampedusane.

Non è un caso isolato, ne sono partiti molti altri con a bordo centinaia di persone. Si tratta di un ritorno al passato ma senza piú la presenza di un dispositivo di soccorso in mare capace di far fronte a questa nuova ondata migratoria. A fuggire ora è il ceto medio basso che prima tirava avanti attraverso economia informale e turismo: ha iniziato a scappare dopo che la pandemia da Covid-19 ha portato al collasso l'economia.

Nel 2020, nonostante i primi mesi di blocco quasi totale per ragioni sanitarie, sono arrivate in Italia via mare 34 154 persone[64], tre volte di piú del 2019, che aveva registrato 11 471 arrivi. Solo nel 2020 i tunisini arrivati in Italia sono stati circa 12 000, mentre al 30 novembre 2021 le persone sbarcate in Italia sono 62 941, di cui 15 000 tunisini[65]. Numeri alti, sicuramente non come nel 2016, quando si registrarono 160 000 arrivi, ma tali da «giustificare» l'intervento di Lamorgese in Tunisia, cosí come avevano fatto i suoi predecessori in Libia.

[64] http://www.libertaciviliimmigrazione.dlci.interno.gov.it/sites/default/files/allegati/cruscotto__statistico__giornaliero__31-12-2020__1.pdf

[65] https://www.interno.gov.it/sites/default/files/2021-11/cruscotto__statistico__giornaliero__30-11-2021.pdf

*Ancora soldi e mezzi in cambio di rimpatri e respingimenti.*

Lamorgese nell'estate 2020 corre a Tunisi per cercare di fermare la nuova rotta mettendo sul piatto della trattativa trenta milioni di euro, da erogare in piú tranche fino al 2023[66]. L'accordo prende il nome di *Support to Tunisia's border control and management of migration flows*, e prevede l'acquisto di strumentazione e mezzi navali per intercettare i numerosi barchini che ogni giorno prendono il mare. In cambio dei soldi l'Italia ottiene un accordo di rimpatrio veloce per i cittadini tunisini sbarcati sulle nostre coste. Un sistema messo a punto dalle autorità italiane anche grazie all'utilizzo delle navi quarantena[67], traghetti noleggiati dal governo e riconvertiti per l'emergenza sanitaria che hanno il vantaggio di isolare le persone da terra, dando cosí modo di preparare il loro trasferimento nei Centri di permanenza per il rimpatrio (Cpr) e, quando queste strutture sono sature, di compilare direttamente i fogli di via[68]. Hotspot, navi quarantena, Cpr, rimpatrio. Un meccanismo che permette allo stato italiano di respingere migliaia di persone ogni anno e di farlo in tempi brevi: a meno di un mese dalla partenza molti di loro sono già tornati in Tunisia. Anche i minori vengono spesso identificati come maggiorenni e rimpatriati[69], ed è una prassi che la Tunisia non ha voglia di mettere in discussione pur di incassare i trenta milioni.

Sono accordi simili a quelli tra Italia e Libia ed Europa e Turchia, «dittatori di cui abbiamo bisogno»[70], per usare una frase di Mario Draghi, subentrato a Conte alla presidenza del Consiglio dei ministri nel febbraio 2021, confermando Luciana Lamorgese all'Interno e di fatto allineandosi agli esecutivi precedenti sulla gestione delle migrazioni e il controllo delle frontiere.

[66] https://it.insideover.com/politica/laccordo-sul-rimpatrio-dei-migranti-tra-italia-e-tunisia-ha-un-grosso-problema.html

[67] https://www.micromega.net/navi-quarantena-rimpatri/

[68] https://www.micromega.net/diritti-umani-migranti/

[69] https://www.micromega.net/odissea-minori-migranti/

[70] https://www.huffingtonpost.it/entry/draghi-erdogan-un-dittatore-di-cui-si-ha-bisogno__it__606f426bc5b6fc989f5a2db3

Il nuovo governo continua a investire in Libia, dove la Turchia è sempre piú presente e decisiva e dove la Guardia Costiera è sempre piú operativa ed efficiente in mare. Nei primi undici mesi del 2021 i libici hanno intercettato e respinto piú di 30 000 persone, circa il triplo rispetto a tutto il 2020. Un cambio di passo voluto dal nuovo governo di transizione per accreditarsi con i paesi europei, in particolare Italia e Francia, che stanno provando a recuperare il terreno d'influenza perso negli ultimi anni a scapito della Turchia di Erdogan, che ha avuto il «merito» di intervenire militarmente al fianco di Fayez al-Sarraj e di sconfiggere Haftar in Tripolitania.

Draghi e Dbeibeh, il premier libico, si incontrano sia a Tripoli sia a Roma: il primo ringrazia il secondo «per i salvataggi in mare»[71], mentre l'altro ricambia elogiando il nostro sforzo di cooperazione nel settore energetico, riconoscendo particolari meriti al lavoro di Eni. I due si trovano d'accordo anche su un altro punto chiave delle rotte migratorie: l'importanza del controllo dei confini meridionali della Libia, un modo per esternalizzare ancora di piú la frontiera europea, spostandola di altri centinaia di chilometri piú a sud.

## *In continua evoluzione.*

Le rotte mutano in continuazione, dove i governi alzano un muro le persone trovano un modo per aggirarlo. Nel Mediterraneo Centrale, nel corso degli anni sono cambiate spiagge di partenza, tipi di imbarcazione e paesi di provenienza. La costante è l'emergenza: a prescindere da dove partano o dove arrivino, le imbarcazioni in distress vanno soccorse, nonostante i cavilli burocratici che fermano le navi in porto.

Dopo un anno di gestione insieme della *Ocean Viking*, le Ong Medici Senza Frontiere e Sos Méditerranée nell'aprile 2020 si separano. Msf torna in mare nel giugno 2021 con la *Geo Barents*, 77 metri di nave allestita come nessun'altra prima.

Nell'agosto 2021 prende il mare *ResQ*, la nave della piattafor-

[71] https://www.huffingtonpost.it/entry/mario-draghi-in-libiait_606c2f2dc5b68872efeace84

ma lanciata un anno prima da attivisti e attiviste italiani; tra di loro c'è Cecilia Strada. *ResQ* effettua il suo primo soccorso il 13 agosto, proprio mentre sta morendo Gino Strada. Il 15 agosto la nave compie altri tre soccorsi per un totale di centosessantasei persone salvate. Un battesimo piú che positivo.

In quegli stessi giorni Kabul e l'Afghanistan si arrendono all'avanzata dei talebani: inizia una nuova crisi umanitaria e in Asia si aprono le porte di una nuova via migratoria. Proprio gli afghani, insieme ai siriani, agli iracheni e agli iraniani, sono tra quelli che arrivano dalla nuova rotta verso l'Italia; salpano dalla Turchia con delle barche a vela e arrivano in Calabria e in Puglia. Circa diecimila persone sono sbarcate nel 2021 sulle coste calabresi, rispetto alle duemilacinquecento del 2020. Una rotta piú costosa ma non meno pericolosa, che nei prossimi anni potrebbe essere sempre piú battuta.

# Glossario

Area Sar o zona Sar: area di ricerca e soccorso di competenza di ogni stato. Nel Mediterraneo Centrale le aree Sar sono quella italiana, maltese, libica e tunisina.
Body bag: sacco da cadavere.
Bridge: ponte di comando della nave, chiamato anche plancia.
Charlie Papa: imbarcazioni della Guardia Costiera italiana.
Centifloat: grande tubolare galleggiante utilizzato in caso di naufragio o di presenza di un alto numero di persone in mare. Detto anche «banana».
Crowd control: controllo di massa, necessario per gestire le operazioni di salvataggio e il panico collettivo.
Distress: la nozione viene definita dalla Convenzione di Amburgo del 1979. Le *fasi di emergenza* sono tre. La prima si chiama *fase d'incertezza* o *uncertainty*. La seconda è la *fase di allarme o alert*. La terza è la *fase di pericolo o distress*. Si parla di distress «quando le informazioni ricevute indicano chiaramente che una nave o una persona è *in grave e imminente pericolo e necessità di assistenza immediata*».
Deck: ponte di poppa o ponte di coperta, dove vengono accolti i naufraghi.
Flybridge: ponte piú alto della nave.
Inmarsat (*International Maritime Satellite Organization*): è un gestore britannico di servizi per telecomunicazioni mobili satellitari utilizzato dalle navi.
Frontex: Agenzia europea della guardia di frontiera.
Medevac: evacuazione medica di emergenza.
Mrcc: acronimo di *Maritime Rescue Coordination Centre*, è il centro di coordinamento marittimo di ogni paese. In Italia sarebbe Imrcc. In Libia è operativo il Jrcc, acronimo di *Joint Rescue Coordination Centre*.
Navtex (*NAVigational TEXt Messages*): è un servizio internazionale automatico, trasmesso sulle medie frequenze, di stampa diretta per l'invio di avvisi e bollettini di navigazione e meteorologici. Viene usato anche per trasmettere informazioni urgenti sulla sicurezza alle navi.
Patrol: operazione di pattugliamento.
Pos: *Place of Safety*, porto sicuro o luogo sicuro di sbarco.
Raft: zattera di salvataggio.

Rescue: soccorso.
Rescuer: soccorritore sul rhib.
Respingimento: allontanamento forzato verso un paese non sicuro. L'articolo 33 della Convenzione di Ginevra sancisce che a un rifugiato non può essere impedito l'ingresso sul territorio né può essere deportato, espulso o trasferito verso territori in cui la sua vita o la sua libertà sarebbero minacciate. Per effetto della giurisprudenza della Corte europea dei diritti dell'uomo, il divieto di *refoulement* si applica indipendentemente dal fatto che la persona sia stata riconosciuta rifugiata e/o dall'aver quest'ultima formalizzato o meno una domanda diretta per ottenere tale riconoscimento.
Rhib: gommone di salvataggio veloce a chiglia rigida, utilizzato dalle navi umanitarie.
Sar: acronimo di *Search and Rescue*. Ricerca e soccorso in mare.
Standoff: punto morto o punto cieco. Si utilizza per le navi in situazioni di stallo quando non viene assegnato un porto di sbarco.
Target: obiettivo. In gergo si usa per indicare le imbarcazioni in distress.
Triage: sulle navi si effettua all'imbarco per una rapida valutazione clinica delle persone soccorse.
Watching: operazione di ricerca e avvistamento che si effettua con il binocolo dalle navi.

## Ong e navi

Jugend Rettet: Ong tedesca. Ha navigato con *Iuventa*, attualmente sotto sequestro nel porto di Pozzallo, in Sicilia.
Lifeline: Ong tedesca. La nave *Lifeline* è attualmente bloccata nel porto di La Valletta, a Malta. Hanno navigato le barche a vela *Matteo S.*, *Sebastian K.* ed *Eleonore*.
Louise Michel: motovedetta finanziata dall'artista Banksy.
Medici Senza Frontiere: Ong internazionale, premio Nobel per la pace nel 1999. Ha navigato con *Bourbon Argos, Dignity, Vos Prudence*. E insieme a Sos Méditerranée con *Aquarius* e *Ocean Viking*. Attualmente è in mare con la *Geo Barents*.
Mediterranea: piattaforma civile italiana. Ha navigato con il rimorchiatore *Mare Jonio* e il veliero *Alex*.
Moas: Ong fondata a Malta. Ha navigato con la *Phoenix* e la *Topaz Responder*.
Open Arms: Ong spagnola. Ha navigato con la *Golfo Azzurro*. Attualmente naviga con il veliero *Astral* e il rimorchiatore *Open Arms*.
ResQ - People Saving People: Onlus italiana, attualmente in mare con la nave *ResQ - People*.

Sea-Eye: Ong tedesca. Ha navigato con la *Sea-Eye* e con la *Alan Kurdi*, prima denominata *Prof. Albrecht Penck*.

Sea Watch: Ong tedesca. Ha navigato con la *Sea Watch 1*, *Sea Watch 2*. Attualmente naviga con la *Sea Watch 3* e la *Sea Watch 4*.

Sos Méditerranée: è un network europeo composto da associazioni in Italia, Germania, Francia e Svizzera. Ha navigato prima con *Aquarius* e poi con *Ocean Viking*. Attualmente è in mare con la *Ocean Viking* senza la partnership di Medici Senza Frontiere .

*Ringraziamenti.*

Grazie a Maria Teresa Polidoro e Andrea Mattacheo, a Piergiorgio Nicolazzini e Arianna Milazzo per il grandissimo sostegno fin dall'inizio.

Grazie agli amici delle Ong che ci sono stati piú vicini nel lavoro: Fulvia Conte, Maurizio Debanne, Riccardo Gatti e Anabel Montes di Medici Senza Frontiere, Luisa Albera e Alessandro Porro di Sos Méditerranée.

Grazie alle amiche scrittrici e agli amici scrittori che sono stati al nostro fianco durante le missioni: Michela Murgia, Sandro Veronesi, Evelina Santangelo, Helena Janeczek, Valeria Parrella, Chiara Valerio, Alessandra Sarchi, Rossella Milone, Teresa Ciabatti, Marcello Fois, Hamid Ziarati.

Grazie a Edoardo Buffoni, Eleonora Camilli, Marco Damilano, Giulio Gambino, Nicola Flamigni, Sabina Minardi, Maria Grazia Murru, Francesca Napoli, Costanza Quatriglio, Paolo Santalucia, Nino Santarelli, Patricia Thomas.

Caterina ringrazia suo marito Riccardo e la sua mamma, Daniela. Valerio sua moglie Valentina e suo figlio Lorenzo, un pensiero va a Stefano.

*Indice*